KB253586

조선유사

진짜 조선 이야기

조선유사

박영수 지음

살림Friends

머리말

"문화는 역사의 덩어리요, 역사는 문화의 근원이다. 다른 말로 바꾸면 문화는 역사의 열매요, 역사는 문화의 뿌리다."

사학자 김성식 선생이 한 말로 역사와 문화가 동떨어지지 않았음을 강조하고 있다. 그렇다. 현재 우리 문화의 대부분은 우리 고유의 역사를 바탕으로 하여 형성된 것들이다. 그중 가장 비중 높은 시대는 조선이며 그때 생긴 많은 풍속이 지금껏 행해지고 있다.

어떤 이는 말한다. 조선은 당쟁만 일삼다가 세월 다 보냈다고. 또 어떤 이는 말한다. 조선 시대 이야기는 뻔하다고. 과연 그럴까? 결코 그렇지 않다. 사화가 피바람을 일으킨 것은 사실이지만 경쟁 구도로 인한 적대적 사건은 어느 문화권에서나 있으며 조선 시대 내내 그런 것도 아니다.

『조선유사』는 그런 점을 불식하고자 색다른 관점에서 조선을 들여다보려 노력했다. 누군가 말했듯 '역사는 승자의 기록'이다. 그런 맥락에서 보면 '관제 기록만이 정사(正史)이고 개인 문집은 근거 없는 야사(野史)'라고 단정할 수 없다. 필자 역시 모든 기록물은 나름의 가치가 있다고 판단하여 『조선왕조실록』에서부터 『대동기문』에 이르기까지 여러 문헌을 참조해 인물 일화를 중심으로 사람 사는 이야기와 그 속에 얽힌 풍습이나 어원을 살펴보았다. 본문 일화에서 중요하다고 판단되는 주제어를 선정하여 별도로 자세히 설명하는 방식을 취했으며 기존 문헌에서 오류가 있을 경우 바로잡아 고쳐 썼다.

『조선유사』에는 선현의 지혜도 담았고, 인간 감정의 특성을 알 수 있는 희비극도 수록했으며, 가슴 뭉클하고 아름다운 인연도 다뤘다. 두툼한 조선 역사 속에서 알아 두면 유익한 알짜배기를 엄선했으므로 삶의 지향점이 무엇이든 간에 저마다 새겨볼 만한 가치가 있으리라. 또한 『조선유사』는 전작 『고려유사』의 뒤를 잇고 있는바 편안히 읽으면서 시대를 여행하게끔 서술하였다.

제퍼슨이 말했듯 '역사는 과거의 사람을 평가함으로써 미래를 판단하는' 자료이다. 마찬가지로 우리가 조선 전체를 파악할 수는 없을지라도 최소한의 흐름을 알면 조선을 제대로 이해하게 되고 우리 자신의 현재와 미래에도 도움을 얻을 수 있을 것이다. 아무쪼록 『조선유사』가 독자 여러분에게 즐거운 역사 타임머신이 되기를 바란다.

차례

제2장 **조선 중기**

조선 전기

이성계, 말재주로 놀라게 하고
화살로 끝내다

이성계(李成桂, 1335-1408)[1]는 활을 아주 잘 쏘고 말[馬]을 잘 다룬 것으로 유명하며 그 솜씨는 고려 말엽 홍건적[2]과 왜적을 물리칠 때 큰 빛을 발했다. 이성계는 1361년 북쪽에서 침입해 온 홍건적 우두머리 주원수를 정확히 조준하여 화살로 쏘아 죽인 바 있고 이듬해에도 동북면 병마사로 병사들을 이끌고 다시 침입해 온 홍건적을 섬멸하였다.

"와, 또 쓰러뜨렸다!"

---

[1] **이성계** : 고려 말의 무신이자 조선의 초대 왕. 고려의 무관으로서 원나라, 홍건적, 왜구 등을 격퇴하는 공을 세웠다. 1388년 우군도통사가 되어 요동을 정벌하러 갔다가 위화도에서 회군하여 권력을 잡았다. 1392년 고려의 공양왕으로부터 선위 받는 형식으로 왕위에 올랐고, 이후 국호를 조선이라 고쳤다.

[2] **홍건적** : 중국 원나라 말기에 허베이[河北]에서 한산동(韓山童)을 두목으로 하던 도둑의 무리. 머리에 붉은 수건을 쓴 까닭에 홍건적이라 불렸다. 두 차례에 걸쳐 고려에까지 침범하였다.

특히 1362년 7월에는 말을 탄 채 선봉에서 적군 장수만 골라 쏘아 맞히는 백발백중 활솜씨로 아군 사기를 올렸는가 하면 적진으로 쳐들어갈 때 말 왼쪽 옆구리에 몸을 거꾸로 매다는 기발한 기술로 적장의 창을 피하는 놀라운 **마상기예(馬上技藝)**•를 보여 주었다.

"오잉? 어디로 갔지?"

적장이 당황했을 때 이성계는 재빨리 다시 말 위로 올라 뒤돌아서 화살을 쏘는 전광석화 같은 솜씨로 적을 사살한 것이다. 이성계의 활솜씨에 관한 이야기는 여기에서 그치지 않는다.

1380년(우왕 6) 이성계는 지리산 황산에서 왜적을 상대할 때 적장을 먼저 쓰러뜨려야 한다고 판단했다. 그도 그럴 것이 적장이 날랜 몸놀림으로 날아오는 화살을 피하거나 손으로 받아 던져 버려서 아군을 질리게 만들었기 때문이다.

"자네가 저놈의 투구를 맞히면 내가 그 틈을 노리겠네."

의형제 이지란(李之蘭)은 이성계의 말을 알아들었다는 듯 적장의 투구를 쏘아 목을 뒤로 젖혔고 이성계는 연이어 화살을 쏘아 적장의 목을 꿰뚫었다. 갑옷 입고 투구를 써서 빈틈없던 적장을 놀라운 방법으로 죽인 것이다.

"와! 와! 악명 높은 적장이 죽었다!"

이후 싸움은 고려군 승리로 끝났다. 전투를 끝낸 뒤 이성계는 적장의 얼굴을 살펴보다가 잠시 당황했다. 나이 열다섯 정도로 보이는 소년 장수였던 까닭이다. 손도 작아서 마치 어린아이처럼 보이기까지 했는데 이날 이후 '아기'라는 말이 크게 유행했다. 소년 장수의 이름이 아시누키 미야코[아지발도(阿只拔都) 혹은 아기발도(阿其拔都)]인데 착안하여 무척

어린아이를 '아기'라고 부르기 시작한 것이다.

일설에는 아기발도는 왜장의 이름이 아니라 무예가 출중한 소년 장수를 가리키는 명예로운 호칭이라고 한다. 몽골어로 '아기'는 어린아이를 가리키고 '발도(파투)'는 용맹한 사람이라는 뜻인데 나이는 어릴지언정 왜구 수만 명을 이끌 정도로 뛰어나게 용맹했기에 알 수 없는 성명과 직책 대신에 그렇게 불렀다는 것이다.

어느 설이 옳든 간에 이성계는 이때의 승리를 매우 자랑스럽게 여겼다. 이성계는 개경으로 돌아와 국왕의 환대를 받았으며 최영 장군과 손을 잡으며 다음과 같이 다짐했다.

"장군, 참으로 노고가 많으셨소. 앞으로 우리가 힘을 합쳐 고려 왕실을 일으켜 세웁시다."

"예, 그렇게 하겠습니다."

하지만 이성계는 최영 장군과의 약속을 지키지 않았다. 오히려 1388년 (우왕 14) 왕명을 받아 북방 정벌에 나섰다가 위화도에서 회군하여 혁명을 일으켰다. 그는 최영 장군을 귀양 보내고 우왕을 추방한 후 여덟 살밖에 되지 않은 창왕(昌王, 1380-1389)을 내세워 사실상 고려 통치에 들어갔다. 이성계는 1389년 창왕을 폐하고 공양왕(恭讓王, 1345-1394)을 고려 제34대 왕으로 옹립했다가 1392년 마침내 고려를 멸하고 조선을 세웠다.

그렇다면 이성계는 왜 위화도에서 갑자기 마음을 바꿨을까? 사실 그것은 순간적 돌변이 아니라 오랜 준비의 결과였다.

이성계가 청년 시절에 천하를 유람하다가 함경도 안변 땅의 작은 절에 들렀을 때 일이다. 그날 밤 이성계는 희한한 꿈을 꾸다가 놀라 잠에서 깨었다.

"참으로 해괴한 꿈이로다! 혹시 무슨 징조 아닐까?"

이성계는 누군가에게 꿈풀이를 듣고 싶어 했는데 마침 무학 대사[3]라는 스님이 근처 토굴에서 도를 닦고 있었다. 이성계는 무학 대사를 찾아가 절을 올리고 말했다.

"속인이 의문을 풀고자 왔으니 부디 자비로운 마음으로 해답을 알려

---

[3] 무학 대사 : 고려 말, 조선 초의 승려. 열여덟 살에 소지선사 밑에서 승려가 되었으며 용문산(龍門山) 혜명 국사로부터 불법을 배운 뒤 묘향산의 금강굴에서 수도하였다. 1392년 태조 이성계를 따라 돌아다니다가 수도를 한양으로 정하는 데 찬성하였다.

주셨으면 합니다.”

“무슨 일이오?”

“지난밤 꿈에서 만 집의 닭이 일시에 울고 천 집에서 다듬이 소리가 일시에 울렸습니다. 또 꽃이 지고 거울이 깨지는 것을 보았으며 제가 다 무너진 집에 들어가 서까래 세 개를 짊어지고 나왔습니다. 이러한 꿈이 장차 무슨 징조인지요? 흉몽이옵니까?”

무학 대사는 꿈 이야기를 다 듣더니 정색하며 대답했다.

“만 집의 닭이 울었음은 고귀한 자리[高貴位]에 오름을 축하하는 소리요, 천 집의 다듬이 소리가 일시에 들렸다는 것은 가까운 시기에 임금이 되리라[御近當]는 뜻이오. 또 꽃이 졌으니 열매를 맺을 것이며 거울이 깨졌으니 마땅히 소리가 날 것이오. 또한 서까래 세 개를 가로로 진 것은 王(임금 왕) 자를 의미하니 모두가 왕업을 이루리라는 꿈이 틀림없소.”

무학 대사는 닭 울음소리인 ‘꼬끼오’를 ‘고귀위(高貴位)’로, 다듬이 두드리는 소리를 ‘어근당(御近當)’으로 비유 해석한 것이었다. 그는 이어서 다음과 같이 당부했다.

“오늘 일을 절대로 입 밖으로 내지 마오. 그리고 이곳에 절을 세워 석왕사(釋王寺)라고 하면 매우 좋을 것이오. 큰일은 서두른다고 되는 것이 아니니 자주 재를 올리면서 때를 기다리시오. 공이 내 말을 믿지 않는다면 모든 일이 허사가 되고 오히려 화를 입을 것이니 부디 조심하오.”

“대사의 가르침을 받들겠습니다. 하오나 대사께서도 저의 큰일을 도와주십시오.”

무학 대사는 고개를 끄덕였고 이성계는 후에 뜻을 이루었으니, 조선 창업은 수십 년 인내의 결과물인 셈이다.

• 일본에 전해진 최초의 한류(韓流), 마상재

'곡마단(曲馬團)'이란 말을 타고 여러 재주를 벌이는 단체를 가리키는 말이다. 요즘 말로 하면 서커스단에 해당된다. 말 위에서 갖가지 묘기를 부리는 '곡마(曲馬)'는 고려 시대에 이미 있었고 조선 시대 중엽 전성기를 누렸으나 그 어원은 일본에서 생겼다.

마희(馬戲) 혹은 마상재(馬上才)의 유래는 명확치 않으나 고려 시대 말엽에 무예로써 행해졌다. '마희'는 달리는 말 위에서 여러 동작을 펼치는 것을 말하며 기병(騎兵)의 무술로 중요시되었다.

문헌상으로는 1362년 7월 이성계가 원나라 군사와 싸울 때 말 왼쪽 옆구리에 몸을 거꾸로 매다는 기발한 기술로 적군의 창을 피했다는 『태조실록』 기록이 가장 오래되었다. 이성계의 동작은 조선 시대에 행해진 마상재 동작 가운데 다섯 번째에 해당한다.

『무예도보통지』에 전해지는 마상재 동작은 여섯 가지로 주마입마상(走馬立馬上: 달리는 말 위에 서 있기), 좌우초마(左右超馬: 좌우로 말을 뛰어 넘기), 마상도립(馬上倒立: 말 위에 거꾸로 서기), 횡와마상양사(橫臥馬上佯死: 말 위에 죽은 듯이 가로 눕기), 좌우등리장신(左右鐙裏藏身: 말 옆구리에 몸 숨기기), 종와침마미(縱臥枕馬尾: 말꼬리를 베고 뒤로 눕기)가 그것이다.

조선 정부는 기병 무예(騎兵 武藝) 차원에서 마상재를 무과 과거 시험에 포함시켰다. 마상재는 임진왜란 때 종종 왜군을 놀라게 했다. 전쟁이 끝난 후 도쿠가와 막부는 조선 정부에 마상재 무예단을 보내 달라고 부탁했는데 그때 일본을 방문한 사절단은 마상재에 대해 다음과 같이 설명했다.

"조선에서는 봄·가을로 마상재를 실시하여 그 우열을 가리고 상을 내린다. 이 기예의 유래는 오래되었으며 현재 마상재인은 400~500명이다. 이 기예로써 몸을 감추고 적진으로 달려들어 가 적군의 깃발을 빼앗고 장수를 베어 버리면 감히 대적하는 자가 없게 된다. 이런 무예는 중국에도 없다."

도쿠가와 막부는 마상재에 깊은 감명을 받아 즉시 도입하면서 '곡마'라는 명칭을 붙였으며 자신들 나름대로 그 기예를 갈고 닦았다. 그러고는 서양 서커스가 도입되었을 때 그에 대응하는 차원으로 곡마단을 조직했으니, 마상재는 일본에 전해진 최초의 한류이고 곡마단은 일본판 서커스인 셈이다.

한편 곡마단은 구한말 이 땅에 들어와 우리 전래 사당패를 밀어내고 흥행에 성공하였다.

조운흘의 신선 장난과
홍장의 애절한 사랑 이야기

한낮이 겨워서야 아이를 불러 사립문 열고,

수풀 속 정자로 걸어 나가 돌이끼 위에 앉았네.

지난밤 산속에서 비바람 모질게 불더니만,

시내 가득 흐르는 물에 꽃잎 두어 개 떠내려오네.

고려 말 조선 초 역사적 격동기에 고뇌의 삶을 산 조운흘(趙云仡, 1332-1404)이 남긴 시조인데 여기에는 신선 같은 여유로움이 담겨 있다. 실제로 그는 어려서부터 매사에 얽매이기를 싫어했으며 커서는 권력의 흐름에 영합하지 않았다. 고려 말년에는 혼탁한 세상에서 청맹과니*를 자처하며 벼슬을 하지 않았다. 조선에 들어서는 계림과 강릉 두 곳의 부윤을 지내다가 얼마 지나지 않아 병이 있다 핑계하고 광주(廣州)로 들어가 은거했다.

그런 조운흘이 강릉부사로 있을 때의 일이다. 1393년 박신(朴信, 1362-1444)이 강원도안렴사로 강릉에 왔다가 기생 홍장(紅粧)을 만나 애지중지하였다. 두 사람은 누가 봐도 사랑에 빠진 걸 알 정도로 깊은 정을 나누었는데 이때 조운흘이 한번 웃음판을 벌이고자 장난을 쳤다. 당시 박신은 서른한 살 한창 나이였지만 조운흘은 예순한 살 나이여서 풍류의 멋을 알았던 까닭이다.

박신이 인근 고을을 두루 살피고 돌아오자 조운흘이 안타까운 표정을 지으며 말했다.

"애석한 일이오나 그간 홍장이 죽었습니다."

"지금 뭐라 말씀하셨소?"

"인명은 재천이니 너무 슬퍼 마옵소서."

"……."

박신은 큰 충격을 받았으나 추한 꼴을 보이지 않으려 눈물을 감췄다. 하지만 시간이 지날수록 사랑했던 홍장에 대한 그리움이 솟구쳐 괴로운 기색을 숨길 수가 없었다. 조운흘은 일부러 며칠을 보낸 다음에 박신을 찾아가 위로의 말을 건넸다.

"울적한 심회를 푸시라고 경포대에서 자그마한 놀이를 벌이고자 합니다."

"배려는 고맙소만 생각이 없소이다. 어허, 세상이 왜 이리 허무한고."

박신은 무척 쓸쓸해했지만 조운흘은 속으로 미소를 지으며 다시 말했다.

"그곳은 오래된 선적(仙蹟: 신선 자취가 있는 곳)이 있습니다. 산정에는 다조(신선이 차를 다리는 부뚜막)가 있어 지금도 신선 무리가 다녀간다고 합니다. 그러나 설령 선인을 보더라도 다만 바라봐야지 가까이 가서는 안 된다고 합니다."

"……."

"경포 호수에 달이 뜨면 선녀들이 내려온다 하니 홍장도 내려올지 모릅니다."

박신은 별로 내켜하지 않았지만 조운흘의 말에 살짝 호기심을 느껴 따라나섰다. 박신은 경포대 한송정에서 술잔을 앞에 놓고도 멍하니 경포를 바라보며 시름에 잠겼다. 동석했던 기생이 분위기를 바꾸고자 박신에게 질문을 던졌다.

"한송정에는 달이 몇 개인 줄 아시옵니까?"

"달이 한 개이지 몇 개겠느냐."

박신이 퉁명스럽게 대답하자 기생이 웃으며 말했다.

"아니옵니다. 다섯 개이옵니다."

"뭐라? 다섯이라고 했느냐?"

"예, 그렇사옵니다. 하늘에 둥실 떠 있는 달, 경포에 비친 달, 술잔에 비친 달, 눈에 비친 달, 님의 가슴에 떠 있는 달, 이렇게 다섯이옵니다."

기생의 재치 있는 말에 박신은 잠시 웃음을 지었으나 이내 쓸쓸함에 젖었다. 사랑스러운 홍장이 새삼 그리워졌기 때문이다. 그때였다. 호수의 신비스런 운무 속에서 선녀를 태운 화려한 배가 어디선가 나타났다. 조운흘이 약간 흥분한 어조로 배를 가리키며 말했다.

"저것 보십시오. 선인이 나타났습니다."

박신은 물끄러미 그 배를 바라보고는 가볍게 응대했다.

"경치가 이러하니 선인이 나타날 만도 합니다."

그런데 박신은 호기심에 배 안의 선녀를 자세히 보다가 깜짝 놀라고 말았다. 아리따운 자태로 너울너울 춤추고 있는 선녀는 분명 박신이 그토록 그리워한 홍장이었다.

"갑자기 죽었다더니 선녀가 되었구나. 너는 선인이 되고 나는 속세에 남았으니 우리 언제 또 만나겠는가?"

박신은 자기도 모르는 사이에 탄식의 말을 내뱉으며 눈물을 뚝뚝 떨어뜨렸다. 그러자 모여 있던 사람들이 웃음을 터뜨렸다. 조운흘이 사람을 시켜 꾸민 일인데 박신이 보기 좋게 넘어간 것이었다. 조운흘은 홍장을 가까이 오게 했고 박신은 어리둥절하다가 장난임을 알고 크게 부끄러워하였다. 그렇지만 죽은 줄 알았던 홍장이 살아 있다는 사실에 무척 기뻐했다고 한다.

그러나 두 사람의 사랑은 결국 이별로 막을 내렸다. 얼마 후 박신이 임기를 마치고 한양으로 돌아갔기 때문이다. 당시 사대부는 기생을 첩으로 둘 수가 없어 박신은 몇 개월 후 돌아온다는 언약을 남긴 채 떨어지지 않는 발걸음을 억지로 옮겼다.

그날부터 홍장은 이제나저제나 박신이 돌아오기만을 기다렸다. 홍장은 그리운 마음을 시조로 읊었다.

한송정 달 밝은 밤의 경포대에 물결 잔 제(물결이 잔잔할 적에)
유신한 백구는(신의 있는 갈매기는) 오락가락 하건마는
어쩌다 우리 왕손은 가고 아니 오는고

　그래도 박신은 오지 않았다. 홍장은 어느 날 밤 그리움에 사무쳐 박신과 추억이 있었던 호숫가 바위로 가서 마냥 그리워했다. 그때 자욱한 안개 사이로 박신이 나타나더니 홍장을 불렀다. 환영이었지만 홍장은 잠시 이성을 잃은 나머지 반가움에 그쪽으로 달려가다가 호수에 빠져 죽었다. 이후 안개 끼고 비 오는 밤이면 호수에서 여인의 구슬픈 울음소리가 들려온다 하여 사람들은 홍장이 마지막에 앉았던 바위를 '홍장암(紅粧岩)'이라 불렀다.

• '눈 하나 깜빡하지 않는다' 는 말의 유래

'청맹과니'는 겉으로 보기에는 눈이 멀쩡하나 앞을 보지 못하는 사람을 가리키는 말이다. '청맹(靑盲)', '당달봉사', '눈뜬장님'이라고도 한다. 옛사람 중에는 청맹과니를 자처하며 세속과의 인연을 끊은 경우가 가끔 있었는데 이 경우 당사자는 눈앞에서 벌어지는 온갖 풍경을 진짜로 보지 못하는 척 처신했다.

예를 들면 조운흘은 나라가 혼란스러울 때 거짓으로 청맹과니가 됐다는 핑계를 대고 관직에서 물러나 집에 머물렀다. 이때 그의 첩은 조운흘이 진짜 장님이 된 줄 알고 조운흘의 아들과 놀아났다. 조운흘은 수년 동안 모르는 척하다가 나라가 어느 정도 안정되자 눈을 비비며 눈병이 나았다고 말했으며 이어 첩을 강에 던져 죽였다.

조운흘이 자기 의지로 장님 행세를 했다면 조선 세종 때 관리 청파(靑坡) 기건(奇虔)은 육체적 고통을 감내하면서까지 장님 노릇을 했다.

기건은 상민 출신임에도 벼슬이 대사헌까지 올랐으며 청렴결백하고 강직한 처신으로 왕의 신임을 받은 인물이다. 그는 청파동 집에서 대궐까지 초헌(가마의 일종)을 타지 않은 채 걸어 다니는가 하면 제주목사로 있으면서 해녀의 노고를 생각해 3년간 전복과 해삼을 먹지 않았을 정도로 올바른 마음 자세를 보여 주었다.

그런데 그는 단종(端宗)이 폐위당하고 얼마 지나지 않아 사육신 처형이라는 참변이 일어나자, 벼슬을 버리고 만리재 부근(오늘날의 청파동)에서 집 밖으로 나오지 않고 지냈다.

하지만 수양대군은 그의 재능을 높이 평가하였기에 왕위에 오르기 전 무려 다섯 번이나 직접 찾아가서 조정에 나오기를 부탁했다. '삼고초려'를 넘어선 '오고초려'였다.

그러나 그때마다 청파는 청맹과니를 자처하며 거절했다. 그러자 수양대군의 측근이 정말인지 확인하기 위해 바늘로 그의 눈을 찔렀다. 그럼에도 불구하고 청파는 그야말로 눈 하나 깜빡하지 않았고 이때부터 '(네가 아무리 그래 봐야) 눈 하나 깜빡하지 않는다'라는 말이 유행하게 됐다.

기생 설중매의 절묘한 풍자

설중매(雪中梅)라는 이름은 우리 역사에 세 번 등장한다. 조선 왕조 초기의 유명한 기생(妓生)*과 조선 중엽 『박씨부인전』에서 호왕(胡王)이 조선을 침범하고자 설중매라는 기생으로 변장시켜 보낸 공주 그리고 1908년 구연학이 번안하여 출간한 신소설 『설중매』가 그것이다. 이 중 설중매라는 이름에 걸맞은 인물은 단연 명기(名妓) 설중매이다. 『박씨부인전』의 설중매는 조선 여인으로 변장한 간첩이고 신소설 『설중매』는 근대화로 상징되는 시대적인 개화를 뜻하는 반면 명기 설중매는 이름에 어울리는 품격을 보여 줬기 때문이다.

14세기 말엽 고려 왕조가 허물어지고 새로 조선 왕조가 세워졌을 때의 일이다. 이러한 격동기에 사람들이 취한 태도는 가지각색이었다.

"인생 뭐 있어. 적당히 잘 살면 되지."

어떤 이는 적극적으로 새 왕조 건설에 앞장서서 부귀영화를 차지하였고, 어떤 사람은 고려 왕조에 충성을 다하여 목숨을 잃기도 하고, 더러는 두문불출하며 세상과의 인연을 끊었다. 대부분 사람들은 세상 돌아가는 대로 새 왕조가 주는 벼슬을 받아 그 자리에 머물러 있었다. 그런가 하면 새 왕조 건설에는 공이 없으면서도 높은 벼슬을 얻고자 아부하기에 급급한 추태를 보이는 기회주의자들도 적지 않았다.

출세에 만족한 사람들은 자축의 시간을 자주 즐겼으니 어느 날 재상들이 모여 잔치를 벌였다. 그 자리에는 많은 기생이 불려 나와 풍악과 시로 분위기를 돋우었다.

"으하하하. 매우 즐겁구나."

"그래서 말이지. 내가 여차저차 했더니 꼼짝도 못하더구면."

"오호호. 대감은 말씀도 잘하십니다."

모두들 어제는 고려의 신하들이었음을 까마득히 잊고 이런저런 자기 합리화로 새로운 세상의 중심 세력임을 은근히 자부했으며 기생들은 교태어린 웃음으로 그들의 비위를 맞추었다.

그중 한 늙은 재상이 기생 설중매에게 욕심을 가지고 은근한 뜻을 보였다.

"애야, 너 오늘밤에는 나를 모시겠느냐?"

"……."

설중매가 아무 대답을 하지 않자 늙은 재상은 감정이 상한 듯 다소 힐난하는 투로 말했다.

"어이 대답이 없는고? 내 들으니 너희 기생들이란 원래 동가식서가숙

한다고 하더라. 아침에는 동쪽 집에서 밥 먹고 저녁에는 서쪽 집에서 잠 자고……. 너희가 원래 그렇지 않느냐? 그러니 오늘은 내 말을 들어라."

늙은 재상은 여러 사람들 앞에서 한번 큰소리하여 설중매의 기를 꺾으려 한 것이지만 이는 지나친 모욕이었다. 아무리 그런 말이 있다고는 하나 여자로서 가지고자 하는 나름의 지조마저 무시한 말이었던 까닭이다.

"……."

순간 좌중은 말을 멈추고 모두들 설중매가 뭐라고 대답하는가 싶어 시선을 집중하였다.

묵묵히 재상의 이야기를 들은 설중매는 살며시 웃음을 띠며 아주 부드럽고 공손한 목소리로 이렇게 말했다.

"예. 동가식서가숙하는 천한 몸으로 왕 씨를 섬겼다가 이 씨를 섬겼다가 하는 재상 어른들을 뫼시게 되었으니 영광이옵니다."

수작을 걸었던 재상으로서는 되로 주고 말로 받은 격이었다. 귀한 신분이라고 으스댄 자신들의 행태가 천한 신분의 행실과 다를 게 없다는 뼈 있는 풍자를 받았으니 말이다. 예상 밖의 말에 재상들은 더 이상 아무 말도 하지 못했다고 한다.

그렇다면 '설중매'는 무슨 뜻일까? 문자 그대로 풀이하면 '눈 속에 핀 매화'를 의미한다. 예부터 매화는 추운 겨울에 꽃을 피우는 강한 생명력 때문에 굳은 절개를 중시하는 선비들로부터 사랑받았다. 또한 하얀 눈 속에서 홀로 꽃을 피운 모습은 매우 도도하고 아름답게 보인 까닭에 기생들도 종종 자기 이름으로 삼곤 하였다. 그러므로 위 이야기에 등장하는 설중매는 그 이름에 맞는 처신을 보여 준 것이라 볼 수 있다.

• 기생의 유래

우리나라 기생의 기원은 신라 시대에까지 거슬러 올라간다. 김유신이 소년 시절 자주 찾아갔던 천관녀(天官女)나 화랑도의 원화(源花)가 기생의 효시이다. 이러한 유녀(遊女: 몸을 파는 여자)들이 관기(官妓)로 된 것은 중앙집권화가 강화된 고려 때부터이다. 고려는 봉건 국가의 의식에 필요한 여성들을 길러 내고자 교방을 설치하였고 여성 무용가인 무기(舞妓)와 여성 음악가인 가기(歌妓)를 양성하였다.

다른 설에서는 양수척(후삼국·고려 시대에 떠돌아다니면서 천업에 종사하던 무리)을 기생의 효시로 여긴다. '기생'의 정의에 대해서는 논란이 있으나 춤과 노래를 부른 창기(娼妓)로서 그렇게 보는 것이다. 이익과 정약용은 '기생'의 유래를 양수척 혹은 수척이나 광대(廣大: 광주리를 만드는 사람)라고 주장했다.

조선 시대에는 기녀 이외에 유녀 집단이 있었으나 기생이라 하면 원칙적으로 관기를 가리켰다. 8천(八賤: 노비이거나 천역에 종사하던 여덟 천민)의 하나인 기생은 겉으로는 술자리에서 시중을 드는 여인이었지만 상대하는 남성들이 고관대작들이나 상류층 인사들이기 때문에 이들과 어울리기 위해서 여러 가지 교양 수업을 받았다.

구한말 선교사 H. N. 알렌은 기생에 대해서 다음과 같이 기록했다.

"기생들은 평민 출신이다. 딸을 많이 둔 가난한 사람이 딸들 중에서 특별히 용모가 예쁜 딸 하나를 나라에 바치면 그 여자는 나라에서 음악과 무용 그리고 손님 접대하는 교육을 받는다. 그는 좋은 집에서 화려한 옷을 입고 살 수도 있으며 자기를 좋아하는 사람 중에서 벼슬이 높거나 부유한 사람의 첩이 될 수도 있다."

기생에도 계급이 있어서 1패(一牌)·2패(二牌)·3패(三牌) 기생으로 나뉘었다. 1패는 왕의 어전에 나가 가무를 하는 최고급 기생이고 2패는 각 관가나 재상 집에 출입하는 기생이며 3패는 지금으로 치면 매춘부에 해당된다.

상류 기생이 되려면 가무에 출중하고, 가야금, 거문고 등 악기를 다룰 줄 알고 학식도 풍부하고 때로는 시를 지어 읊을 줄 알고 사군자를 그릴 줄도 알아야 했다. 말씨는 고상하고 조신해야 비로소 기생 자격을 얻었다. 기생들은 무엇보다도 지조와 정조 관념이 투철하여 허튼 수작을 하지 않았고 풍류객이 아니면 상대하지 않았다.

　그러나 기생도 사람인 만큼 잊지 못하는 고객이 있었다. 구한말 학자 이능화는 『조선해어화사』에서 기생이 평생 잊지 못하는 5가지 유형의 남자가 있다 했다. 곧 머리 올려 준 첫날밤 남자, 잘생긴 남자, 힘센 남자, 돈 많은 남자, 천하에 못생긴 남자가 그것이다.

　기생의 지방적 특색으로 성리학 원천지인 안동 지방 기생은 『대학』을 낭송했으며, 관동 명기는 '관동별곡'을 창하며, 제주 기생은 말달리는 재주가 비범했다고 한다. 성종 때 여악에 뛰어났던 소춘풍, 효성이 지극했던 서울 기생 관홍장, 명종 때 을사사화에 말려들었던 평양 기생 옥매향, 시에 능했던 송도의 황진이 등도 유명했다.

　특히 평양은 예로부터 색향(色鄕)으로 유명하여 명기가 많이 났으며 그 때문에 '평양감사'는 인기 높은 관직이었다. 이에 연유하여 '평양감사도 제 싫으면 그만.'이라는 속담이 생겼다. 임진왜란 때 왜장을 죽이고 스스로 목숨을 끊은 계월향도 평양 기생이었다. 진주 기생은 지조 높기로 유명했다. 임진왜란 때는 논개가 적장을 끌어안고 남강에 투신하였고 구한말에는 산홍(山紅)이 을사오적 중 한 사람인 내부대신 이지용의 거금을 거절함으로써 진주 기생의 지조를 보여 주었다.

　하지만 20세기 초 이후 일제 강점기 들어 기생이 성을 파는 매춘부로 전락함으로써 사람들은 기생이 천박한 존재라는 인식을 갖게 되었다.

정도전의 이름과 아호의 뜻이
왜곡된 연유

정도전의 외할아버지는 우연(禹延)이고, 외할머니는 승려 김전이 계집종과 정을 통하여 낳은 사람이다. 우현보(禹玄寶)의 자손은 김전과 인척으로서 이러한 사실을 잘 알고 있었다. 정도전이 처음에 벼슬길에 오를 때 대간에서 고신(告身: 신분증)을 지연시키자 정도전은 우현보의 자손이 소문을 퍼뜨려 그렇게 됐다고 생각하여 원한을 품었다. 그러다가 뜻을 이루게 되자 우 씨의 죄를 만들고 황거정(黃居正)을 시켜 세 아들을 모두 죽였다.

정도전의 아버지 운경(云敬)은 청년 시절에 단양을 지나다 관상쟁이를 만났다. "10년 후에 이 고을 여자와 혼인하면 반드시 재상이 될 아이를 낳겠소." 운경은 10년 동안 금강산에서 수양하고 고향 봉화로 돌아가던 길에 단양 삼봉에 이르러 하룻밤을 자게 됐는데 그날 밤 우 씨 여자를 만나 정을 나누었고 아들을 얻었다. 그 아들을 길(道)에서 얻었다고 해서 도전(道傳)이라고 불렀으며, 여자와 인연을 맺은 곳이 삼봉(三峰)이었으므로 호(號) 또한 삼봉이라 부르게 했다. 아들은 과연 관상가 예언대로 훗날 재상이 되었다.

전자는 『태조실록』에 기록된 내용이고 후자는 충북 단양에 전해 내려오는 설화로 그 내용에는 미묘한 차이가 있다. 다시 말해 전자는 정도전(鄭道傳, 1337-1398)[1]이 천한 출신 성분임을 부각시키는 반면 후자는 운명적 귀인임을 강조하고 있다. 조선의 일등 개국공신인 정도전에 대한 평가가 왜 이렇게 다를까?

그 이유는 정도전이 불운의 혁명가라는 데 있다. 정도전은 고려 말엽 어렵게 지내다 이성계 장군을 찾아가 큰일에 대한 야욕을 은근히 부추기면서 한편으로 '변방을 편안하게 하는 방책'이란 계책을 진언하였다. 이성계는 정도전의 능력을 알아보고 참모로 삼았으며 정도전은 충성스럽게 이성계를 모셨다. 이성계는 자신의 군사력에 정도전의 지략을 발판 삼아 혁명에 성공하였다. 이성계는 고려에 대한 향수를 없애고자 천도를 결심하면서 중신에게 의견을 구했다. 풍수지리설에 밝은 하륜(河崙)은 무악(毋岳: 지금의 서울 신촌 지역)을 가장 좋은 길지(吉地)라고 주장했다.

---

[1] **정도전** : 고려 말, 조선 초의 정치가. 조선의 개국 공신이며 최고 권력자였다. 조선의 이념적 바탕을 마련하고 체제를 정비하는 데 큰 역할을 하였다. 그러나 왕세자 책봉 문제로 야기된 제1차 왕자의 난 때 이방원(태종)에 의해 살해당했다.

“인왕산을 주산으로 삼아 무악에 동향으로 궁궐을 지어야 하옵니다.”

이에 대해 정통 성리학자로서 자부심이 대단했던 정도전은 풍수지리[2]를 잡설로 여기며 다음과 같이 반박하였다.

“예로부터 천자(天子)는 남면(南面)*하여 신하의 알현을 받고 천하를 다스렸습니다. 인왕을 주산으로 하여 궁궐을 동향으로 한다면 제왕과 신하의 위계질서가 깨지므로 태평성대를 이룰 수 없사옵니다.”

역성혁명을 일으킨 까닭에 ‘위계질서’라는 말에 민감한 이성계는 정도전의 손을 들어 주었다. 하여 정도전은 조선의 새로운 도읍지를 건설하는 총책임자로서 오늘날 서울의 사대문 안에 도성을 지었다. 정도전은 경복궁(景福宮)을 비롯해 성문 이름도 손수 지었으니 남대문은 숭례문(崇禮門), 동대문은 흥인지문(興仁之門), 서대문은 돈의문(敦義門), 북대문은 숙청문(肅淸門)이라고 했다.

그러나 정도전의 혁명은 거기까지였다. 경쟁자 하륜이 이방원(훗날의 태종)의 참모로 활동하면서 제1차 왕자의 난을 일으켜 정도전을 죽였기 때문이다.

정도전의 불운은 거기에서 끝나지 않았다. 태종을 비롯한 집권 세력은 정도전을 무척 싫어하여 그에 대해 부당하게 나쁜 평가를 내린 것이다. 한 예를 들면 정도전이 과거에 급제할 당시에 우현보의 아들들은 모두 열 살 이하의 어린아이였음에도 불구하고 그들이 경멸하면서 정도전의 벼슬길을 방해했다고 적어 놓았으니 정도전으로서는 무척 황당하고 억울해할 만한 일이다.

---

❷ 풍수지리 : 음양오행설을 바탕으로 땅과 공간을 활용하는 동아시아 고유의 사상. 삼국 시대 이전에 전래되었다. 지형이나 방위를 인간의 길흉화복과 연결시켜 조경, 건축 등에 큰 영향을 미쳤다.

그런가 하면 정도전의 '도전(道傳)'은 '유학(儒學)의 도(道)를 전하다'라는 뜻이고, 아호 '삼봉(三峰)'은 1370년 낙향하여 공부할 때 친구들이 학문과 경세에 최고봉이 되라는 뜻에서 한양 삼각산 세 봉우리를 따서 지어 준 것이니 이름마저 왜곡된 셈이다.

• 천자가 남면하여 앉은 까닭

"날씨가 사나운 걸 보니 상제(上帝)께서 심기가 편치 않은 모양이네."

고대 중국인은 자연 세계의 오묘한 변화가 절대자의 마음보에 따른 결과라고 믿었고 그 절대자를 '상제'라는 인격신으로 상상했다. 상제는 자연계의 운행 질서는 물론 인간 세상의 크고 작은 사건에까지 영향을 끼치고 나아가 아들을 땅으로 내려보내 지상을 다스리게 한다고 생각했다. 그래서 국왕을 '하늘의 아들'이란 의미로 '천자'라고 불렀다. 한 예로 맹자(孟子, 기원전 371∼기원전 289)는 요순시대[3]에 대해 다음과 같이 쓴 바 있다.

"요(堯) 임금이 세상을 떠난 뒤에 순(舜)이 추대를 받아 천자의 위(位)에 올랐다. 천자는 남면하여 신서(臣庶: 신하와 서민)를 만나고 신하는 북면(北面)하여 천자를 뵌다." 천자는 상제의 아들이므로 당연히 하늘에 제사를 지낼 의무가 있었다. 만약 천자가 제사를 소홀히 하거나 하늘을 우습게 여기면 상제가 천재지변으로 벌을 내린다고 굳게 믿었다. 천자에 대한 상징성이 이처럼 강하자 중국의 통치자들은 은근슬쩍 '황제(皇帝)'라는 호칭을 천자와 같은 개념으로 사용했다.

진시황(기원전 259∼기원전 209)은 기원전 221년 중국 대륙을 통일하고 황제를 자처했다. 원래 중국에서 '황(皇)'은 상제를 아름답게 부르는 말이고 '제(帝)'는 상제의 이름인데 이 둘을 합쳐 중국 전역을 통치하는 지배자를 일컫는 경칭으로 삼은 것이다.

이후 이른바 천자남면(天子南面)이 철저히 행해졌다. 황제는 남쪽을 향해 앉고 문무백관은 각기 동서쪽에 마주 본 채로 북면하여 황제를 대했다. 우리나라 역시 그 제도를 받아들여 임금은 항상 남면하여 앉았다.

그리고 그 상징성은 민간에도 전해져서 환갑을 맞은 사람은 잔칫상을 앞에 두고 남쪽을 향해 앉았다. 환갑 잔칫상은 자손으로부터 받는 가장 경사스런 잔칫상인바 이때 주인공 얼굴이 (임금처럼) 남쪽을 바라보게 상을 차려 그 기쁨을 배로 느끼도록 한 것이다.

그런데 왜 남향이 최상의 자리로 여겨졌을까? 그 이유는 북반구 한대 지역의 특성과

---

[3] **요순시대** : 요임금과 순임금이 덕으로 천하를 다스리던 태평한 시대. 일반적으로 백성들이 태평성대를 누리는 좋은 시절을 가리키기도 한다.

관계있으니 따뜻한 햇볕을 많이 받도록 하기 위함이었다. 다시 말해 남향 건물은 겨울에 따뜻하고 여름에 시원한 이점이 있는 까닭에 임금이 남향으로 앉게끔 자리를 배치한 것이다. 또한 상제는 태양을 상징하기도 하므로 남향은 하늘의 아들에게 어울리는 방향이기도 했다. 그렇지만 그런 실용적 장점은 감춘 채 '남면은 황제의 방향'이라는 상징성만 강조함으로써 천자남면은 통치자의 독점적 권리처럼 여겨진 것이다.

함흥차사와 살꽂이 다리

"방석을 세자로 봉하노라."

태조 이성계는 왕위에 오르자마자 계비 강 씨(신덕 왕후)가 낳은 방석(芳碩)을 후계자로 삼았다. 두 번째 아내를 가장 사랑하는 데다 정도전 등이 방석을 세자로 밀었기 때문이다. 나아가 태조는 정도전을 앞세워 공신들의 사병을 없애려 했다. 권세 있는 신하들의 힘을 꺾어 왕권을 안정시키기 위함이었다. 그러자 태조의 아들 중에서 조선 창업에 가장 많은 공을 세운 다섯째 아들 방원(芳遠)이 불만을 품었다.

"동생에게 왕위를 넘겨 주다니 이건 말이 안 돼! 게다가 사병마저 내 놓으라니⋯⋯. 도저히 참을 수 없어."

이방원은 선수를 쳐서 정도전과 방석을 죽였다. 이른바 제1차 왕자의 난을 일으킨 것이다. 뜻밖의 사태에 크게 분노한 태조는 둘째 아들 방과(芳果)에게 왕위를 넘기고 고향 함흥으로 가서 틀어박혀 지냈다.

하지만 방원은 정종(定宗)❶으로부터 양위 받는 형식으로 끝내 왕위에 올랐다. 제3대 국왕이 된 태종❷은 아버지의 화를 풀고자 문안사(問安使)를 함흥으로 보냈다.

"여기가 어디라고 함부로 오는가!"

태조는 함흥으로 찾아오는 문안사들을 계속 죽이며 노여움을 풀지 않았다. 이로 인해 '함흥차사(咸興差使)'는 일 보러 갔다가 소식 끊긴 사람을 뜻하는 말로도 통했다.

"한번 심부름을 간 뒤로 아무 소식이 없어. 완전히 함흥차사야."

그렇다고 그대로 그만둘 수 없는 일이므로 태종은 신하들에게 물었다.

"이번에는 누가 가겠는가?"

아무도 나서지 않았는데 승추부사 박순(朴淳)이 자청하여 길을 나섰다. 박순은 태조의 옛 친구이자 위화도 회군 때 이성계의 서신을 최영 장군에게 전달한 일이 있던 막역한 사이였다.

"어미 말과 망아지를 가지고 가겠습니다."

박순은 함흥 땅에서 태조가 있는 곳을 바라보고 일부러 망아지를 나무에 매어 놓고 어미 말을 타고 들어갔다. 망아지는 멀어져 가는 어미 말을 보고 울부짖었고 어미 말은 어미 말대로 몇 걸음 가지 못한 채

---

❶ **정종** : 조선의 제2대 왕. 고려 말기에 아버지를 도와 전쟁터에서 많은 공적을 세워 조선 건국에 이바지하였다. 2년이라는 짧은 재위 기간 동안 동생 이방원의 영향력 아래에서 실권을 거의 갖지 못했다.
❷ **태종** : 조선의 제3대 왕. 이름은 방원이다. 조선을 건국하는 데 크게 공헌하였고 왕조의 기틀을 세웠다. 세자 책봉에 불만을 품고 제1차 왕자의 난을 일으켜 정도전 등을 살해했다. 1400년 즉위하여 18년의 재위 기간 동안 대대적인 개혁을 단행하여 조선 왕권을 강화하였다.

뒤돌아보고 울어댔다.

시끄러운 소리에 태조가 나와 그 광경을 보고는 박순에게 물었다.

"무슨 연유로 망아지를 나무에 매어 놓고 왔는가?"

이에 박순이 공손히 대답했다.

"거추장스러워 떼어 놓고 왔습니다. 어미 말과 새끼 말이 서로 떨어짐을 참지 못하는 걸 보니 비록 미물이라 하더라도 지친(至親: 매우 가까운 친족)의 정은 있는 모양입니다."

박순은 태종을 망아지에 비유하여 태조에게 그만 태종을 용서하라는 뜻을 전했다. 태조는 잠시 처연한 표정을 짓다가 여전히 화가 풀리지 않았는지 다시 굳은 표정을 지었다. 그러나 박순은 옛 친구인지라 머물러 있게 했다.

며칠 후 박순은 태조와 장기를 두면서 수시로 심기를 살폈다. 때마침 새끼 쥐 한 마리가 지붕 모퉁이를 돌다가 떨어지려는 순간 어미 쥐가 그 새끼를 발로 꽉 붙잡는 광경을 보았다. 어미 쥐는 같이 떨어져 죽을 지경에 이르렀어도 새끼를 놓으려 하지 않았다. 이때 박순은 장기판을 제쳐 놓고 엎드려 눈물을 흘리며 말했다.

"미천한 동물도 자기 자식을 위하는데 이제 용서하시고 한양으로 돌아가시옵소서."

태조도 느낀 바가 있었지만 아무리 생각해도 태종의 행위를 용서할 수 없었다. 하여 박순에게 그만 돌아가라고 말하고 옛정을 생각하여 이전의 다른 사신들과는 달리 박순을 무사히 보내 주었다. 박순이 길을 떠난 후 태조의 신하들이 강력히 주장했다.

"이곳 실정을 낱낱이 본 이상 박순을 살려 보내서는 아니 되옵니다."

태조는 그 말에도 일리가 있기에 사자(使者)에게 칼을 주면서 말했다.

"사람을 보내되 만약 용흥강을 건넜거든 죽이지 말라."

태조는 박순이 이미 강물을 건너갔으리라 판단하고 그리 말했다. 정상적인 일정이라면 그랬을 것이다. 하지만 박순은 중도에 병이 나서 며칠 쉬는 바람에 그때 겨우 강에 도착하여 배에 올랐다. 사자는 그걸 보고 강을 건너지 않았다고 생각해 박순의 허리를 베어 죽였다.

또다시 예상 밖의 일을 보고받은 태조는 무척 애석해했다.

"박순은 좋은 친구이다. 이제라도 내 그의 말을 따르리라."

태조는 한양으로 돌아가기로 결심하고는 그 뜻을 태종에게 전했다. 일설에는 무학 대사가 찾아온 뒤에야 마음을 풀었다고도 한다.

한편 초조히 소식을 기다리던 태종은 박순의 희생적인 공로를 치하하여 벼슬을 증직(贈職: 나라에 공로가 있는 벼슬아치가 죽은 뒤 품계를 높여 줌)했으며 화공에게 명하여 박순의 반신을 그려서 그 사실을 나타내었다.

드디어 태조가 한양으로 돌아오는 날 태종은 예의상 성문 밖까지 마중을 나갔다. 이때 하륜(河崙)*이 태종에게 조심스레 건의했다.

"태상왕(太上王)의 노기가 아직 풀리지 아니했을 터이니 차일(遮日: 천막)의 중간 지주(支柱)를 아주 굵은 나무로 만들도록 하소서."

태종은 하륜의 말대로 아름드리 큰 나무로 차일 지주를 세우고는 태조를 기다렸다. 태조는 태종을 본 순간 분노가 폭발하자 활에 화살을 재워 쏘았다. 순식간에 벌어진 일이었으나 태종은 굵은 기둥 뒤로 피했고 화살은 그 기둥에 큰 소리를 내며 박혔다. 서울 한양대 근처 성동교 아래에 있는 돌다리를 '살꽂이[箭串] 다리'로 부르는 연유가 여기에 있다.

태조는 하늘의 뜻이라며 국새를 내주었지만 태종과 하륜은 긴장의 끈을 놓지 않았다. 하여 연회에서 하륜은 태종의 술잔을 내시를 시켜 태조에게 바치게 하였다. 태조가 태종에 대한 살의를 버리지 않았음을 알았기 때문이다. 그런 분위기를 느낀 태조는 이날 몸에 지닌 철여의(鐵如意)를 내던졌고 이후 더 이상 태종에 대한 불만을 갖지 않았다고 한다.

• 최후의 승리자, 하륜

하륜(河崙, 1347-1416)은 늦은 나이까지 빛을 보지 못하고 살았다. 예컨대 1365년(공민왕 14) 열여덟 살에 과거에 급제했으나 당시 실력자 신돈(辛旽)의 미움을 받아 파직됐고 마흔한 살 되던 1388년(우왕 14)에 요동 정벌을 반대하다가 양주로 귀양을 갔다. 불행 중 다행히 그는 이성계가 위화도 회군에 성공한 덕분에 귀양에서 풀려났지만 1392년 조선 건국 후에도 한직으로 밀려나 있었다. 정도전을 비롯한 개국 공신들의 견제를 받았기 때문이다.

하륜은 이방원에게 접근한 뒤에야 서서히 권력의 중심으로 들어갔다. 두 차례 왕자의 난을 실질적으로 계획했고 이방원을 왕위로 등극시키는 일련의 과정을 지휘했다. 그리고 마침내 이방원이 제3대 임금으로 등극하자 자기 능력을 적극 발휘하였다. 하륜은 태종을 도와 문물제도 정비에 크게 기여했고 명나라와의 여러 외교 문제를 해결하는 데 공을 세웠다. 그야말로 하륜은 대기만성(大器晩成)의 삶을 살았던 것이다. 그래서인지 하륜은 아들을 낳은 뒤 이름을 '久(오랠 구)'라 지어 주면서 다음과 같은 당부의 말을 남겼다.

"나무가 오래 자라면 산 구렁에 우뚝 솟을 수 있고 물이 오래 흐르면 반드시 바다에 이를 수 있게 된다. 사람의 학문도 그러해서 오래도록 중단하지 않으면 반드시 이룸이 있게 된다. 너의 이름을 久(오랠 구)로 하노니, 네 이름을 돌아보고 뜻을 생각하여 감히 방종한 행동을 하지 말며, 감히 놀기를 좋아하지 말고, 날마다 한 이치를 깊이 연구하고, 한 가지 착한 일을 행하며, 매사 조심하여 비록 쉴 만한 때라도 쉬지 않고 노력하면 인격과 교양이 구비된 훌륭한 사람이 될 수 있을 것이다. 그렇지 않으면 퇴보하여 반드시 소인(小人)이 될 것이니 네 이름이 가진 뜻을 공경하고 이를 실현하고자 노력하라."

사라진 진주의 범인은 거위

조선 초기의 일이다. 한 나그네가 여행 중에 날이 저물자 주막(酒幕)*
에 들어가 공손히 부탁했다.

"여비가 떨어져 돈을 드릴 수는 없으나 하룻밤 신세를 졌으면 합니다."

주막 주인은 나그네의 허름하고 초라한 옷차림을 훑어보더니 냉정한
목소리로 말했다.

"방이 없소이다."

나그네는 별 수 없이 뜰에 앉아 쉬다가 헛간 벽에 기댄 채 잠을 청했다.

그때였다. 주인 아들로 보이는 아이가 구슬 하나를 들고 와서 손바닥
으로 굴리며 놀기에 나그네는 호기심 어린 눈으로 그 모습을 지켜보았
다. 그런데 아이가 실수로 구슬을 떨어뜨렸고 근처에 있던 거위가 굴러

가는 구슬을 먹이인 줄 알고 꿀꺽 삼켰다.

"도대체 어디로 사라진 거야?"

잠시 후 주막에서는 큰 소동이 벌어졌다. 주막집 내외가 진주를 잃어버렸다면서 수선을 떤 것이다. 아이는 겁에 질렸는지 아무 말 못하고 한쪽에 가만히 있었다. 집 안 곳곳을 뒤져도 찾을 수 없자 주인 내외는 나그네를 의심스러운 눈으로 바라보며 말했다.

"당신이지? 어째 행색이 수상하더니만 도둑질을 해! 네 놈을 묶어 놓았다가 내일 관가에 고발해야겠다."

나그네는 난데없는 봉변을 당하면서도 침착한 표정으로 주인에게 말했다.

"나를 묶어 놓는 것은 좋으나 한 가지 부탁을 들어주시오."

"이놈 봐라. 그 주제에 청이라니. 그래 무엇인지 말해 보아라."

"저 거위를 내 옆에 매 놓아 주시오."

주인은 별 희한한 놈 다 보겠다는 표정을 지으면서도 선심 쓰듯 나그네의 부탁대로 해 주었다.

다음 날 아침 주막 주인은 나그네를 관가로 끌고 갈 채비를 했다. 이에 나그네가 말했다.

"내게 오기 전에 저기 거위가 싼 똥을 먼저 살펴보시오."

주인은 고개를 갸우뚱하며 거위 똥을 살폈고 그 속에서 진주를 발견했다. 나그네는 그제야 자초지종을 설명해 주었다. 그러자 주인은 매우 미안해하면서 말했다.

"진작 그렇게 말씀하시지 그랬소. 왜 지금에야 그 이야기를 해서 사람을 겸연쩍게 만드시오?"

"사람들은 늘 급해서 빨리 확인하려는 경향이 있소. 만약 어젯밤에 내가 사실대로 말했다면 당신은 틀림없이 그 자리에서 거위를 죽이고 배를 갈랐을 것이오. 내가 잠깐 고생하면 거위를 살릴 수 있었기에 수모를 참은 것이라오."

『연려실기술』에 나오는 이 일화에 등장하는 나그네의 이름은 윤회(尹淮, 1380-1436)[1]이다. 윤회는 그 벼슬이 병조판서에까지 이르렀고 호탕한 성격과 훌륭한 인품에다 술을 좋아한 것으로 유명하다.

---

[1] **윤회** : 조선 세종 때의 문신. 당대의 문장가로 이름을 떨쳤다. 세종 14년(1432)에 맹사성 등과 함께 『팔도지리지』를 편찬하였고 세종 17년(1435)에는 집현전에서 왕명으로 『자치통감훈의』를 펴냈다.

• 주막의 역사와 목로주점 및 선술집의 어원

우리나라에서 술집은 화폐 유통을 목적으로 하여 처음 생겼다. 고려 숙종 9년(1104)에 주식점(酒食店)을 열어 화폐 유통을 꾀한 게 그 시초이다. 그러나 화폐는 기대만큼 통용되지 못했고 조선 시대에 들어서도 사정은 마찬가지였다. 영·호남의 대로(大路)에 주점(酒店)이 있기는 하나 술과 장작이 있을 뿐이었다. 그래서 여행자는 부득이 식량과 여행 필수품을 말에 싣고 다녀야 했다.

그러다가 효종(孝宗) 때부터 화폐가 점차 널리 유통됨에 따라 음식도 팔고 접대하는 여자도 있는 주막(酒幕)이 본격적으로 유행하였다.

주막은 향시(鄕市)가 성립된 조선 후기부터 장시(場市)의 영향으로 번성하였다. 장날 장터에는 장국밥집이 있어 장꾼들과 장보러 나온 사람들이 술과 음식을 먹을 수 있었다.

역참제도의 발달도 주막 형성에 한몫하였다. 각 지방에서 서울로 향하는 요충지에는 곳곳에 역(驛)이 세워졌고 역 주변에는 어디나 주막이 자리 잡았다. 주막의 酒(술 주)는 '술', 幕(막 막)은 '집'을 의미하는 문자로 되어 있듯이 술과 음식뿐 아니라 잠자리까지 제공했다. 주막에는 '점(店)' 또는 '주(酒)'라는 깃발을 내걸어 주요 상품을 강조했다. 주막의 여주인은 '주모(酒母)'라 불리었고 잡일하는 소년은 '중노미'라 했다. 조선 후기 풍속도에는 주모가 술을 따르고 중노미가 시중드는 장면이 자주 등장한다.

구한말에 이르러서는 목로주점(木爐酒店)과 색주가(色酒家)가 본격적으로 성행했다. 술잔을 벌여 놓는 길고 좁은 목판 같은 탁자상인 '목로(木爐)'를 차려 놓고 술을 파는 집을 '목로술집'이라 하였는데, 큰 목로술집에서는 안주를 늘어놓고 손님을 끌었다. 술 한 잔에 무슨 안주든 하나씩 집어 먹을 수 있었고 술값만 받았다. 그런데 목로술집에는 앉는 의자가 일절 없어서 아무리 많은 술을 마셔도 꼭 서서 마신 까닭에 목로술집을 '선술집'이라고도 불렀다. 문자 그대로 여자(色)와 술(酒)을 함께 파는 '색주가(色酒家)'는 이미 조선 시대부터 모습을 드러냈으나 본격화된 것은 일제 강점기로 접어들면서부터였다. 망국의 기운이 술집을 더욱 번성시켰던 것이다.

세종대왕의 금지옥엽이
굶어 죽을 운명이라니

조선 초기의 왕들은 자식을 많이 낳았다. 태조는 8남 5녀를 두었으며, 제2대 정종은 15남 8녀, 제3대 태종은 12남 17녀, 제4대 세종은 18남 4녀를 두었다. 물론 왕비 한 명이 아니라 계비와 후궁이 낳은 자식을 포함해서이며, 구중궁궐(九重宮闕)에 갇힌 외로움을 사랑으로 해결한 결과였다.

일반적으로 왕의 자식은 호화로운 일생을 살았으리라 생각하지만 실제는 그렇지 못한 경우가 많았다. 아버지는 같으나 어머니가 다른 배다른 형제자매인지라 서로 간에 견제와 갈등이 많았고 왕족으로서의 운명적 금기로 인해 심한 스트레스에 시달렸던 탓이다.

그래서일까. 세종❶이 정초의 어느 날 역술가로 이름난 홍계관(洪繼寬)❋을 불러 왕자와 공주들의 사주를 물어보았다.

"과인의 아들딸이 한자리에 있으니 수명이 길고 복이 많을는지 숨김 없이 보아 주게나."

"예. 조금도 남기지 않고 모두 말씀드리겠습니다."

홍계관은 첫째 왕자부터 차례로 보아 나가다가 다섯째 왕자 광평대군(廣平大君, 1425-1444)에 이르러서는 좀처럼 입을 떼지 않았다.

"왜 말이 없는고?"

"……."

"뭔가 마음에 걸리는 것이 있는가?"

"……. 전하. 소인이 무슨 말씀을 올려도 노여워 마시고 용서하소서."

"그래. 알았으니 어서 말해 보거라."

"황공하오나 다섯째 왕자는 굶어 죽을 것 같습니다."

"뭐라? 그 무슨 망령된 말이냐. 초야의 백성이야 흉년이 들면 그리될 수도 있겠지만 어찌 과인의 아들이 굶어 죽겠는가? 허허허!"

세종은 내심 충격을 받았으나 겉으로는 태연하게 웃어넘겼다.

"전하, 소인을 죽여 주시옵소서."

"재미로 본 일이니 크게 마음 쓰지 않겠노라."

세종은 그만 자리를 정리했으나 은근히 걱정하였다. 세종은 학문을 좋아하고 음악과 병법에도 능하며 성품이 너그럽고 총명한 광평대군을 총애했는데 사주와 신수점을 잘 친다고 소문난 홍계관이 그리 말했기에 신경이 쓰인 것이다.

---

❶ 세종 : 조선의 제4대 왕. 훈민정음을 창제하였다. 측우기, 해시계 등 과학 기구를 제작하게 하였으며 집현전을 설치하여 학문을 장려하기도 했다. 32년에 걸친 재위 기간 동안 정치, 경제, 문화 등에서 많은 업적을 남겨 위대한 왕으로 칭송받고 있다.

‘가장 영리하고 사랑스러운 금지옥엽 왕자가 굶어 죽을 리 없지. 엉뚱하게 요절하는 것은 아닐까? 아니야. 곡식을 넉넉하게 마련해 주면 그럴 리 없어.’

세종은 혹시라도 모를 불상사를 대비해서 전답 500석을 광평대군에게 주었다. 일 년 내내 먹고도 남을 땅을 주어 평생 식량을 보장해 준 것이다. 열한 살 때는 신자수의 딸과 혼인시켜 항시 곁에서 돌볼 사람도 일찍 구해 주었다.

그런데 광평대군이 열아홉 살 되던 1444년(세종 26)에 비극적인 운명이 닥쳤다. 어느 날 반찬으로 나온 생선을 먹다가 목구멍에 가시가 찔린 것이다. 밥을 먹고 물을 삼키는 등 응급조치를 했으나 가시는 쉽게 빠지지 않았다. 어의가 와서 살펴보고 장안의 용하다는 의원이 차례로 와서 여러 처방을 내렸지만 아무 소용이 없었다.

“아니, 가시 하나 뽑지 못하면서 무슨 어의란 말인가! 그 많은 의원들이 요만한 일을 고치지 못한단 말이냐?”

세종은 분노하여 의원들을 나무랐지만 누구도 광평대군의 고통을 해결해 주지 못했다. 시간이 흐를수록 아픔은 커져 광평대군은 밥은커녕 물도 마시지 못했다. 광평대군은 시름시름 앓다가 결국 며칠 후 굶어 죽고 말았다. 광평대군은 만 스무 살도 넘기지 못하고 열아홉 살 어린 나이에 온갖 음식을 두고도 굶어 요절했으니 운명치고는 가혹한 운명이었다.

• '忍(참을 인)자 세 번이면 살인을 면한다'는 말의 유래

홍계관은 조선 시대를 통틀어 가장 널리 알려진 점쟁이로서 세종 때부터 세조 때에 이르기까지 활약했다. 점술이 신통방통하여 그의 이름을 팔아 먹고사는 맹인 점술가가 많았기에 홍계관은 맹인 점술가의 시조로 여겨지고 있다.

홍계관은 특히 신수점(身數占)을 잘 치기로 유명했다. '신수점'은 1년 운수의 길흉을 판단하는 점으로 대개 음력 정초에 행하지만 홍계관은 짧게는 몇 년 길게는 수십 년 뒤의 일까지 꿰뚫어 보았다고 한다. 그와 관련한 일화가 있다.

어느 날 홍계관에게 한 젊은 선비가 찾아와 평생 신수점을 봐 달라고 부탁했다. 홍계관은 점을 친 후 조심스레 말했다.

"장차 천하에 이름을 떨치고 부귀할 상이오. 하지만 자칫 실수로 사람을 죽이고 그 죄로 평생을 망칠 수도 있겠소."

"그렇소? 그렇다면 그 화를 피할 방법은 없겠소?"

"한 가지 있기는 하오만 선비께서 행할 수 있을지 모르겠소이다."

"말씀해 주시오. 내 반드시 지키리라."

"그럼 忍(참을 인)자를 많이 써서 집 안 곳곳 눈 닿는 곳마다 붙이시오."

"그게 뭐 어렵겠소이까. 알았소이다."

선비는 그날 집으로 가서 忍자를 여러 장 쓴 다음 대문은 물론 안방, 마루, 부엌, 기둥 등등에 붙여 놓았다. 선비는 그것으로 액운을 물리친 줄 알았다. 하지만 그렇지 않았다. 얼마 후 선비는 술에 취해 집으로 돌아와 방문을 열었다가 깜짝 놀랐다. 아내가 웬 상투 튼 외간 남자와 함께 자고 있었기 때문이다.

"내 이 년놈들을 요절내 버리겠다!"

선비는 부엌으로 달려가 식칼을 들었다. 순간 부엌문에 붙여 놓은 忍자를 보았고 잠시 멈칫했다. 그렇지만 여전히 분을 삭일 수 없어 식칼을 들고 부엌을 뛰쳐나왔다. 이번에는 기둥에 써 붙인 忍자가 눈에 들어왔다. 또다시 선비는 잠깐 멈칫했다가 고개를 흔들었다.

"참을 인이라……. 아니야, 이번 일은 절대로 참을 수 없어!"

선비는 기둥을 지나쳐 방문 앞으로 갔다가 문 앞에 붙여 놓은 忍자를 보았다. 한 번도 아니고 세 번이나 忍자를 보자 선비는 또다시 망설였다. 아주 짧은 순간이나마 忍자의 의미를 되새겨 본 것이다.

그때였다. 인기척을 느낀 선비의 아내가 잠에서 깨어 방문을 열고 나왔다.

"죄송합니다. 제가 깜빡 잠이 들어 어느 결에 오신지도 몰랐습니다."

선비는 아내의 인사를 무시하고 씩씩대면서 다짜고짜 물었다.

"방 안에 상투 튼 놈은 누구요?"

"상투라니요?"

아내는 반문하면서 방안으로 되돌아가 잠자는 이를 깨웠다. 잠든 이는 눈을 비비며 일어나더니 선비를 알아보고 인사했다.

"형부 오셨어요? 죄송해요. 이런 모습을 보여서."

처제였다. 알고 보니 처제가 머리를 감고 젖은 머리를 위로 움켜 맨 채 잠들었는데 선비가 그 머리 모양을 상투로 착각했던 것이다. 순간 선비는 등줄기로 흘러내리는 식은땀을 느꼈다.

‘정말 큰일 날 뻔 했구나. 忍자 덕분에 화를 면했어.’

선비는 홍계관의 예지력에 감탄하며 가슴을 쓸고 또 쓸어내렸다. 훗날 정승이 된 선비는 자손에게 그 이야기를 들려주며 “어떤 경우에도 화내기 이전에 참으며 먼저 상황을 알아보아야 한다”라고 훈계했다고 한다. 이에 연유하여 ‘참을 인자 세 번이면 살인을 면한다.’라는 속담도 생겼다.

맹사성과 젊은이의 공당 문답

맹사성(孟思誠, 1360-1438)은 세종 때 예조, 호조, 공조, 이조 등의 판서를 거쳐 좌의정까지 오른 인물이다. 맹사성의 자는 자명(自明) 호는 고불(古佛)이며, 사람됨이 겸손하고 소탈하여 많은 일화를 남겼다.

맹사성이 한번은 온양에 다녀오다가 용인 어느 주막에서 묵었을 때 일이다. 차림이 허술하여 누구도 그 신분을 알아차리지 못하고 그저 촌 늙은이로 여겼는데 한 젊은이가 심심했던지 맹사성에게 말을 걸었다.

"늙은이, 심심파적으로 우리 이야기나 합시다."

"그럽시다."

맹사성이 젊은이의 건방진 말투를 탓하지 않고 가볍게 고개를 끄덕이자 젊은이는 한술 더 떠서 말했다.

“그냥 이야기하면 재미없으니 말끝에 꼭 ‘공’자와 ‘당’자를 붙이기로 합시다.”

나이를 무시하고 늙은이를 농으로 대하자는 수작이었으나 맹사성은 서슴없이 먼저 시작했다.

“어디 가는공?”

“한양에 간당.”

“한양에는 무슨 일로 가는공?”

“녹사가 되고자 가는 길이당.”

“내 그대를 위해 주선할공?”

“어림도 없는 말이당.”

젊은이는 녹사 벼슬을 얻고자 한양에 가는 길이었지만 맹사성의 초라한 꼴을 보고 비웃었다. 말만 그런 게 아니라 어디 가당하기나 하냐는 듯 고개까지 절레절레 저었다.

그 후 맹사성이 다른 재상들과 앉아 있을 때 새로 임명된 녹사(錄事: 의정부나 중추원에 속하며 기록을 담당하거나 문서·전곡 따위를 관장하는 직책)가 인사를 드리러 찾아왔다.

그런데 맹사성이 바라보니 지난날 용인에서 만났던 바로 그 젊은이였다. 맹사성은 빙긋이 입가에 웃음을 띠고는 서슴없이 말했다.

“어쩐 일인공?”

재상 앞이라 잔뜩 긴장하여 있던 젊은이는 낯익은 말투와 목소리에 깜짝 놀라며 고개를 들었다. 그러고는 질문을 던진 사람이 지난날 아무렇게나 농으로 대하던 늙은이였음을 깨달았다. 젊은 녹사는 사색이 된 채 식은땀을 흘리면서 엉겁결에 다음과 같이 말했다.

"죽고 싶소이당."

맹사성과 녹사의 이상한 말투에 옆에 있던 다른 재상들이 무슨 일인지 궁금해했다. 이에 맹사성이 사정을 말해 주자 재상들은 한바탕 웃음을 터뜨렸다고 한다.

맹사성은 오래도록 관직에 있었지만 재물을 탐내지 않는 청빈한 생활로 존경을 받았다. 남루한 행색으로 인해 위와 같은 일화도 겪었고 '인침연(印沈淵)'이라는 지명이 만들어지는 일화에도 등장했다.

맹사성은 나이가 든 뒤 여러 차례에 걸쳐 관직을 물러나려 했으나 세종이 그를 놓아 주지 않았다. 맹사성은 1427년 예순한 살에 우의정에 임명되었고 1431년 일흔한 살 때에는 좌의정에 임명되었다. 그는 1435년에야 늙어서 더 이상 국왕을 모시지 못하겠다고 간청하여 물러났으며 3년 후 일흔여덟 살의 나이로 세상을 떠났다.

맹사성은 품성이 어질고 부드러웠지만 중요한 정사를 논의할 때는 강한 결단력을 발휘했다. 그가 우의정으로 있으면서 『태종실록』 편찬 감관사를 맡았을 때의 일이다. 세종이 선왕에 대해 어떻게 기록했는지 궁금해하며 한번 보고자 하였다. 이때 맹사성은 엄숙한 표정으로 이렇게 말했다.

"왕이 실록을 보고 고치면 후세에 반드시 이를 본받게 되어, 사관(史官)이 두려워서 그 직무를 수행할 수 없을 것이옵니다. 통촉하여 주소서."

맹사성이 결연히 반대하자 세종은 겸연쩍어하며 그 뜻을 따랐다. 맹사성이 평소 청백리로서 공명정대하게 처신하고 있음을 잘 알기 때문이었으니 신하나 국왕이나 모두 현인(賢人)이라 할 수 있다.

• 인침연에 얽힌 사연

맹사성은 성품이 인자하고 소탈하여 벼슬이 낮은 사람이 찾아와도 반드시 옷을 갖춰 입고 대문 밖까지 나가 맞아들였고 배웅할 때에도 손님이 말을 탄 뒤에야 들어왔다. 또한 나들이 때에는 소에 올라타서 느긋하게 가기를 좋아하였기에 그가 재상인 줄 몰라보는 사람이 많았다.

우의정으로 있던 맹사성이 온양에 근친(覲親: 관리가 휴가를 얻어 부모님을 찾아뵙는 일)하러 갔을 때의 일이다. 그는 여느 때처럼 간편한 옷차림에 소를 타고 길을 떠났다. 그는 그렇게 장호원에 이르렀는데 그곳에는 양성(陽城)과 진위(振威), 두 고을의 수령이 나와 있었다.

"정보가 맞는다면 지금쯤 대감이 오실 시간인데……."

"그러게 말이오. 그런데 저기 늙은이는 길을 방해하고 있구려."

재상에게 얼굴을 알리면서 잘 보이고자 대기하던 수령들은 4인교 가마가 어서 오기만을 목이 빠지게 기다리다가 허름한 차림의 노인을 보고 못마땅해했다. 하여 하인들을 시켜 꾸짖었다.

"이보쇼. 지금 양성과 진위, 두 고을 원님이 서 계시는데 그 앞으로 소를 타고 지나가면 어떻게 하오. 냉큼 소에서 내려 원님을 찾아뵙고 용서를 비시오."

그러자 맹사성은 태연한 표정으로 응대했다.

"가서 전하여라. 온양에 사는 맹고불(孟古佛)이라고."

하인은 두 고을 수령에게 가서 그대로 전했다.

"늙은이가 말하길 자기는 온양에 사는 맹고불이라 합니다."

"뭐라고? 분명 맹고불이라 하였더냐?"

"예, 그러하옵니다."

하인의 말을 전해 들은 두 고을 수령은 놀라 자빠질 지경이었다.

"어이쿠, 이거 큰일 났구나."

"그렇다면 얼른 도망갑시다!"

두 고을 수령은 그대로 달아나다가 그만 허리에 차고 있던 관인(官印)을 길가 옆 연못

에 빠뜨렸다. 이후 사람들은 그 연못을 가리켜 '도장을 빠뜨린 못'이라는 뜻으로 '인침연'
으로 불렀다고 한다.

명재상 황희는 청백리가 아니었다!

"이야, 맛있겠다!"

"빨리 따서 먹자!"

황희(黃喜, 1363~1452)[1]의 집 울타리 밖에 복숭아나무가 있었다. 동네 아이들은 복숭아를 따려고 나무에 올라가서 손에 잡히는 대로 마구 따먹었다. 곧 있으면 남아나는 게 없어질 지경이었다. 황희는 집 안에서 그 광경을 물끄러미 바라보더니 아이들에게 한마디 했다.

"애들아, 따먹는 것은 좋으나 다 따지는 말아라. 나도 맛 좀 봐야 하

---

[1] **황희** : 고려 말, 조선 초의 문신. 18년 동안 영의정에 재임하는 등 세종을 잘 보필한 신하로 평가받는다. 일반적으로 청백리로 알려져 있으나 좋지 않은 기록들도 남아 있다.

지 않겠니?”

그러자 아이들은 자신들의 지나친 행위를 반성하며 나무에서 내려왔다. 황희가 너그러운 태도로 아이들을 훈계한 것이다.

또 한번은 이런 일도 있었다. 어느 날 집안의 두 계집종이 서로 싸우다가 그중 하나가 황희에게로 와서 하소연하였다. 황희는 계집종의 말을 듣고 나서 고개를 끄덕였다.

“그랬구나. 네가 옳도다!”

잠시 후 다른 계집종이 와서 자기 입장에서 호소했다. 황희는 그 말을 다 듣고 나더니 역시 고개를 끄덕였다.

“그렇구나. 네가 옳도다!”

옆에서 이 광경을 보고 있던 황희의 조카는 황당한 표정을 짓더니 이치를 따지듯 항의했다.

“아저씨, 저는 이해할 수 없습니다. 이 사람 보고도 옳다 저 사람 보고도 옳다 하시는데, 그중 하나는 분명 옳고 하나는 잘못된 게 이치 아니겠습니까?”

황희는 빙긋이 웃고 이번에도 고개를 끄덕였다.

“응. 그래. 네 말도 옳다!”

조카는 황희로부터 나름대로 논리적인 대답을 들을 거라고 기대했다가 뜻밖의 반응에 그만 입을 다물었다고 한다.

이 일화는 황희가 아무에게나 쉽게 동조하는 변덕쟁이라는 것이 아니라 상대방 입장에서 생각하고 받아 주는 그의 너그러운 성품을 지녔음을 잘 나타낸다.

황희가 누구인가? 조선 초기 국가 기틀을 마련하는 데 큰 공을 세운 유능한 인물이다. 황희는 고려가 망했을 때 70여 명의 유신과 함께 두문동에 은거했다가 태조의 간곡한 요청과 백성이라도 구제해야 한다는 두문동 동료들 천거로 다시 벼슬을 시작했다. 그 뒤 좌천, 면직, 소환을 반복했으나 결과적으로 고려의 공양왕에서 시작하여 조선의 태조, 정종, 태종, 세종, 문종까지 6대 임금을 섬겼다.

그런가 하면 황희는 맹사성, 유관(柳寬)[2]과 더불어 조선 초기 3대 **청백리(淸白吏)** 중 한 사람으로 꼽히면서 청백리의 전형으로 알려져 있다. 하지만 이는 사실이 아니며 잘못 전해진 이야기이다.

『조선왕조실록』 어디에도 황희를 청렴결백하다고 기록한 사례는 없다. 오히려 그는 뇌물수수, 관직알선, 친인척 비호 등 여러 비리 사건에 연루되어 수시로 탄핵을 받았다. "일찍이 동파역 역리 박용으로부터 좌의정 황희가 말 한 필을 뇌물로 받았다."는 『세종실록』 10년 6월 14일 기록을 위시해서 자신의 사위가 지방 관아 아전을 몽둥이로 때려죽인 사건을 축소 은폐한 일에 이르기까지 일일이 늘어놓기 힘들 정도로 비리가 많다.

그렇다면 어찌하여 황희가 청백리로 잘못 알려진 것일까? 그 의문의 실마리는 그의 품성과 업무 처리 능력에서 찾을 수 있다.

황희는 '이 말도 옳고 저 말도 옳다.'는 일화처럼 어느 한쪽이 절대적으로 옳다고 생각하는 성격이 아니었다. 만약 그가 원칙과 지조를 강조한 인물이었다면 두문동에서 빠져나오지 않고 고려 유신들과 함께 최후를 맞았을 것이다. 황희의 이러한 면모는 세종의 즉위 과정에서도 확인된다. 애초 황희는 태종이 양녕대군의 세자 책봉을 폐하고 충령대군을 세자로 책봉하는 일에 반대하여 귀양을 갔다. 하지만 충령대군이 제4대 임금(세종)으로 즉위한 뒤 '황희를 재목으로 쓰라.'는 태종 충고를 받아들여 황희에게 협조를 요청하자 기꺼이 세종에게 충성했다. 황희는 원칙보다 변칙에 능한 인물이었던 것이다.

"어떤 법이든 단점이 있을지니 그것은 운용의 묘를 살려 극복하면 되오이다."

황희는 법을 시행함에 있어서도 그랬다. 그는 확 바꾸는 개혁적인 법을 만들자는 의견에 동의하지 않았으며 어느 정도 폐단을 감수하면서 법을 집행해야 한다고 주장했다. 좋게 말하면 적당한 타협주의자, 나쁘게 말하면 관행에 젖은 보신주의자였던 것이다. 그가 넓은 땅과 많은 노비를 거느리고 살면서 종종 뇌물을 받은 것도 청렴결백에 대한 부담감이나 결벽증이 없었기 때문이라 할 수 있다. 그렇다고 황희가 재물을 탐낸 탐관오리라는 뜻은 아니다. 황희는 당시 관습처럼 행해지는 하위 관리들의 인사성 뇌물을 별 저항감 없이 받으며 그 시절 풍습에 맞게 살았던 것이다. 다만 청백리가 아님은 분명한 것이고.

그런 점에서 황희는 세종에게 큰 은혜를 입은 인물이었다. 사헌부가 비리를 고발하고 탄핵할 때마다 세종은 황희를 파면하는 형식을 취한 다음 일 년도 지나지 않아 다시 등용하기를 반복했기 때문이다.

세종은 왜 황희를 굳게 신임했을까? 그 이유는 황희가 사리에 밝고 일을 능숙하게 처리한 데 있었다. 황희는 국가적 차원에서 보다 나은 현실을 만드는 일에 진력했다. 예컨대 농업 생산력 발전을 위해 농사 개량 방법을 알리면서 곡식 종자를 보급했고 북쪽 여진족과 남쪽 왜구에 대한 변방 방비책을 마련했으며 현실적인 법을 정비하는 데도 힘을 쏟았다. 또한 천첩(賤妾) 소생의 천역(賤役)을 면제하여 인권을 향상시키는 데에도 공헌했다. 세종이 황희를 조선 왕조를 통틀어 가장 긴 18년 동안 영의정(領議政)으로 임명한 이유이다.

요컨대 황희는 적을 만들지 않는 성격으로 인해 '사람 좋은 인품'이라는 말을 들었고 업무 처리에 있어서 명재상으로 불렸으며 임금의 절대적 신임을 바탕으로 '특별한 하자가 없으니 오래도록 벼슬을 했으리라.'는 평가를 받은 것이다. 여기에 왕권(王權)에 맞서는 신권(臣權)의 상징으로 조선 관료들의 추앙을 받고 후대에 청백리 명단에 포함되면서 그 이미지가 명재상 청백리로 굳어진 것이다.

• '청백리'란 말은 언제 생겼을까

청백리는 재물에 대한 욕심이 없이 곧고 깨끗한 관리를 일컫는 말이다. 조선 시대를 통틀어 선정된 청백리는 219명에 이르지만 실제로 청백리 제도가 시행된 것은 조선 중엽 이후의 일이다.

물론 조선 시대 이전에도 사심 없이 처신한 관리가 적지 않았다. 그렇지만 '청백리'란 말 자체가 없었으며 고려 시대에는 청렴한 관리를 '염리(廉吏)' 혹은 '양리(良吏)'라고 불렀다. '廉吏(청렴할 염, 벼슬아치 리)'는 문자 그대로 검소하고 곧은 마음으로 일한 관리를 의미했고 '良吏(좋을 양, 벼슬아치 리)'는 어질게 공무를 수행한 관리를 뜻했다.

사실 조선 초기까지만 해도 권력자들은 국가적 차원에서의 청렴결백을 강조하지 않았다. 혁명이나 반란이 끊이지 않는 상황에서 관리들을 충성하게 만들고자 집권층에선 수시로 포상하곤 했다. 이때 명예와 더불어 넓은 땅과 여러 노비를 내렸으니 이런 분위기는 오히려 관리들이 재물 보상을 당연하게 생각하도록 만들었다.

"공을 세우면 큰 상을 받을 수 있으리라."

하지만 왕권이 안정되자 그런 분위기가 급격히 바뀌었다. 도덕적 청결과 금욕을 강조하는 유교가 대세를 이루면서 재물보다 청렴결백이 지도자의 덕목으로 급부상한 것이다. 이때부터 소극적 의미의 부패하지 않은 관리가 아니라 적극적인 의미의 맑고 깨끗한 관리가 존중받았다.

청백리라는 말은 1695년(숙종 21)에 영의정 남구만(南九萬, 1629~1711)이 처음 공식화했다. 그는 청렴한 관리를 선발하는 과정에서 '생자칭이염근 사자명이청백(生者稱以廉謹 死者名以淸白)'이란 표현을 사용했다. 살아 있는 자에게는 염근리(廉謹吏), 죽은 자에게는 청백리로 호칭한다는 뜻이다. 명종 전후에 청백리라는 용어가 이미 쓰였다고 하는데 그 시기는 명확하지 않으며 숙종 대에 이르러 제도를 만들고 청백리를 본격적으로 선발한 것이다.

조선 시대의 청백리는 『전고대방(典故大方)』에 219명, 『청선고(淸選考)』에 186명이 기록되어 있으며 대표적 인물로는 맹사성, 유관, 이현보, 이황, 이원익, 김장생, 이항복 등을 꼽을 수 있다.

세 번 물었을 때
세상에 나온 성삼문

조선의 대표적 충신 성삼문(成三問, 1418-1456)의 이름에 대해서는 두 가지 설이 전해 오고 있다.

1418년(태종 18)의 일이다. 성삼문의 어머니가 산통을 겪고 있을 때 문 밖에서 웬 도인(道人)이 모습은 보이지 않은 채 물었다.

"거, 아기를 낳았느냐?"

"아이고, 아직 아닙니다."

"어허, 지금 나오면 만인의 스승이 될 것인데……."

얼마 후 도인이 다시 물었다.

"아기를 낳았느냐?"

"아직 낳지 못했습니다."

"저런……. 지금이라도 나와야 부귀복록이 가득할 재상으로 이름을 떨칠 것인데……."

얼마 후 도인이 세 번째로 물었다.

"아기를 낳았느냐?"

"예. 방금 낳았습니다."

"음, 생시가 틀려 안타깝구나. 이름은 청사에 빛나지만 자손이 끊겨……. 참으로 아까운 일이로다."

이리하여 도인이 세 번 물었다는 의미에서 그의 이름을 삼문(三問)으로 정했다고 한다.

또 다른 설은 내용이 미묘하게 다르다. 성삼문의 어머니가 친정에서 출산을 앞두고 있을 때 친정아버지(성삼문의 외할아버지)가 산실로 들어가는 아내에게 한마디 하였다.

"다듬잇돌을 가지고 들어가 아이가 나오려거든 산모의 자궁을 잠깐 틀어막으시오. 그리고 내가 '됐다'고 신호를 보내면 아이가 나오도록 하시오."

"왜 그렇게 해야 하는지요?"

"글쎄 시키는 대로 해야만 하오. 지금은 그 이유를 말할 수 없소."

하여 친정어머니(성삼문의 외할머니)는 무겁고 넙적한 다듬잇돌을 들고 들어가서 아이가 나오려 할 때 시키는 대로 하고는 잠시 후 산실 밖에서 기다리는 남편에게 물었다.

"지금이면 됐습니까?"

"조금만 더 기다려야 하오."

산모는 몹시 괴로워했고 그걸 지켜보는 친정어머니는 안타까운 마음에 잠시 후 다시 물었다.

"아니오. 조금만 더 참으라고 하시오."

친정아버지 역시 초조해하기는 마찬가지였다. 하지만 그가 기다리는 시각까지 시간은 더디 흘러갔다. 친정어머니가 다시 물었다.

"이제 됐습니까?"

"아니오. 조금만 더 참아야 하오."

성삼문 어머니와 그녀의 친정어머니는 나름 참으려 애썼지만 결국 '됐다'는 말을 기다리지 못하고 아이를 낳고 말았다.

"응애!"

아이의 울음소리가 산실 밖으로 울려 퍼지자 친정아버지는 착잡한 표정을 감추지 못했다. 명리학에 조예가 깊은 그가 외손자의 사주를 따져 보고 좋다고 생각한 시각에 맞춰 출생시키려 한 것인데 뜻대로 되지 않았기 때문이다. 어쨌든 성삼문이 태어날 때 세 번 물었다고 해서 그의 이름을 삼문으로 지었다고 한다.

일부 명리학자나 사주쟁이들은 출생 시각의 중요성을 강조할 때 이와 같은 성삼문 일화를 언급하곤 하는데 그것은 견강부회의 해석이다. 앞의 일화가 바람보다 늦게 태어나서 아쉬워했다면 뒤의 일화는 빨리 태어나서 아쉬워했다는 차이가 있을 뿐만 아니라 그 시각에 태어난 사람들은 모두 같은 운명을 가져야 하지만 실제로는 그렇지 않기 때문이다. 어찌됐든 성삼문의 운명이 너무나 극적이기에 이름에 담긴 사연이 입에서 입으로 전해졌음은 분명하다.

성삼문은 조선 세종 때의 문신으로 호는 매죽헌(梅竹軒)이다. 1447년 장원 급제하였으며 집현전 학사로 뽑혀 세종의 지극한 총애를 받으면서 훈민정음 창제를 도왔다. 그는 문장에 능했으며 임기응변에도 천재적 재능이 있었다.

성삼문이 중국에 갔을 때의 일이다. 어떤 사람이 시를 하나 지어 달라고 부탁해 왔다. 그림만 있는 족자에 적어 넣을 화제(畵題)를 요청한 것이다. 성삼문이 그에 응하며 말했다.

"그림을 보아야 그에 맞는 시를 지을 테니 그림을 보여 주시오."

시를 청한 사람은 어인 일인지 그림을 보여 주지 않고 그저 입으로만 설명하였다.

"백조를 그린 그림입니다."

예의에 어긋난 일이었으나 성삼문은 더 따져 묻지 않고 첫 두 귀를 슬슬 적어 내려갔다.

구름으로 옷을 만들고 옥으로 발을 만들었도다.
먹이를 찾아 갈대 있는 물가를 찾아 얼마나 기웃거렸던고.

그걸 본 사람은 시가 마음에 드는지 알 듯 모를 듯한 미소를 지었다. 그러고는 그제야 빙긋이 웃으며 그림을 보여 주었는데 채색하지 않고 먹으로만 그린 그림이었다.

'아니 이건 수묵화이잖은가. 음…….'

성삼문은 속으로 잠시 당황했다. 먹으로만 그린 그림을 놓고서 구름으로 옷을 만들었느니 옥(玉)으로 발을 만들었느니 하는 표현은 걸맞지 않았기 때문이다. 중국인들이 조선에서 온 명망 있는 학자를 이런 함정에 빠뜨리고자 그림을 보여 주지 않고서 시를 짓게 한 것임이 분명했다. 그러나 성삼문은 이내 침착하게 다음 구절을 적어 내려갔다.

우연히 산음현을 날아 지나가다가
그릇되어 왕희지의 벼루 씻은 연못에 떨어졌도다.

중국의 '산음현'에는 한 연못이 있는데 그 물에 중국 서예가 왕희지가 벼루를 씻어 물이 검어졌다는 고사가 있었다. 성삼문은 그 고사에 빗대어 백조를 온통 검게 그린 그림에 걸맞게 재치를 발휘하여 멋진 표현으로 시를 마무리한 것이다.

중국인은 뜻밖의 표현에 감탄하고는 매우 송구한 표정으로 말했다.

"선생의 재주는 당할 사람이 없소이다. 섣불리 시험하고자 했으니 허물을 용서하시오."

"허허, 별말씀을요."

성삼문은 재주가 뛰어났어도 교만하지 않았으며 사소한 의문도 그냥 지나치는 법이 없었다. 하여 그는 세종의 주도 아래 한글을 창제하는 과정에서도 연구하고 또 연구했다.

이처럼 학자로서 문명을 떨치던 성삼문에게 불운이 덮쳤다. 그는 그 불행을 피할 수 있었지만 그러지 않고 맞섰다. 세종 승하 후인 1455년(단종 3) 수양대군이 어린 조카 단종(端宗, 1441-1457)❶을 위협하여 왕권을 뺏으려 할 때 성삼문은 국새(國璽)를 끌어안고 통곡하여 수양대군의 매서운 눈총을 받았다.

이후 성삼문은 단종 복위를 꾸미다가 사전에 발각되어 자신은 물론 아버지와 갓난아이까지 모두 죽임을 당하는 삼대멸문(三代滅門) 화(禍)를 입었다. 그가 형을 당한 뒤 그의 집을 살펴보니 세조가 준 녹봉(祿俸)이 고스란히 쌓여 있었을 뿐 가재도구라고는 아무것도 없었다고 한다. 사육신(死六臣)* 중 한 명인 성삼문은 조선 시대의 대표적인 절신(節臣: 절개 있는 신하)으로서 오늘에 이르기까지 국민들의 숭앙 대상이 되고 있다.

---

❶ **단종** : 조선의 제6대 왕. 열두 살에 왕위에 올랐다. 계유정난에 의해 숙부인 수양대군이 실권을 장악하면서 이름뿐인 왕이 되었다. 결국 수양대군에 의해 유배되어 죽임을 당했다.

• 사육신은 왜 죽음을 택했을까

조선 제5대 왕 문종(세종의 맏아들)이 왕위에 오른 지 2년 4개월 만에 병들어 죽자 1452년에 그의 아들 단종이 열한 살 어린 나이에 제6대 왕이 됐다. 하지만 문종의 아우이자 단종의 삼촌인 수양대군이 1453년 10월 병사들을 이끌고 김종서, 황보인 등 주요 대신들을 죽이고는 정치를 자기 마음대로 했다. 이 사건은 계유년에 일어났으므로 '계유정난'이라고 한다.

수양대군은 실권을 잡았지만 거기에서 만족하지 않았다. 그는 1455년 6월에 단종을 귀양 보내고 자신이 직접 왕위에 올라 제7대 임금(세조❷)이 됐다. 이후 세조는 왕의 힘을 강화하기 위해 여러 조치를 내렸으며 나라의 기틀을 확실히 세웠다. 두만강 건너 여진족을 소탕하는가 하면 농업에 도움 될 만한 책들을 발행하게 하고 조선 시대의 기본 법전인 『경국대전』을 편찬하게 하는 등 여러 업적을 쌓았다.

그러나 그의 업적에 관계없이 세조를 왕으로 인정하지 않고 단종을 다시 왕으로 모시려는 은밀한 움직임이 있었다. 성삼문, 유응부, 이개, 하위지 등은 1456년 6월 명나라 사신 환송연에서 세조 일파를 처치하기로 결정했다. 그렇지만 공모자 중 한 명인 김질이 밀고하는 바람에 계획은 물거품이 되었다.

세조는 모의에 가담한 이들에게 진상을 자백하면 용서해 준다고 했으나 성삼문, 박팽년, 하위지, 이개, 유성원, 유응부 등은 잔혹한 고문을 당하면서도 끝내 대답을 거부했다. 결국 이들은 모두 처형당했으며 그 가족도 몰살당했다. 이들 6명을 '죽음을 두려워하지 않는 충신'이란 뜻에서 '사육신'이라 하며, 유응부 대신에 김문기를 사육신에 꼽기도 한다.

그런데 사육신은 왜 죽기를 각오하고 단종에게 충성했을까? 이들은 세종에게 깊은 사랑을 받은 집현전 학자라는 공통점이 있으며 의리를 중요하게 여긴 유교 정서를 갖고 있었다. 그러했기에 정통 왕위 승계자인 단종을 끝까지 받든 것이다.

---

❷ **세조** : 조선의 제7대 왕. 단종의 숙부이기도 하다. 계유정난을 일으켜 조선의 실권을 장악했고, 단종을 왕위에서 밀어내고 임금이 되었다. 조카를 죽였다는 도덕적 결함을 가지고 있으나 재위 기간 동안 많은 업적을 쌓았다는 평을 받는다.

신 정승, 구 정승
세조의 말장난 벌주

이시애의 난(1467)이 진압된 이듬해에 세조(世祖, 1417-1468)는 신숙주(申叔舟, 1417-1475)[1], 한명회(韓明澮)[2], 구치관(具致寬)[3]을 원상(院相)에 임명하였다. 원상은 국왕이 일신상 이유로 직무를 제대로 보지 못할 때 원로대신 중 일부가 국정 전반에 걸쳐 정책 결정에 자문으로 참여하던 승정원의 임시 직책을 가리키는 말이다. 1467년(세조 13) 왕의 병중에 도착한 명나라 사신을 맞이할 때 신숙주, 한명회, 구치관 등의 원로대신

[1] **신숙주** : 조선 초기의 문신. 훈민정음 창제에 공을 세웠으며 『세조실록』, 『동국통감』 등의 편찬에 참여했다. '숙주나물'이라는 말의 기원이 되는 인물로 여겨진다.

[2] **한명회** : 조선 초기의 문신. 수양대군을 도와 단종을 몰아내고 김종서 등의 대신들을 죽이는 데 이바지했다. 사육신의 단종 복위 운동을 좌절시키기도 하였다. 세조의 총애를 받았던 신하 중 한 명이다.

[3] **구치관** : 조선 초기의 문신. 계유정난 때 큰 공을 세워 벼슬이 영의정에 이르렀다. 신숙주, 한명회 등과 함께 세조의 총애를 받았다.

을 승정원에 입참시켜 일을 보게 한 데서 유래한다.

신숙주가 세조의 부름을 받고 어전에 들어가니 이미 한명회와 구치관이 자리를 잡고 앉아 있었다. 얼마 전 세조는 좌의정 한명회를 유임시키면서 신숙주와 구치관을 각각 (우의정에서) 영의정과 (이조판서에서) 우의정에 임명했으니 최고위 실력자가 모두 모인 셈이었다. 세조는 주안상을 앞에 두고 술기운에 불그레해진 얼굴로 기분 좋게 말했다.

"과인이 경들의 노고를 치하하고자 불렀으니 마음 편히 즐기시오. 또한 이 자리는 새로 임명된 영상(領相)과 우상(右相)을 축하하기 위한 목적도 있으니 두 분은 특히 많이 들도록 하오."

"성은이 망극하옵니다, 전하!"

세조는 얼굴에 웃음을 머금은 채 술 주전자를 들며 말했다.

"자, 그럼 먼저 신 정승!"

"예, 전하!"

신숙주가 즉시 대답하자 세조가 장난기 어린 표정으로 말했다.

"어허, 과인은 지금 새로 임명된 신(新) 정승을 부른 것이오. 그런데 우상이 아니라 영상이 답했으니 벌주 한 잔 받으시오. 하하하!"

신숙주가 벌주를 단번에 마시자 세조가 다시 호명했다.

"구 정승!"

"예, 전하!"

이번에는 신숙주와 구치관이 동시에 대답했다.

"허어, 이번에는 舊(오래 구)자를 써서 옛 정승을 부른 것인데 우상이 대답했으니 벌주 한 잔 받으시오. 하하하!"

구치관이 벌주를 들이키자 세조가 다시 호명했다.

“신 정승!”

이번에는 두 사람 모두 대답하지 않고 서로의 눈치만 살폈다. 세조가 웃으면서 다시 말했다.

“어찌 말이 없으시오. 그럼 구 정승!”

역시 두 사람은 어떻게 응대해야 할지 몰라 난감한 표정으로 침묵을 지켰다. 그러자 세조가 호탕하게 웃으며 말했다.

“과인이 부르는데 대답하지 않으니 이 무슨 무례한 짓이오. 두 사람 모두 벌주를 드시오! 하하하!”

세조의 말장난은 계속 되었고 결국 두 정승은 거나하게 취했다. 특히 술이 약한 신숙주는 몹시 취했으나 정신력으로 버티고 있었다. 세조는 두 사람이 많이 취했음을 보고는 분위기를 바꾸고자 말했다.

“경들만 벌주를 먹으니 과인에게는 술잔이 돌아오지 않는구려. 경들 중 누가 과인에게 벌주를 주겠소?”

“신하된 몸으로 어찌 감히 전하께 벌주를 올릴 수 있겠나이까. 소신 들은 벌주를 피할 방도가 없사오나 다만 전하와 팔씨름을 한다면 혹 승산이 있을지도 모르겠습니다.”

신숙주가 조심스레 대답하자 세조가 흔쾌히 말했다.

“그럼 어디 경의 팔 힘이 얼마나 센지 확인해 봐야겠구려.”

하여 두 사람은 팔씨름을 여러 차례 했으나 모두 세조가 승리를 거 두었다. 세조가 말했다.

“영상은 역시 글만 읽을 줄 알았지 힘은 안 되는구려. 하하하!”

그 말에 자극을 받았는지 신숙주가 다소 도전적으로 응대했다.

“전하! 한 번 더 기회를 주신다면 이번에는 소신이 이길 자신이 있사옵니다."

"아니 그렇게 지고도 승복하지 않다니…… 좋소이다. 한 번 더 해 봅시다."

세조가 여유를 부리면서 팔씨름을 준비하려는 순간 신숙주는 재빨리 세조의 팔을 한쪽으로 넘겨 버렸다. 상대가 손에 힘을 주기도 전에 선제공격을 한 것인데 뜻밖의 패배에 세조는 굳은 얼굴로 분한 듯 말했다.

"아니, 영상! 이렇게 하면……"

순간 한명회와 구치관은 깜짝 놀라 신숙주의 옆구리를 찔렀고 한명회가 사태를 수습하고자 말했다.

"전하! 영상이 술이 과한 모양이옵니다. 이제 밤이 깊었으니 그만 침소에 드시는 것이 좋을 듯싶습니다."

"……알았소. 경들도 그만 물러가 쉬시오."

이로써 길고 긴 술자리가 끝났고 세 사람은 어전을 물러 나와 각자의 집으로 향했다. 그런데 다른 날과는 달리 한명회가 자기 집으로 가지 않고 신숙주를 집까지 바래다주었다. 신숙주는 워낙 술에 취한 나머지 한명회의 부축을 받으며 간신히 집에 도착했다. 한명회는 신숙주를 집사에게 넘기면서 진지한 표정으로 당부했다.

"자네는 지금 즉시 대감 방에 있는 촛대를 치우게. 자네도 알다시피 대감은 새벽에 일어나서 책 읽는 버릇이 있으니 내일도 그리할 게 틀림없네. 하지만 내일 그리했다가는 큰일 날 사정이 있으니 그리 못하게끔 꼭 촛대를 치워야 하네. 알겠는가?"

"예이! 분부대로 행하겠습니다."

그 시각 세조는 잠을 제대로 이루지 못하고 있었다. 신숙주와의 마지막 팔씨름 기억이 매우 불쾌했기 때문이다.

"아무리 술에 취했다고는 하나 그리 무엄한 행동을 하다니……. 음, 혹시 내게 안 좋은 감정을 가지고 있어서 술 핑계 대고 그리한 것은 아닐까?"

세조는 의심 많은 성격인 데다 한번 의심하자니 이런저런 일들이 꼬리를 물고 의심스럽게 느껴졌다. 세조는 동틀 무렵 내관을 불러 신숙주의 집으로 가서 동태를 살펴보라고 지시했다.

그런줄도 모르고 신숙주는 새벽이 되자 부시시 일어나 촛대를 더듬었다. 숙취로 머리가 아프긴 했지만 늘 하던 습관의 힘으로 잠에서 깨어 비몽사몽 중에 불을 밝히려 한 것이다. 그러나 있어야 할 자리에 촛대가 없으니 신숙주는 허공을 휘휘 휘젓다가 지쳐서 도로 자리에 누웠다. 그렇게 새벽이 지나갔다.

날이 어느 정도 밝아졌을 때 신숙주 집 밖에서 동태를 살피던 내관은 궁궐로 돌아가 보고 들은 대로 말했다.

"아무 인기척도 없었고 글 읽는 소리도 들리지 않았사옵니다."

그러자 세조는 경계심을 풀면서 말했다.

"그렇다면 영상이 정말 몹시 취했던 모양이구나. 평소 같으면 일어나 책을 읽었을 텐데 말이야. 그럼 그렇지. 아무렴 영상이 내게 그럴 리가 없지."

세조는 잠시나마 신숙주를 의심했던 것에 대해 미안해하며 다시 잠을 청했다. 세조는 가까운 사람도 경계하고 의심하는 성격인바 만약 신숙주가 새벽에 일어나 글을 읽었다면 술을 핑계 삼아 무엄한 행위를 한 걸로 판단하여 처벌할 생각이었다. 그런데 한명회가 그럴 가능성을 염려하여 기지를 발휘했으니 신숙주는 자신도 모르는 사이에 이승과 저 승을 오간 셈이었다.

신숙주는 누구인가? 그에 대한 평가는 극단적이다.

'세종에게 받은 신의를 배반하고 세조에게 충성한 변절자.'

'뛰어난 능력으로 많은 업적을 이룬 실용주의 관료.'

신숙주는 어학에 대단한 재능을 가진 인물이었다. 그는 설총의 이두 문자를 비롯해서 중국어, 몽골어, 여진어, 일본어에 능통했으며 인도어 와 아라비아 어까지 익혔다고 한다. 그는 우리나라 최초의 일본 관련 책인 『해동제국기』를 저술했으며 훈민정음 창제 및 보급에도 큰 역할을 한 비범한 언어학자였다. 이 밖에 『세조실록』, 『예종실록』, 『동국통감』, 『국조보감』 등등 국가의 중요 서적 편찬에도 참여하여 조선 전기 문물 제도의 완비에 크게 기여했다. 또한 신숙주는 외국어만 잘한 게 아니라 풍부한 독서로 교양을 쌓은 지식인이었다. 세조는 이런 신숙주를 신임 하여 여러 벼슬을 거쳐 우의정, 좌의정, 영의정으로 중용했다. 그렇지만 세상 사람들은 신숙주를 좋게 보지 않았다. 불쌍하게 죽은 단종에 대 한 동정과 끝까지 신의를 지킨 사육신에 비교하여 변절자라는 낙인을 찍은 것이다. 심지어 녹두나물을 '숙주나물'이라 부르며 그의 변절을 두고두고 비난했다.

냉철히 말해 신숙주는 전문 관료로서 재능이 뛰어난 인물이었다. 그러 나 충(忠)보다 일(事)을 앞에 둠으로써 역사적으로는 비난의 손가락질을 받게 되었다. 그의 정치적 선택이 옳고 그르고를 떠나 정통성 없는 권력 에 추종하면 후대에 어떤 평가를 받게 되는지 반면교사로 삼을 일이다.

• 숙주나물의 어원에 대한 고찰

숙주나물은 녹두에 물을 주어서 싹을 낸 나물을 가리키는 말이다. 녹두나물이라고도 부른다. 녹두의 원산지는 인도로 추정되며 고려 말기에 원나라를 통해 들어온 것으로 알려져 있다. 녹두나물은 시루 같은 그릇에 담아 키우는데, 여느 나물보다 쉽게 쉬는 까닭에 변덕 심한 사람에게 "녹두처럼 잘 변한다."라고 말하곤 했다. 녹두나물을 숙주나물이라고 부르게 된 유래 중 가장 널리 알려진 이야기는 다음과 같다.

신숙주는 세종의 총애를 받았으나 수양대군의 참모로서 그의 집권을 도왔고 철저히 충성했다. 사육신이 목숨을 내놓으면서까지 단종에 대한 신의를 지키고 생육신이 벼슬을 버림으로써 절개를 지킨 것에 비하면 신숙주의 처신은 분명히 변절이었다. 신숙주가 세조에게 충성을 맹세하고 집으로 돌아왔을 때 그의 아내가 침을 뱉으며 "의(義)를 위해 죽지 않고 비겁하게 살아 돌아왔소?"라고 비난한 뒤 목숨을 끊었다고 한다.

이에 사람들은 나물 중에서 여름철에 가장 잘 쉬는 녹두나물에 신숙주의 이름을 바꿔 넣어 숙주나물이라 불렀다.

오늘날 위 이야기는 거의 정설처럼 여겨지고 있다. 하지만 과연 그럴까?

우선 숙주나물은 전국적으로 통용되는 명칭이 아니다. 경기·충청 지역에서는 '숙주나물'이라 말하지만 전라·경상 지역에는 '녹두나물'이라 부른다. 유독 한반도 중부지방에서만 숙주나물이라 불리는 것인데, 신숙주 고향이 전남 나주임을 감안하더라도 특정 지역 사람들만 그를 비난할 이유가 없다.

둘째로 숙주나물의 명칭에 대한 다른 유래가 있다. 신숙주는 1460년 2월 좌의정으로 있었고 1461년 7월 충청도 도체찰사로 임명되었다가 1462년 5월 영의정이 됐는데 그 무렵 기근이 들어 식량이 귀했다. 이에 신숙주는 빨리 자라면서 영양이 풍부한 녹두 열매를 중국에서 수입하여 백성들로 하여금 콩나물처럼 키워 먹게 하였는데 이 때문에 녹두나물을 숙주나물이라고 부르게 됐다고 한다. 숙주나물은 녹두를 열매로 먹을 때보다 영양이 큰 바 고마운 마음에서 그런 명칭을 붙였다는 것이다. 일설에는 세조가 녹두나물을 즐겨 먹으면서, 총애하는 신숙주가 기근을 해결하고자 수입했음을 감안하여 녹두나물을 숙주나물로 부르게 했다고 한다.

셋째로 신숙주 부인이 남편의 변절을 비난하며 자살했다는 이야기는 사실이 아니다. 춘원 이광수는 역사소설 『단종애사』에서 그런 이야기를 썼지만 실제 역사 속에서 신숙주 부인 윤 씨는 사육신 사건 이전에 질병으로 죽었다. 더구나 그 무렵 신숙주는 사신으로 파견되어 있었기 때문에 아내의 임종을 보지 못했다.

그러므로 숙주나물 명칭은 신숙주와 관련된 개연성은 클지언정 반드시 부정적 의미로 그렇게 불렀다고 단정할 수는 없다. 그보다는 변절을 미워하다 보니 사람들이 심정적으로 부정적 의미의 어원을 더 믿고 받아들였다고 봄이 옳다.

이징옥이 멧돼지를 산 채로 잡아 온 비법

이징옥(李澄玉, ?-1453)은 어릴 때부터 형 이징석(李澄石)과 더불어 무예가 출중하고 용맹하기로 유명했다. 범을 산 채로 잡았다는 일화가 있을 정도였다. 어느 날 어머니가 형제를 불러 말했다.

"내가 산 채로 멧돼지를 보고 싶구나. 너희가 능히 내 소원을 풀어 주겠느냐?"

"네. 어머니."

형제는 망설임 없이 대답하고 각기 활을 메고 밖으로 나갔다. 이때 형 이징석은 열여덟 살, 아우 이징옥은 열네 살이었는데 함께 사냥하지 않고 흩어져 제 갈 길을 갔다.

얼마 후 이징석이 먼저 집으로 돌아왔다. 그는 화살로 쏘아 잡은 멧돼지를 묶어서 아직 살아 있는 채로 가져왔다.

"그래. 애썼구나."

어머니는 큰아들의 수고에 고마움을 나타냈다.

이징옥은 이틀 후에 집에 돌아왔으나 빈손이었다. 마당에는 이징석이 잡아온 멧돼지만이 늘어져 있을 뿐이었다. 어머니가 의아하게 생각하여 물었다.

"참으로 이상하구나. 사람들은 모두 네가 형보다 무용이 뛰어나다고 말하고 나도 그렇게 짐작하고 있었다. 그런데 네 형은 집을 나간 지 얼마 지나지 않아 멧돼지를 살아 있는 채로 묶어가지고 왔다. 하지만 너는 이틀이나 지났음에도 맨손으로 집에 왔으니 어찌된 일이냐?"

이징옥은 빙긋 미소를 지으며 말했다.

"어머니, 밖에 나가 보십시오."

"밖에? 왜 그러느냐?"

"글쎄 나가 보시면 압니다."

이징옥의 요구에 마지못해 대문 밖으로 나온 어머니는 크게 놀랐다. 큰 멧돼지가 숨이 턱에 차서 씩씩거리며 있었기 때문이다. 어머니는 대문 안으로 급히 들어와서 아들에게 물었다.

"도대체 무슨 일이냐?"

"어머니가 산 채로 멧돼지를 보고 싶다 하시기에 저는 활을 쓰지 않았습니다. 온전히 보여 드리기 위해서였지요. 해서 멧돼지의 뒤를 쫓아 계속 따라다니면서 다급하게 몰아댔습니다. 그리고 드디어 힘이 다 빠진 듯 보였기에 이리로 몰고 온 것입니다."

설명을 듣고 다시 살펴보니 멧돼지가 그동안 얼마나 뛰어다녔는지 금

방이라도 쓰러질 듯 다리가 후들후들 떨렸다. 이에 어머니는 감탄하여
말했다.

"네 지모(智謀)가 놀랍구나. 잠도 제대로 못 잤을 텐데 정말 애썼구나.
고맙다. 아들아."

이징옥이 단지 힘만 센 게 아니라 지략 또한 대단했음을 일러 주는
일화라 하겠다.

이징옥은 1416년(태종 16) 무과에 장원 급제하여 벼슬길을 시작하였
고 북방 여진족 토벌에 많은 공을 세우면서 승승장구했다. 김종서 장군
휘하에서 여진족을 격퇴했으며 북방 4군 6진 개척에 크게 기여했다. 여
진족은 이징옥을 '어금니가 있는 큰 돼지'라고 부르며 두려워했다.

이징옥은 성질이 굳세고 곧은 전형적인 무인이었다. 그런 면모는
1432년(세종 14)에 접빈사로 중국 사신을 맞이할 때 분명히 드러났다.
당시 중국에서 온 사신 윤봉(尹鳳)은 조선 출신의 환관으로 조선에 상
당한 골칫거리였다. 자기 형제들에게 벼슬을 요구하는가 하면 올 때마
다 뇌물을 받아 챙겼기 때문이다. 그해 세종은 함길도에서 오래 벼슬한
이징옥으로 하여금 그의 비위를 맞추게끔 했는데 이는 함길도에서 매
를 붙잡아 윤봉에게 바치라는 뜻이었다.

하지만 이징옥은 세종의 기대와는 다르게 윤봉의 횡포에 과감히 맞
섰다. 한 예를 들면 윤봉이 백성에게 뺏은 개를 몰래 개 주인에게 가져
가게 했고 공물로 준비된 매 한 마리를 숲 속에 숨겨 두었다가 몰래 놓
아 주었다.

윤봉이 노발대발했음은 물론이고 세종도 그 일을 보고 받은 뒤 이징
옥을 외방에 중도부처(中途付處: 벼슬아치에게 어느 지역을 지정하여 머물러 있

게 한 형벌)하였다. 그래도 이징옥의 행위가 민족적 자존심을 바탕으로 하고 있는 데다 무공이 많은지라 1년이 지나자 풀어 주고는 영북진절제사로 임명했다. 이때 함길도관찰사 김종서를 다시 만나 영북진에 성벽을 설치하고 여진족 침입을 물리쳤다. 이후에도 이징옥은 많은 공을 세워 1450년 함길도절제사가 되었다.

이징옥은 늙은 부친을 봉양하고자 여러 차례 사직을 청했으나 그 청은 받아들여지지 않았다. 세종이나 단종 모두 그만한 장군이 없다고 판단한 까닭이다. 그러다 1453년 계유정난이 일어나면서 그의 운명이 바뀌었다.

"이징옥은 김종서의 사람이니 없애야 한다."

수양대군은 함정을 파 이징옥을 한양으로 불러들였다. 뭔가 이상하다고 느낀 이징옥은 하루 만에 영문(營門)*으로 돌아가 자신이 부당하게 파직됐음을 알고는 쿠데타를 일으킨 수양대군에 맞서고자 반란을 일으켰다. 그러나 이징옥은 부하에게 살해당하여 생을 마감했다. 청렴결백하여 청백리로 존경받았고 30년 넘는 세월을 북방 여진족 토벌에 힘쓴 위대한 장군 이징옥은 그렇게 세상을 떠났다.

한편 이징옥의 형 이징석은 1416년 무과에 급제하여 역시 여진족 토벌에 공을 세웠지만 동생과의 사이는 좋지 않았다. 자신보다 동생의 무용이 뛰어남을 질시한 탓이었다. 1453년 이징옥이 반란을 일으켰을 때 연좌제[1]로 투옥됐다가 부친 상중에 이징옥을 때리는 등 평소 동생과

---

[1] **연좌제** : 죄를 지은 사람과 친족 관계가 있는 자에게도 책임을 묻는 제도. 주로 대역죄나 반역 행위 등을 한 자들에게 행해졌다. 일반적으로 3촌의 근친이나 처첩에 한정되었다.

사이가 나빴음이 밝혀져 석방됐을 정도였다. 이징석은 1455년 세조 즉
위에 공을 세워 공신에 봉해졌으니 동생과는 반대의 길을 걸은 셈이다.

• '영문을 모르다'라는 말의 유래

"도대체 영문을 모르겠어."

"그는 영문도 모른 채 무리를 따라갔다."

이러한 예문에서처럼 '영문을 모르다'는 의문이나 부정을 나타내는 말과 함께 쓰이는 관용어이다. 그렇다면 여기서의 '영문'은 무슨 뜻일까?

영문(營門)의 본래 뜻은 '군대가 주재(駐在)하는 진영(陣營)'이다. 조선 시대에 중앙의 각 군문(軍門)이나 병영(兵營) 혹은 감영(監營: 각 도의 관찰사가 집무하는 관청)의 출입문을 가리켰다. 그런데 관찰사가 머무는 감영의 대문인 영문으로는 아무나 드나들 수 없었다. 영문은 고위 관리들이 드나들 때만 열렸고 평소에는 굳게 닫혀 있었다. 신분 낮은 일반 관리들은 뒤에 따로 있는 쪽문으로 출입했다.

따라서 일반 백성들은 영문이 언제 열리고 닫히는지 알 수 없었고 어쩌다 감영으로 들어갈 일이 있을 때에도 출입문이 어디인지 알지 못해 우왕좌왕했다. 이에 연유하여 까닭이나 사유를 모를 때 '영문을 모르다' 또는 '영문을 알 수 없다'라고 표현하게 되었다.

꿈꾸며 살다 간 늙은이, 매월당 김시습

일반적으로 천재나 신동에 관한 이야기는 진부하다. 성공한 사람은 특출한 재주를 타고나는 일이 많은 데다 남다른 재능은 보통 사람들에게 그저 남의 일로 여겨지는 까닭이다. 그렇지만 김시습(金時習, 1435-1493)의 삶을 말할 때 그의 천재적 재능을 빼놓을 수 없다. 왜냐하면 그의 인생이 워낙 비범하고 특이하기 때문이다.

가난한 문인의 아들로 태어난 김시습은 돌도 지나기 전에 문장을 암기하여 사람들을 놀라게 했다. 그가 태어난 지 8개월 만의 일이다. 말을 매우 빨리 배운다는 소문을 듣고 이웃에 살고 있던 최치운(崔致雲)이라는 학자가 찾아와 아기인 김시습에게 한문(漢文) 문장을 가르쳐 주었다. 그랬더니 아기는 그 자리에서 문장을 바로 외워 버렸다고 한다. 이에 최치운은 아기(김시습)의 외할아버지에게 '시습(時習)'이라는 이름을 권했다고 한다. '시습'은 『논어』에 나오는 '학이시습지 불역열호(學而時習之 不亦說乎: 배우고 때때로 익히면 또한 기쁘지 아니한가)'에서 따온 말로, 뛰어난 재주만 믿지 말고 끊임없이 계속 노력하라는 가르침을 담고 있다.

김시습은 세 살이 되자 한시(漢詩)를 지어서 창작 능력도 보여 주었고 한문 서적을 줄줄 읽었다. 하루는 유모가 보리방아 찧는 것을 보고 이렇게 읊었다.

"무우뇌성하처동 황운편편사방분(無雨雷聲何處動 黃雲片片四方分: 맑은 날 천둥소리 어디서 울리나 누런 구름 조각조각 사방으로 날리네)"

재능이 이러하니 소문은 저절로 퍼져 나갔다.

"대단한 신동이야! 한문도 잘 읽고 한시 짓는 솜씨도 정말 뛰어나."

이런 소문이 널리 퍼지자 1438년(세종 20)에 당시의 정승 허조(許稠)는 직접 찾아와 김시습에게 이렇게 말했다.

"네가 시를 잘 짓는다고 하던데 어디 나를 위해 老(늙을 노)자를 넣어 시 한 수 지어 보아라."

"네, 알겠습니다."

김시습은 대답을 하자마자 그 자리에서 다음과 같은 칠언절구 한 수를 지었다.

"노목개화심불로(老木開花心不老: 늙은 나무에 꽃이 피었으니 마음은 늙지 않았네)"

허조가 예순아홉 살인 그해 우의정에 임명된 것을 빗댄 은유적 표현이었다. 이에 허조는 크게 감탄하며 김시습의 재능을 칭찬하였다. 얼마 후 신동 김시습에 관한 이야기가 궁중에까지 퍼졌다. 그러자 세종은 지

신사 박이창을 시켜 글재주를 시험해 보도록 일렀다. 박이창은 김시습을 대궐로 불러 무릎에 앉힌 채 말했다.

"동자지학 백학무청송지말(童子之學 白鶴舞靑松之末: 어린아이의 학문이 마치 백학이 푸른 소나무 가지 끝에 앉아 춤추는 것 같구나)"

박이창은 이렇게 시를 한 수 지은 다음 김시습에게 대구(對句)를 지으라 했다.

"성주지덕 황룡번벽해지중(聖主之德 黃龍翻碧海之中: 어진 임금의 덕이 마치 황룡이 푸른 바다 속에서 뒤척이는 듯하도다.)"

김시습은 망설임 없이 박이창이 던진 구절에 대답했다. 동자와 성주, 학과 덕, 백학과 황룡, 청송과 벽해 같은 명사뿐 아니라, '춤추다'와 '뒤척이다' 같은 동사까지도 제대로 짝을 맞춰 응대한 것이다.

이러한 소식을 접한 세종은 다음과 같은 전지를 내렸다.

"내가 불러 보고자 하나 남들이 해괴하게 여길까 두렵다. 너무 드러내지 말고 잘 가르치도록 해라. 나이가 들고 학업이 성취되면 내가 크게 쓰겠노라."

그리고 세종은 김시습에게 비단 50필을 내려 주면서 혼자 힘으로 한 번에 가져가라 했다. 글재주만이 아니라 다른 총명함을 시험한 것이다.

"저 무거운 걸 어찌 가져갈지 궁금하구먼."

"어린아이한테 너무 무리한 일인 것 같은데……."

모든 벼슬아치들이 관심어린 시선으로 시습을 바라보았다. 김시습은 비단 50필을 잠시 살펴보더니 이내 고개를 살짝 끄덕이고는 비단의 끝과 끝을 모두 잡아매었다. 이렇게 50필을 한 줄로 만들어 놓고 그 한끝을 잡고서 밖으로 나갔다. 밖에서 비단을 잡아당기니 50필 비단이 줄

줄이 딸려 나가 힘들이지 않고 한꺼번에 가지고 간 셈이었다. 이 이야기를 들은 세종은 또다시 감탄하며 말했다.

"참으로 놀랍도다! 이 아이가 자라면 장차 큰 인물이 되리라."

김시습은 훗날 그 일을 떠올리며 '오세(五歲)'라고 자호하였다. 다섯 살 때에 능히 글을 지었음을 상기하는 동시에 '오세(傲世: 세상을 오만하게 내려 봄)'라는 단어와 발음이 같음을 염두에 두고 그랬다.

이제 김시습의 삶은 순탄할 것 같았다. 하지만 그렇지 못했다. 열여섯 살에 모친상을 당해 어머니 무덤 옆에 여막을 짓고 삼년상을 치렀는데, 얼마 지나지 않아 그를 어머니처럼 돌보아 주던 외숙모가 죽었는가 하면 아버지가 맞아들인 계모가 병을 앓는 등 연이은 슬픔과 우환에 시달려야 했다. 그러다 1455년 삼각산 중흥사에서 공부하던 도중 세조가 즉위했다는 소식을 듣고는 크나큰 충격을 받았다. 세조의 즉위는 세종 대왕의 손자인 단종 밑에서 큰일을 하리라 마음먹고 있었던 그에게 청 천벽력같이 절망적인 상황이었기 때문이다. 스무 살 청년 김시습은 사 흘 밤낮을 통곡하며 고민하다가 책을 태워 버리고는 홀연히 방랑 생활 을 시작하였다.

김시습은 서른 살 때인 1465년 효령대군의 청으로 원각사 낙성식에 참석해 찬시를 바쳤다. 그러나 평소에 경멸하던 정창손(鄭昌孫)이 영의 정, 김수온(金守溫)이 공조판서로 있는 현실에 불만을 품고 짐짓 뒷간에 가는 체하며 그곳을 벗어났다. 그리곤 그 길로 경주에 내려가 경주의 남산인 금오산(金鰲山)에 금오산실(金鰲山室)을 짓고 칩거하였다. 이때 '매 월당(梅月堂)'이란 호를 사용했으며 이곳에서 서른여섯 살까지 『금오신화 (金鰲新話)』*를 비롯해 수많은 시편들을 지었다.

이후 김시습은 출가와 환속을 반복하면서 전국을 유랑하다가 충청 도 홍산(鴻山) 무량사(無量寺)에서 쉰여덟 살에 세상을 떠났다.

훗날 율곡 이이(李珥)[1]는 김시습에 관한 최초의 전기를 쓰면서 그 최후 모습에 대해 다음과 같이 기록했다.

> 유언으로 화장하지 말라 하여 임시로 절 옆에 시신을 묻었다. 3년 후에 장사를 지내려고 빈소를 열어 보니 얼굴빛이 살아 있는 것 같아 중들이 모두 놀라며 "부처요!"라고 외쳤다. 마침내 불교의 다비(茶毗)를 거행하고 그 뼈를 모아 부도(浮圖)를 만들었다.

김시습은 재주는 있으나 때를 잘못 만나 그 능력을 제대로 발휘하지 못한 시대의 불행아였다. 김시습은 일생 동안 유학과 불교를 오가며 뛰어난 통찰력을 보여 주었으며 스스로를 '꿈꾸며 살다 간 늙은이[夢死老]'로 기억해 달라고 했다. 이루고픈 일을 끝내 이루지 못한 회한이 담긴 말이라 하겠다. 뒤에 이이는 김시습을 가리켜 '학문에 전념하여 공과 실천을 쌓았다면 그 업적은 한이 없었을 것'이라며 애석하다는 평가를 내렸다.

---

[1] 이이 : 조선 중기의 문신이자 성리학자. 호는 율곡이다. 1558년 겨울 결시에 장원 급제하였다. 정치가로서는 국방 강화에 힘썼으며 성리학자로서는 '기발이승일도설'이라는 독특한 사상을 펼쳤다. 이황의 영남학파와 쌍벽을 이루는 기호학파를 형성시켰다.

• 최초의 한문소설 『금오신화』

김시습은 생육신(生六臣)의 한 사람이다. 생육신은 단종에게 충성하고자 세조를 등진 김시습·남효온·원호·이맹전·조려·성담수 여섯 신하를 가리킨다. 사육신과 생육신 모두 벼슬을 버리고 유교적 충의(忠義)를 지켰다는 점에서 충신으로 평가받고 있다. 사육신이 죽음으로 각오하고 혁명을 일으켜 왕실의 정통성을 되찾으려 한 데 비해 생육신은 살아서 절개를 지켰다는 차이만 있을 뿐이다.

사육신이 처형되던 날 밤 장안 사람들이 벌벌 떨고 있을 때에 거리에서 거열형(車裂刑)에 처해진 사육신 시신을 바랑(승려가 들고 다니는 주머니)에 담아서 노량진 가에 임시 매장한 사람은 김시습이라고 한다.

한편 김시습이 남긴 『금오신화』는 한국 최초 한문 소설이자 전기체 소설(傳奇體 小說)의 효시로 평가받고 있다. 『금오신화』에는 「만복사저포기」를 비롯해 5편의 단편 작품이 실려 있는데 우리나라 국토를 무대로 하여 우리나라 사람들의 꿋꿋한 기상과 우리나라 역사를 부각시켰다는 점에서 의미가 크다. 다만 현실과 거리가 있는 신비로운 내용, 주인공이 죽는 비극적인 결말 혹은 신선이 되는 도가적(道家的) 귀결은 현실에서 희망을 찾지 못한 작가의 처지를 반영한 것으로 여겨진다.

남이 장군, 억울한 죽음의 미스터리

"어, 저게 뭐지?"

한 소년이 산에서 무술 훈련을 마치고 집으로 돌아오는 길에 이상한 물체를 보았다. 앞에 가는 소녀가 장옷으로 얼굴을 가린 채 빨간 보자기에 뭔가를 싸서 머리에 이고 있는데 그 위에 하얗게 분을 바른 여자가 앉아 있었던 것이다. 소녀는 그걸 모르는 모양이었다.

'저건 귀신이 분명해! 사람이라면 무거워서 소녀가 걸을 수 없을 테니까.'

소년은 걱정스러운 마음에 그 소녀를 따라갔다. 그런데 소녀가 집으로 들어간 지 얼마 후 그 집에서 요란한 울음소리가 흘러나왔다.

"아이고, 아이고, 이를 어째!"

"얘가 갑자기 왜 이러지."

소년은 대감 집에 있는 사람에게 사정을 물었고 대감의 딸이 갑자기 죽었다는 말을 들었다. 소년이 말했다.

"내가 가서 살릴 수 있으니 말을 전해 주시오."

그 집 사람들은 처음에는 소년의 말을 믿지 않다가 혹시나 하는 마음에서인지 한참 후에 들어오라고 허락했다. 소년이 방으로 들어가니 아까 본 여자 귀신이 소녀의 가슴을 누르고 있었다. 소년은 여자 귀신을 째려보았고 귀신은 소년을 보더니 깜짝 놀라 하며 어디론가 사라졌다. 그러자 소녀가 살아났다.

하지만 소년이 방에서 나오니 다시 소녀가 쓰러졌다. 밖으로 나가려던 소년이 발길을 되돌려 방으로 들어가자 소녀는 다시 살아났다. 이에 소년은 자신이 본 귀신 얘기를 했다. 그런 다음 약을 구해와 귀신을 완전히 쫓아냈다. 이 소녀는 당시 재상인 권람(權擥, 1416-1465)의 넷째 딸이었다. 그날 저녁 퇴궐하여 집에 돌아온 권람은 그 얘기를 듣고는 점쟁이에게 소년과 딸의 사주를 본 뒤 소년을 사위로 삼았다고 한다.

이 이야기에 등장하는 소년의 이름은 남이(南怡, 1441-1468)이며, 이 귀신 이야기는 오랜 세월 사실처럼 입에서 입으로 전해져 왔다. 왜 그럴까?

남이는 1457년(세조 3) 열여섯 살의 나이로 무과에 장원 급제하여 세조의 총애를 받았다. 재능도 뛰어나거니와 계유정난 공신 권람의 사위이기도 했기 때문이다.

1467년에는 이시애의 난을 진압하여 명성을 떨쳤고 돌아오는 길에 백두산에 평정비를 세우고 다음과 같은 시를 새기게 했다.

백두산 돌은 칼로 갈아 다하고 [白頭山石磨刀盡]

두만강 물은 말에게 먹여 없애노라. [豆滿江水飮馬無]

사나이 스물에 나라를 평정치 못하면 [男兒二十未平國]

훗날 누가 대장부라 이르리오. [後世誰稱大丈夫]

남이는 돌아오자마자 병조판서에 임명되고 적개공신(敵愾功臣)에 봉해졌다. 이로써 남이는 스물여섯 살 젊은 나이에 정치적 지위가 급격히 상승하였다.

그러나 남이의 승승장구는 거기까지였다. 빠른 출세에 대한 시기와 아내와의 이혼이 느닷없이 그의 인생길을 가로막았기 때문이다.

남이는 여러 해 전에 세조에게 상소를 올려 이혼을 허락해 달라고 간청한 바 있었다.

"저의 처는 어머니에게 불효하고 첩들을 시기하니 이혼하게 해 주십시오."

"그런 행위는 칠거지악에 해당하니 네 뜻대로 하라."

세조는 기꺼이 허락했지만 당시 사관은 그 대화에 다음과 같은 의견을 달아 놓았다.

'남이의 어머니는 며느리와 아들이 동침하는 것을 좋아하지 않았는데 왜 그런지 이유를 알 수 없다.'

짐작컨대 고부 갈등이었다. 명확한 이유야 알 수 없으나 남이는 이혼했고 권람의 딸은 친정으로 돌아가고 말았다. 이는 권람의 분노를 샀으며 '이혼의 원인이 남이 모자(母子)에게 있다'고 역공을 했다. 권람은 주변에 이렇게 말하고 다녔다.

"남이가 친어미와 사람으론 차마 못할 금수 같은 짓을 하느라 아내를 쫓아냈다."

세조가 살아 있었을 때만 해도 그런 소문은 남이에게 별다른 영향을 끼치지 못했다. 세조가 워낙 남이를 감싸 줬기 때문이다. 더구나 권람은 신병으로 고생하다가 1465년에 세상을 떠났기에 세조는 당장 도움이 되는 남이의 편이 되었던 것이다.

하지만 세조가 죽고 예종(睿宗, 1450-1469)❶이 즉위한 뒤 사정이 급변했다. 남이의 출세를 시기해 오던 유자광이 역적모의 혐의를 씌워 남이를 공격해 왔다. 사건은 예종 즉위 후 혜성이 나타난 뒤에 벌어졌다. 그날 밤 궁궐에서 당직을 섰던 남이는 밤하늘을 보며 말했다.

"혜성이 나타남은 묵은 것을 없애고 새로운 것을 나타나게 하려는 징조이다."

남이로서는 새 임금의 즉위를 경축한 말이었다. 그러나 유자광은 이 말을 비틀어서 예종에게 모함했다.

"남이 일파가 역모를 꾸미고 있다는 증거입니다."

당시 열여덟 살이었던 예종은 선왕 세조와 달리 남이에게 질투심과 왕권에 대한 위협을 느꼈고 즉각 국문(임금의 명령으로 중죄인을 신문하던 일)에 들어갔다. 당연히 남이는 결백을 주장했지만 주변 상황은 불리하게 돌아갔다. 남이의 친척들은 연좌제를 당할까 싶어 권람에게 들었다는 해괴한 소문을 거론하며 이미 남이와 단교하며 지내 왔다고 말했던

---

❶ **예종** : 조선의 제8대 왕. 세조와 정희 왕후의 둘째 아들이다. 스무 살의 나이로 재위 13개월 만에 승하하였다. 재위 기간 동안 『경국대전』의 편찬을 완성하였다.

것이다. 실력자 한명회는 절친했던 친구 권람을 생각해서인지 남이의
처지를 방관했고 유자광은 남이의 시 '북정가' 중에서 '남아이십미평국
(男兒二十未平國: 사나이 스물에 나라를 다스리지 못하면)'을 '남아이십미득국
(男兒二十未得國: 사나이 스물에 나라를 얻지 못한다면)'으로 고쳐 예종의 불안
감을 자극했다.

결국 남이는 모진 고문 끝에 자복(자백)한다면서 이렇게 말했다.

"신은 강순이 가르쳐 주는 대로 하였을 따름입니다."

영의정 강순(康純)은 펄쩍 뛰면서 예종에게 남이의 말을 부정했다.

"신은 성은을 입사와 그 지위가 극에 이르고 나이가 이미 칠십이 됐
습니다. 무엇이 부족하여 남이와 함께 모반을 하겠습니까?"

남이가 다시 강순의 말을 반박하며 말했다.

"그럴싸한 속임수에 속지 마십시오. 그러시고서야 어찌 죄인을 잡으
시겠습니까?"

강순은 별수 없이 죄인으로 몰려 고문을 당했고 고통에 못 이겨 모
반에 참여했다고 자복했다.

남이는 강순의 그 꼴을 보고서 말했다.

"내가 처음에 불복한 것은 후일을 생각해서였소. 그러나 이제 다리뼈
가 부러지고 폐인이 되어 목숨이 붙어 있어도 소용없기에 죽을 생각을
한 것이요. 나 같은 젊은 사람도 그러하거늘 다 죽게 된 늙은이가 죽은
들 어떻소."

강순은 남이와 함께 처형당하게 되자 원통하여 소리쳤다.

"이놈! 네가 나와 무슨 원수지간이기에 억울하게 죽게 하느냐?"

남이는 태연하게 말했다.

"억울하게 죽기는 그대나 나나 마찬가지! 그대는 영의정 자리에 있으면서 함께 평정을 간 부하의 억울함을 보고도 몸을 사려 한마디 변호도 하지 않은 불의를 범했으니 죽어 마땅하오!"

강순은 남이와 더불어 이시애의 난을 비롯해 여러 싸움에 같이 나갔기에 누구보다 남이의 성품이나 결백을 알고 있었으나 자기 신변만을 염려하여 침묵했음을 지적한 것이었다.

이른바 '남이의 옥(獄)'은 남이와 강순을 비롯해 남이 측근과 심복들이 대거 처형되면서 막을 내렸다. 남이의 어머니는 소달구지를 사용한 환열형(수레로 찢어 죽이는 형벌)이라는 극형을 당했는데 이는 매우 이례적인 처벌이었다. 역적일 경우 남자는 죽여도 여자는 대개 노비로 만드는 게 관례였기 때문이다. 이는 권람 집안의 분노를 감안해야만 어느 정도 이해할 수 있는 일이니 이듬해 영의정에 오른 한명회의 입김이 작용한 것인지도 모른다.

세상 사람들은 남이 장군의 억울한 죽음을 매우 안타까워했다. 그리고 남이가 억울하게 죽은 지 1년이 지나 예종은 열아홉 살 어린 나이로 즉위 1년 2개월 만에 요절하고 말았다. 이를 두고 세상 사람들 중에는 남이의 복수라고 말하는 이도 있었다.

어쨌거나 후에 세상 사람들은 남이 장군을 사당에 모셔 넋을 위로하면서 무병장수와 행운을 기원했다. 나아가 무속인들은 남이 장군을 신으로 모시면서 귀신 쫓는 능력을 가진 분으로 여겼다. '남이가 귀신에게 시달리다 죽어가던 낭자를 살렸다'는 이야기는 그 연장선상에서 나왔으며 남이는 용맹한 장군신(將軍神)*으로 전승되기에 이르렀다.

• 무속 신앙에 장군이 많은 까닭

무속인들이 모시는 신 중에는 유난히 장군신이 많다. 강감찬 장군, 최영 장군, 남이 장군이 대표적이다. 왜 그럴까?

이는 바로 강력한 군사적 상징성에 있다. 적군을 물리치듯 귀신과 액운을 내쫓으리라는 기대감에 따라 대중들이 유명한 장군을 장군신으로 모신 것이다.

그렇다면 최영이나 남이처럼 억울하게 처형당한 장군을 왜 신으로 모신 것일까? 그 이유는 다른 데 있다. 우리나라나 중국의 경우 원통함이나 응어리에 비례해서 신통력이 커진다 하여 원한을 품고 죽은 사람을 숭배 대상으로 삼았다.

일반적으로 무속인들은 재물을 탐하지 않은 영웅에게 장군신의 지위를 부여했다. 우리나라는 최영 장군과 남이 장군이, 중국에서는 비간(比干)과 관우(關羽) 장군이 대표적이다. 최영 장군은 혁명을 일으킨 이성계 일파에 의해 처형되었고 남이 장군은 역모를 꾀했다는 누명을 쓰고 죽었다. 비간은 기원전 12세기 현자였는데 상(商)나라 마지막 통치자였던 폭군 주신을 꾸짖다가 처형당했고 관우는 조조에게 붙잡혀 참형을 당했는데 죽어서도 조조를 노려보며 눈알을 굴렸다고 한다. 이렇게 죽은 장군들이 저승에서 강력한 힘을 지니게 되었고 마침내 신이 되어 어렵게 사는 백성의 한을 풀어 주리라 믿었던 것이다.

멋지고 지혜롭게 술을 즐긴
선비 손순효

조선 성종(成宗, 1457-1494)[1] 때 학자 손순효(孫舜孝, 1427-1497)는 문장에 뛰어나고 성리학에 밝아 특별 채용된 후 국왕의 총애를 받았다. 그는 글을 잘 지을 뿐만 아니라 인격이 높고 겸손하여 나무랄 데가 없었다. 길을 가다 효자(孝子)나 열녀(烈女)의 정문(旌門)을 보면 반드시 말에서 내려 두 번 절하며 예를 갖출 정도로 덕도 많았다.

그러나 한 가지 결정적 단점이 있었으니 술을 너무 좋아한다는 것이었다. 때와 장소를 가려가며 적당히 술을 마신다면 흠이 되지 않겠지만

[1] **성종** : 조선의 제9대 왕. 문물제도를 정비하고 국방에 힘써 백성들이 태평성대를 누릴 수 있게 하였다. 숭유억불 정책을 펼쳤으며 사림파를 등용하였다. 또한 예종 대에 완성된 『경국대전』을 반포하였다. 25년의 재위 기간 내내 선정을 베푼 왕으로 평가된다.

언제나 과음한다는 게 문제였다. 성종은 얼굴을 벌겋게 하고 다니는 손순효에게 술을 삼가라며 계주령(戒酒令)까지 내렸다.

"술을 마시더라도 하루에 석 잔을 넘기지 말라."

성종이 중국에 보낼 국서를 쓰고자 손순효를 궁궐로 불렀을 때의 일이다. 그날도 손순효는 만취한 상태였기에 성종이 노하여 물었다.

"석 잔 이상 마셨느냐?"

"아니옵니다. 어명을 어찌 거역하겠나이까."

"어떤 잔으로 마셨느냐?"

"큰 주발로 세 번 마셨사옵니다."

성종은 더 이상 화를 내진 않았으나 손순효가 도저히 글을 쓸 상태가 아닌 것으로 여겨져 다른 학자를 불러야겠다고 말했다. 그러자 손순효가 조심스레 말했다.

"신이 지금 술이 깨지 못한 채 입궐한 것은 분부하실 일이 바쁠까 해서 빨리 왔기 때문입니다. 하지만 신은 취했을 때 글을 더 잘 씁니다. 다른 사람을 부를 것 없이 신에게 하명하소서."

"그럼 어디 써 보라."

성종이 지필묵을 내리자 손순효는 일필휘지로 문장을 썼다. 명필로 소문난 그 솜씨 그대로 한 획 흐트러짐이 없었다.

성종은 그 재주와 정신력에 감탄하여 칭찬한 다음 은잔 한 개를 하사하면서 걱정스러운 표정으로 말했다.

"그대는 취한 정신이 한층 맑도다. 허나 과음은 몸에 해로우니 하루에 이 잔으로 한 잔 이상 마시지 말라."

"성은이 망극하옵니다."

손순효는 감사한 마음으로 은잔을 받았으나 그 크기가 너무 작아서 속으로 당황했다. 그래도 왕명을 거스를 수는 없는지라 하루에 한 잔만 마셨다. 당연히 손순효는 술에 대한 갈증을 심하게 느꼈다.

'잔이 작으니 마시다 만 것 같아서 너무 아쉽구나.'

손순효는 고민에 빠졌다. 왕명을 어기고 몰래 더 마실 마음은 없지만 뭔가 해결책을 찾아야 했기 때문이다.

'뭐 뾰족한 수가 없을까? 오, 그래! 그렇게 하면 되겠구나.'

손순효는 은장(銀匠: 금 은 구리 따위를 세공하는 사람)을 불러 다음과 같이 부탁했다.

"이 은잔의 두꺼운 데를 풀잎처럼 얇게 쳐 늘여서, 되도록 큰 술잔으로 만들어 주오."

"알겠습니다."

며칠 후 은장이는 사발만큼 큰 은잔으로 변형시켜 갖고 왔고 손순효는 그 잔에 일부러 독한 술을 따라 마셨다.

"아, 이제 살 것 같구나! 술맛도 좋고."

손순효는 개조한 술잔을 들여다보며 매우 흡족해했다.

그러던 어느 날 왕이 손순효를 불렀다. 이때도 그는 술에 거나하게 취해 있었다. 성종은 뜻밖의 일에 노기를 띠며 질책했다.

"짐이 준 잔으로만 조금씩 마시라 그랬건만 어찌된 연유로 이리 취했는고. 여러 잔을 마셨는가?"

"신은 하명하신 대로 그 잔으로만 술을 한 잔 마셨사옵니다."

손순효가 부인하자, 성종은 손순효의 평소 성품으로 보아 그가 속일 리 없다고 생각하면서도 눈으로 직접 확인하고 싶어서 말했다.

"그럼 그 잔을 가져오라."

손순효는 머리를 긁적이며 사발만 한 은잔을 가져와 내밀었고 성종은 어이없다는 듯 물었다.

"이게 어디 내가 준 은잔이더냐?"

"아뢰옵기 황공하오나 전하께서 주신 술잔이 너무 작기에 은장이를 시켜 늘렸사옵니다. 하지만 은 중량은 그대로이며 조금도 은을 보태지 않았사옵니다."

"뭐라?"

성종은 예상 밖의 대답을 들은 뒤 호탕하게 웃고는 말했다.

"과연 은잔의 조화가 묘하구나. 짐의 좁은 속도 이 잔처럼 넓게 만들어 줄 수 없는가?"

이후 성종은 두 번 다시 손순효에게 술과 관련한 일로 나무라지 않았다. 오히려 가끔 내시를 시켜 음식을 보내며 격려해 주곤 했다. 손순효가 단지 오이 하나를 안주 삼아 술을 즐긴다는 소식을 듣고 배려해 준 것이다.

그런 손순효가 강원도감사(監司)로 있을 때의 일이다. 날이 몹시 가물어 기우제(祈雨祭)를 지냈건만 아무 소용이 없었다. 이에 손순효는 하늘을 쳐다본 다음 말했다.

"지금 비가 오지 않음은 내 정성이 모자라기 때문이다. 만약 정성껏 기우제를 한다면 하늘이 감동해서 반드시 비를 내려 줄 것이다."

말을 마친 손순효는 목욕재계(沐浴齋戒)＊하고 친히 나가서 비를 빌었다. 그랬더니 그날 밤에 비가 내렸다. 빗소리를 들은 손순효는 즉시 일어나 관복을 차려입고 뜰에 나가서 하늘을 향해 수없이 감사하다는 뜻으로 절을 했다.

손순효는 죽을 때까지도 술을 사랑했으며 다음과 같이 유언했다.

"내 죽거든 비석 세울 생각은 하지 말고 내 평생 좋아하던 소주 한 병만 곁에 묻으라."

그는 일흔 살 나이에 자는 도중 평온하게 죽었고 자손들은 그의 유언대로 행하였다고 한다.

• 중요한 일을 앞두고 있을 땐 왜 목욕재계를 했을까

'목욕재계'를 문자 그대로 풀이하면 목(沐)은 머리 감는 일, 욕(浴)은 몸 씻는 일, 재(齋)는 몸을 엄숙히 하는 일, 계(戒)는 궂은일을 피하는 걸 의미한다. 일반적으로 몸을 깨끗이 씻고 몸가짐을 가다듬어 마음을 맑게 만드는 일을 가리킨다. 이는 우리나라의 독특한 관습으로 육체적 청결(沐浴)과 정신적 순결(齋戒)을 상징하는 행위로 통한다.

『삼국유사』에 따르면 수로왕을 맞이할 때 가락국 사람들이 목욕재계하고 잡스러움을 떨치는 의식을 치른 뒤 구지봉에 모여 하늘에 제사 지냈다고 한다. 이로 미루어 삼국 시대 이전에 목욕재계 관습이 있었음을 짐작할 수 있다.

옛날에 조상이나 귀신에게 제사 지낼 적에 미리부터 부정 타지 않도록 조심하는 것을 '재계(齋戒)' 또는 '재(齋)'라고 하였는데, '재계'에는 산재(散齋), 치재(致齋), 청재(淸齋) 등의 구별이 있었다.

대체로 '산재'는 일을 종전대로 보면서도 술을 함부로 마시지 않고 파·마늘·부추 따위를 먹지 않으며 조문이나 병문안을 가지 않고 음악도 듣지 않으며 지저분하고 나쁜 일에 참여하지 않는 것을 말한다. '치재'는 그저 제사와 관련된 일만 하는 것을 말한다. '청재'는 몸을 깨끗이 씻고 부정한 일을 멀리하는 것을 말한다.

재계하는 기간은 일정치 않았는데 보통 '산재'는 4일, '치재'는 3일간이었으며 '청재'는 당일에 한했다.

봉건 시대에는 기우제를 중요한 제사로 여겨 참여자 모두가 반드시 목욕재계를 하였다. 또한 조선 시대에는 선비들이 상소를 올리기 전에 목욕재계하고 상소문을 쓰는 것이 관행이었다. 정갈한 마음으로 참된 글을 쓴다는 뜻도 있었지만 그보다는 상소문으로 인해 잡혀갈지도 모를 것을 대비해서 심신을 깨끗이 하고 모든 것을 각오한다는 의미가 강했다.

찢어진 소매를 꿰매지 않은 까닭

박영(朴英, 1471-1540)[1]이 어느 날 의관을 갖추고 하인 한 명을 대동한 채 말을 몰아 집으로 돌아갈 때의 일이다.

"어째 오늘은 날씨가 스산하구나."

하늘이 어느새 어두워지기에 인가를 찾았으나 볼 수 없었다. 하여 박영은 조금 더 가다가 자기 눈을 의심했다. 저쪽에 보이는 버드나무 밑에서 한 여인이 이쪽을 향해 손짓을 하고 있었기 때문이다. 눈을 씻고 다시 봐도 분명 젊은 여인이었다. 그 자태가 제법 아름답거니와 묘한 생각이 들어서 박영은 말에서 내려 하인에게 말했다.

---

[1] **박영** : 조선 중종 때의 무신. 중종반정 뒤에 의주목사, 동부승지, 경상도병마절도사 등을 역임하였으나 기묘사화에 연루되어 20년간 세상에 나오지 않았다.

"내 이 근처에 볼일이 있으니 너는 먼저 집에 돌아갔다가 내일 아침 일찍이 이곳으로 마중 나오너라."

박영은 하인이 돌아가는 것을 확인한 뒤 여인이 있는 버드나무쪽으로 걸어갔다. 그러자 여인은 어딘가를 향해 천천히 걸었고 박영은 그 여인의 뒤를 쫓아갔다. 그렇게 산속을 걸어가는 동안 사람의 그림자라고는 하나도 찾아볼 수 없었다.

'걸음이 은근히 빠르네. 도대체 어디로 가는 걸까? 혹시 귀신일까? 아니야. 분명히 발이 보이잖아. 그렇다면 무슨 사연이 있는 걸까?'

박영이 이런저런 생각을 하며 여인에게 어느 정도 다가갈 무렵 여인은 어느 외딴집으로 들어갔다. 박영은 망설이지 않고 그 집으로 뒤따라 들어갔다. 여인은 방에 앉아 등잔불을 켜더니 방문을 열고 들어오는 박영을 천천히 훑어보았다. 그러고는 갑자기 흐느껴 울기 시작했다.

"흐흐흑! 어흐엉……."

박영은 영문을 모르기에 여인에게 물었다.

"어인 일로 아무 말 없이 울기만 하시오?"

여인은 울음을 멈추고 안타까운 듯 말했다.

"공께서 저로 인하여 돌아가시게 되었으니 이를 슬퍼합니다."

"그게 무슨 말이오?"

"우러러 뵙건대 공께서는 비범한 어른으로 여겨집니다. 그런데 이제 화를 입게 되셨으니 그 점이 슬퍼서 우는 것이옵니다."

박영은 여인의 설명이 이해되지 않아 재차 물었다.

"지금 뭐라 말하셨소?"

"이곳은 도둑의 소굴이며, 산적들이 저를 미끼로 지나가는 사람을 유인하여 죽인 다음에 재물을 빼앗곤 해 왔습니다."

"뭐라? 그렇다면 당신은 한 패일진대 왜 내게 그런 설명을 하시오?"

"저는 마지못해 살아가고 있습니다. 그동안 여러 차례에 걸쳐 이곳을 빠져나가고자 했으나 산적 무리가 많아 실패했으며, 지금 공 같은 비범한 어른을 곤란한 지경에 빠뜨렸습니다. 용서해 주소서!"

"허어, 이런!"

뜻밖의 고백을 들은 박영은 재빨리 칼을 뽑아 들고 만약의 상황에 대비하였다. 그때였다. 도둑 무리가 나타난 듯한 소리가 문밖에서 들려왔다. 그 수가 많음을 직감한 박영은 도둑들을 상대하려던 생각을 바꾸었다. 박영은 여인을 들쳐 업고 허름한 벽을 엄청난 힘으로 뚫고 나가 울타리를 뛰어넘었다. 박영은 무예가 뛰어나 울타리를 넘기는 했으나 두루마기*의 소맷자락이 걸려 찢어지고 넘어질 뻔하였다. 그 뒤에는 냅다 도망쳐서 도둑 소굴을 탈출하는 데 성공했다.

그 후 박영은 소매 찢어진 두루마기를 꿰매지 않고 그대로 소중히 간직하였다. 자식을 낳은 뒤에는 그 옷을 보여 주며 경계해야 하는 마음가짐을 가르쳤다.

"잠시 이성을 잃고 유혹에 빠지면 헤어나지 못할 수 있는바 항시 경계하고 살아야 하느니라."

박영은 젊은 날 잠깐의 방심으로 큰 위기에 빠졌지만 평소 무예를 닦은 솜씨와 임기응변으로 목숨을 건졌으니 한 번 실수를 두고두고 인생의 약으로 삼은 셈이다.

• 두루마기의 유래

두루마기는 우리나라 고유의 옷이며, 우리 민족이 보편적으로 입던 저고리와 바지 위에 걸치던 겉옷의 일종이다. 부족 국가 시대부터 방한용으로 입었고 고구려 벽화에는 두루마기가 두 가지 형태로 그려졌다. 즉 소매가 넓고 긴 옷과 소매가 좁고 길이가 짧은 옷이 그것이다.

'두루마기'라는 말은 옷 전체가 휘돌아 모조리 막힌 데서 비롯되었다. '두루막이'라는 말이 '두루마기'로 된 것이다.

예부터 우리나라에서는 바지, 저고리 그리고 조끼 위에 두루마기를 입고 다른 곳을 방문할 때에는 두루마기를 벗지 않는 것이 예의로 통했다. 여자는 겨울에만 두루마기를 입었지만 남자는 사시사철 입었으며, 남성의 경우 반드시 두루마기를 입는 게 관습이었다. 왜 그럴까?

어느 나라를 막론하고 옷에는 기본적인 격식이 있다. 넥타이를 매지 않은 양복 차림이 무언가 어색하듯이 두루마기 없는 한복은 웃옷을 벗은 것과 마찬가지이다. 두루마기는 옷자락이 무릎 아래까지 내려오기 때문에 서양의 바바리코트처럼 여기지만 사실은 다르다.

왜 그런가 하면 두루마기는 겉옷이 아니라 속에 입는 웃옷이기 때문이다. 조선 시대 때 양반들은 집에 있을 때도 두루마기를 입고 있다가 바깥에 나갈 때 도포를 덧입는 것이 보통이었다. 다만 도포를 입는 게 허락되지 않는 상민 계급에서만 두루마기를 웃옷으로 입었다. 어느 경우든 두루마기가 기본 복장이었던 것이다.

조선 왕조의 마지막 임금 순종(純宗)은 아버지인 고종이 돌아가셨을 때 밀어닥치는 문상객 중에서 양복을 입은 사람이면 문상을 받지 않고 돌아 앉아버리곤 했다. 민족적 자존심을 옷으로나마 지키고자 한 것이다. 때문에 당시 일본 고관들은 이 소식을 듣고 한복을 빌려 입거나 양복 위에 두루마기만이라도 걸치고 문상을 했다고 한다.

돼지정승 장순손과 검은 고양이

경상도 상주에서 태어난 장순손(張順孫, 1457-1534)[1]은 콧구멍이 심하게 위로 들린 얼굴이 꼭 돼지머리를 닮아 일찍이 '저두(猪頭)'라는 별명을 얻었다.

"어이, 장저두!"

"저두가 무슨 뜻인감?"

"돼지 저(猪), 머리 두(頭)!"

생김은 못났어도 장순손은 좀 늦은 나이인 스물여덟 살(1485) 때 문과에 급제하여 벼슬을 시작했고 순조롭게 승진하였다. '인생이 순(順)하

---

[1] **장순손** : 조선 전기의 문신. 연산군 5년(1499) 『성종실록』 편찬에 참여하였다. 1504년에 연산군에 의해 유배되었다가 2년 후 중종반정으로 풀려났다. 중종 28년(1533)에 벼슬이 영의정에 이르렀고 이듬해 세상을 떠났다.

고 손(孫)을 잘 이으라'는 이름 그대로의 삶이었다. 하지만 1504년(연산군 10) 후원에서 열리는 궁궐 활쏘기 대회[後苑觀射]에 토를 다는 바람에 연산군(燕山君, 1476-1506)[2]의 미움을 받아 고향 상주로 부처되는 신세가 되고 말았다.

"너 보는 재미에 내가 사는구나."

이때 장순손은 그곳에서 산홍이라는 이름의 기생을 사랑하였으나 그마저 오래가지 못했다. 얼마 뒤 산홍이 채홍사에게 발탁되어 궁궐로 가서 연산군을 모셨기 때문이다.

연산군은 여러 기생들 중에서도 산홍을 특히 예뻐하였다. 미모가 뛰어난 데다 교태가 있었던 까닭이다.

그러던 1506년의 어느 날이었다. 종묘에 친제를 올리는 날 연산군이 손수 **돼지머리***를 제물로 제사상에 고이고 있을 때 옆에서 시중들던 기생 산홍이 '후훗' 하고 웃음을 터뜨렸다. 몹시 비위가 거슬린 연산군은 노기를 띤 채 산홍에게 그 이유를 물었다.

"이년 어찌 웃느냐?"

당황한 산홍은 황급히 몸을 낮추며 대답했다.

"제가 웃은 데에는 나름의 사연이 있사옵니다."

"그 사연이 뭐란 말이냐?"

"제가 상주에 있을 때 장순손이란 사람을 보았는데 그 얼굴 생김새가 돼지를 닮아 별명이 '돼지머리'였습니다. 지금 돼지머리를 보니 그 생

각이 나서 웃었사옵니다. 용서하여 주소서."

"장저두를 말하는 게로구나. 그놈이라면 그럴 만도 하지. 그 자가 돼지를 닮은 게 아니라 돼지가 그 자를 닮은 것이니까."

연산군은 처음에는 산홍의 변명을 이해하고 받아들였다. 그러나 연산군은 이내 얼굴을 찡그리더니 산홍에게 화를 내었다.

"가만 생각하니 네 년이 그놈 얼굴을 어찌 자세히 아느냐?"

산홍이 대답을 얼버무리자 연산군은 치밀어 오르는 질투심에 큰소리로 말했다.

"네 이년! 그놈이 네 서방이었던 모양이로구나. 당장 그놈을 멀리 귀양 보내야겠다. 아니다. 그놈 면상을 다시 한 번 봐야겠다. 여봐라!"

연산군은 즉시 의금부에 호령하여 장순손을 즉각 잡아 오라 했다. 하여 도사(都事: 의금부나 중추부 따위에 속하여 벼슬아치의 감찰 및 규탄을 맡은 종오품 벼슬) 일행이 장순손을 잡으러 길을 떠났다. 이튿날 연산군은 분이 안 풀렸는지 따로 나졸을 보내면서 이렇게 호통쳤다.

"압송되어 오는 장순손을 만나거든 그 자리에서 처형하고 목만 베어 오라!"

"예이!"

장순손으로서는 날벼락을 맞은 셈이었다. 벼슬에서 쫓겨나 애인을 뺏기고 이제 목숨마저 내놓아야 하는 신세가 됐기 때문이다.

어찌됐든 상주에 먼저 도착한 도사 일행은 장순손을 포박하여 압송하였다. 장순손은 별수 없이 끌려갔고 문경새재를 넘어야 했다. 문경새재를 넘기 전 함창에 이르니 두 갈래 길이 나왔다. 비교적 편한 큰 길과 좁은 지름길이었다. 도사가 장순손에게 물었다.

"어느 길로 가고 싶으시오?"

장순손은 잠시 생각에 잠겼다.

'좀 늦더라도 편한 길로 갈까? 불편하더라도 빠른 길로 갈까?'

장순손이 이런 생각을 할 때 검은 고양이 한 마리가 사잇길을 가로질러 지나갔다. 그걸 본 장순손이 도사에게 말했다.

"지난날 내가 가는 길을 검은 고양이가 가로지르더니 과거에 급제를 합디다. 지금 고양이가 저쪽 길을 가로질러가니 나를 그쪽으로 데려가 주시오. 그쪽 길이 비록 좁기는 하나 지름길이어서 빠를 것이외다."

장순손은 과거 시험에 여러 차례 낙방했었고 실제 그런 일을 겪은 뒤 과거에 합격하였기에 그리 말했던 것이다.

"그럽시다."

어려운 부탁이 아닌지라 도사는 쉽게 승낙하였다. 일행은 좁은 길로 접어들어 문경새재를 향해 계속 갔다. 그런데 사소해 보인 이 선택이 장순손의 목숨을 살렸다. 특명을 받고 장순손을 죽이러 온 나졸들이 큰 길로 지나갔기 때문이다.

장순손의 행운은 거기서 그치지 않았다. 장순손 일행이 문경에 이르렀을 때 반정(反正)이 일어나 연산군을 내쫓고 새 임금 중종이 등극했으며, 억울한 사람을 모두 석방한다는 사면령이 전해졌다. 장순손은 참으로 아슬아슬하게 죽음을 모면한 것이다.

이후 장순손은 간신 김안로(金安老)와 어울려 지내면서 조광조(趙光祖) 등 신진 사림들과 대립하며 지냈다. 예컨대 장순손은 1518년 병조판서에 있을 때 신진 사림들이 주장한 현량과(賢良科)를 적극 반대했다. 나중에는 중종과 사돈을 맺은 김안로의 후원으로 이조판서를 거쳐 우의정에 올랐고 1533년(중종 28)에는 영의정에까지 올랐다. 장순손은 이듬해 세상을 떠났다.

한편 이와 같은 처신 때문에 사관들은 장순손에 대해 좋은 평가를 내리지 않았다. 『중종실록』에 기록된 그의 인품은 다음과 같다.

"장순손은 시기심이 많고 음험하고 탐욕스러워 당시 사람들이 장검동(張黔同)이라 불렀으니 그의 탐욕스러움을 꾸짖어 놀린 말이다. 몰래 김안로에게 아부하여 벼슬이 정승에 이르렀으나 사람들이 모두 비루하게 여겼다."

• 고사에는 왜 돼지머리를 올릴까

우리나라에서는 고사(告祀) 지낼 때 흔히 돼지머리를 상에 올린다. '고사'는 간단히 상을 차려 소원을 비는 의식을 가리키는 말이다. 본래 '고사'는 가족에게 닥칠지도 모를 재앙을 막고 평화와 행운을 가져다 달라고 비는 가정적인 신앙 형태의 하나였다. 그러나 점차 새로 일을 시작할 때도 고사를 지내며 무사고를 기원하게 되었다. 오늘날에는 건축 공사나 큰일을 시작하기 전에 고사를 지내며 행운을 기원한다. 그런데 왜 고사 지낼 때 돼지머리를 사용할까?

고삿상의 돼지머리는 무속(巫俗) 신화에 그 배경을 두고 있다. 옛날 하늘 세계의 옥황상제 밑에 '업' 장군과 '복' 장군이 있었다. 두 장군은 서로 아웅다웅하는 사이로 상제는 그들의 시기 다툼을 싫어했다. 그래서 두 사람에게 탑을 쌓게 하여 그들 중 먼저 탑을 쌓은 사람을 가까이 하겠다고 선언했는데 업 장군이 잔꾀를 부려 복 장군에게 이겼다. 하지만 상제는 모든 일을 알고 있었기에 업 장군의 잔꾀를 그대로 지켜보고만 있지 않았다. 상제는 복 장군을 돼지로 환생하게 하여 사람들이 상제께 소원 빌 때 중개 역할을 하도록 했고, 이때부터 돼지가 제사에 쓰이게 되었다고 한다.

그러나 돼지가 자주 소원의 전달자로 정해진 진짜 이유는 경제적 현실에 있다고 여겨진다. 소 대가리를 공물(신에게 바치는 물건)로 바치려면 소 한 마리를 통째로 잡아야 하는데 소가 귀한 시기에 그것을 공물로 쓰기는 매우 곤란했다. 따라서 그보다는 구하기 쉽고 비교적 값싼 돼지머리를 자주 쓰게 된 것이다. 요즈음에는 고사 지낼 때 절을 한 뒤 돼지 주둥이에 돈을 물리기도 하는데 돈을 중요하게 여기는 현대인의 가치관을 보여 주는 행위라 할 수 있다.

'함구령'이란 말을 유행시킨 연산군

1494년 성종이 죽자 왕위에 오른 연산군은 집권 초기에는 어진 정치를 펼쳤다. 밖으로는 외적 침략에 대비하여 국방을 강화하고 안으로 빈민 구제에 힘쓰면서 학문을 권장했다.

"어머니가 모함으로 사약을 받고 돌아가셨다고?"

하지만 연산군은 사림파를 제거하려는 훈구파의 정치 공작에 휘말리고 한편으로 어머니 폐비 윤 씨의 죽음에 대한 비밀을 알게 되면서 폭군으로 돌변했다. 연산군은 1498년에 무오사화를 일으켜 사림파를 대거 처형했고 1504년에는 갑자사화를 일으켜 사림파와 더불어 훈구파까지 숙청했다. 두 차례에 걸친 사화로 인해 수많은 학자와 관료들이 죽었지만 연산군은 그에 그치지 않고 사치스런 향락을 일삼았다.

연산군은 광적으로 미색에 집착했다. 연산군은 전국 각지에 사람을 파견하여 미혼·기혼 여부를 따지지 않고 미모가 뛰어난 여자를 붙잡아오게 하였다. 그런 일 하는 사람을 채홍사(採紅使)* 혹은 채청사(採青使)*라고 했다.

"오늘은 누구와 놀까나."

연산군은 대궐 안에 음탕한 처소를 마련해 두고 연일 음욕에 빠져 살았다. 이에 따라 국고가 텅 비자 그 재원을 보충하고자 세금을 더 걷거나 묘한 이름의 세금을 신설하고 백성에게 부역(賦役: 공익사업을 위하여 보수 없이 국민에게 의무로 책임지우는 노동)을 시켰다.

"오부학당을 폐쇄하고 그 자리에 무용할 수 있는 무대를 만들라."

"돈이 부족하면 강을 건널 때 세금을 거두게 하라."

오로지 자신의 유흥에만 몰두하자 당연히 여론이 나빠졌으며 여러 사람들이 목숨 내걸고 상소를 올리곤 했다. 2005년 개봉되어 화제를 낳은 영화 〈왕의 남자〉에 나오는 광대 공길도 그중 한 사람이었다. 『조선왕조실록』[1]을 보면 연산군 5년에 '공결', 연산군 11년에 '공길'이란 이름의 광대가 등장하는데 둘은 같은 인물로 여겨진다. 천한 신분의 광대인지라 사관이 들리는 대로 대충 이름을 적었으리라는 것이다. 공길은 연산군 5년에 대궐에서 펼쳐진 의식 나례에서 『대학』의 삼강령 팔조목을 줄줄 읊어 연산군의 실정을 은유적으로 비판했다.

"광대가 대학을 어찌 아느냐? 저놈을 이리 오라 해라."

---

[1] **『조선왕조실록』**: 조선 왕조의 태조 때부터 철종 때까지 25대 472년 동안에 일어난 일들을 기록한 역사책. 왕의 실록은 반드시 사후에 작성되는 등 사관들의 독립성을 보장하여 기록한 책이다. 유네스코 세계기록유산으로 등록 지정되었다.

공길은 연산군 앞으로 불려갔을 때도 선 채로 대답하여 왕으로 인정하지 않는다는 태도를 보였다. 연산군이 분노하여 처형하려 했으나 곁에 있던 신하가 '천한 광대'라며 말려 준 덕분에 공길은 목숨을 건졌다.

공길은 재주가 뛰어났던지 연산군 11년에도 궁궐 나례 의식에서 재주를 펼쳤는데 이때도 『논어』의 한 구절을 읊어 연산군을 비판했다.

"임금은 임금다워야 하고 신하는 신하다워야 하며 아버지는 아버지다워야 하고 자식은 자식다워야 한다."

비위가 상한 연산군은 즉각 엄벌을 내렸다.

"저놈에게 곤장을 친 다음 멀리 귀양을 보내라!"

결국 공길은 곤장을 맞고 유배지로 가는 도중 매 맞은 상처가 도져 숨을 거뒀다. 용기 있는 남자 광대는 그렇게 죽었고 역사에 이름을 남겼다. 공길이 미소년이었는지 나이 많은 사람이었는지는 알 수 없다.

이렇듯 국왕에 대한 불만은 시간이 흐를수록 커져 갔지만 연산군은 반성하기는커녕 아예 귀를 닫고 살았다. 뿐만 아니라 사람들의 입을 원천적으로 막으려 했다.

"모든 신하들은 다음 내용을 나무에 새긴 신언패(愼言牌)를 항상 지니도록 하라!"

연산군이 엄명한 신언패에 적힌 문구는 이러했다.

입은 불행을 가져오는 문이고 [口是禍之門]

혀는 몸을 베는 칼이니 [舌是斬身刀]

입을 다물고 혀를 깊이 간직하면 [閉口深藏舌]

몸이 어디에 있든지 편안하리라. [安身處處牢]

‘말조심하라’는 경구로 생각한다면 틀린 말이 아니다. 더구나 이 말은 조선 시대 궁중 내시들의 계명(誡命)이었으며 내시들은 이 계명을 항시 의식하며 말조심하며 지냈다.

그러나 똑같은 말이라도 누가 왜 했는가에 따라 달라지는 것인바 연산군이 조정에 드나드는 관리에게까지 목에 차도록 지시한 신언패는 사실상 더 이상 충언을 하지 말라는 독재자의 함구령(緘口令)이었다. 이에 연유하여 이때부터 ‘함구령’은 ‘어떤 일의 내용을 말하지 말라는 명령’을 가리키는 말로 종종 쓰였다.

한편 내시 김처선은 살벌한 함구령에도 불구하고 연산군에게 충언하

다가 연산군이 손수 쏜 화살에 맞아 죽고 말았다.

그렇지만 언론 탄압을 한다고 독재가 정당화되지는 않으며 오히려 사회적 불만을 키우는 결과를 야기하기 쉽다. 결국 연산군은 광대 공길이 죽은 이듬해(1506) 9월 쫓겨나 폐위되고 군(君)으로 강등된 뒤 유배지 강화도에서 죽었다

• 채홍사와 흥청망청의 어원

'채홍사'는 연산군 때에 예쁜 계집을 뽑으려고 전국에 보내던 버슬아치를 가리키는 말이다. 중국 춘추 시대에 월나라 정치가인 범려가 오나라 왕 부차에게 보낼 미인을 뽑고자 각지에 사람을 보내 절세 미녀 서시(西施)를 발견한 사례가 있긴 하지만 주기적으로 미녀를 징발하라며 전국 곳곳에 버슬아치를 보낸 건 연산군이 처음이다.

연산군은 1505년에 채홍사외 채청사라는 버슬을 두면서 채홍사는 기생 중에서 예쁜 기생을, 채청사는 여염집의 예쁜 처녀를 잡아들이게 했다. 채홍사는 채홍준사(採紅駿使)의 줄임말이며 '홍(紅)'은 여자, '준(駿)'은 좋은 말을 뜻한다. 당시 정력에 좋다고 여겨진 말고기를 먹고 미녀 기생을 데리고 희롱하겠다며 그리한 것이다. 채청사의 '청(靑)'은 젊은 여자를 의미하는바 여염집 처녀가 그 대상이었다.

연산군은 그렇게 모아온 기생을 구분해서 불렀다. 즉 왕과의 접근 거리 혹은 접촉 농도에 따라 불리는 호칭을 달리 했으니 지방에서 서울로 불려온 기생을 '운평(運平)', 궁중에까지 들어온 기생을 '흥청(興淸)'이라 했다. 이들 중 임금과 잠자리를 같이한 기생은 '천과흥청(天科興淸)'이라 했고 흥청이 이동할 때는 사대부들로 하여금 가마를 메게 했다.

연산군이 한번 행차하면 그 뒤에는 수많은 흥청들이 따라나섰으며 왕은 적당한 곳에 거사(擧舍: 이동식 집)를 세워 놓고 흥청들과 질탕하게 놀았다. 결국 연산군은 쫓겨나기에 이르렀고, 사람들은 흥에 겨워 제멋대로 노는 걸 일러 '흥청거리다' 또는 '흥청대다'라고 표현하였다. 또한 흥청 뒤에 후렴구처럼 망청을 붙여 '흥청망청'이란 말을 만들어 냈으니 이때의 '망'은 앞의 '興(흥할 흥)'에 대한 대구로써 亡(망할 망)을 의미한다. 이런 연유로 오늘날 흥청망청은 흥에 겨워 마음대로 즐기는 모양 또는 재물을 마구 쓰는 모양이란 뜻으로 쓰이고 있다.

주세붕이 백운동 서원을 세운 까닭

한 노인이 여인에게 황금 대롱으로 된 붓 한 자루를 주며 말했다.

"잘 간직했다가 네 아이에게 주어라."

"고맙습니다."

여인은 매우 기뻐하며 그 붓을 조심스레 만지다가 잠에서 깨었다. 주세붕(周世鵬, 1495-1554)의 어머니 창원 황 씨가 임신 중에 꾼 태몽이며 과연 주세붕은 훗날 학자로 대성하여 그 빛을 내뿜었다.

주세붕은 어려서부터 총명하고 효심이 깊었다. 그가 일곱 살 때의 일이다. 어머니가 병석에 누워 오랫동안 앓아 움직일 수 없는 데다 빗질도 할 수 없어서 머리털에 이가 많이 생겼다. 그걸 본 주세붕은 어머니 건강을 염려하며 고민에 빠졌다.

'머리가 몹시 가려우실 텐데 어찌 해야 하나?'

잠시 후 주세붕은 곧 해결책을 찾아냈다. 그는 자신의 머리를 깨끗이 감은 후 수건으로 말린 다음에 참기름을 골고루 발랐다. 그러고는 어머니 머리털에 자기 머리털을 갖다 대었다. 그러자 어머니 머리털에 있던 이들이 고소한 참기름 냄새나는 주세붕 머리털로 옮겨 왔다. 주세붕은 밖으로 나가 참빗으로 머리를 빗어 그 이들을 모두 없앴다. 주위 사람들은 그 소식을 듣고 주세붕의 효성과 영특함에 감탄했다.

주세붕은 스물일곱 살 때인 1522년(중종 17) 생원시에 합격하고 그해 문과에 급제하여 벼슬을 시작했다.

마흔세 살 때인 1538년 어머니의 병이 위독했을 때는 향을 피우고 하늘에 기도하였다. 그런데 그날 밤 꿈에 어떤 사람이 나타나 흰 실 여덟 타래를 주면서 걱정 말라는 듯한 말투로 말했다.

"병이 곧 나을 것이니라."

그 뒤 정말 어머니의 병이 나았다. 하지만 80일을 더 살다가 죽었으니 그때서야 그 흰 실 여덟 타래가 80일 동안 목숨을 연장시켜 준 징조였음을 알았다. 그 뒤 모친상으로 시묘(侍墓: 부모의 무덤 옆에서 움막을 짓고 삶) 3년을 보냈다.

주세붕은 1541년 풍기군수로 부임하면서 어진 정치로 명성을 떨쳤다. 1543년에는 백운동에 사림 자제들의 교육 기관으로 우리나라 최초의 서원(書院: 조선 시대에 선비들이 모여 학문을 토론하거나 유명한 학자를 제사하는 곳)인 백운동 서원❶을 세웠는데, 이는 주자(朱子)가 중국 여산에 관리로 부임했을 때 백록동 서원(白鹿洞 書院)을 세우고 학규(學規)를 만들어 학생들을 가르친 일을 본받은 것이었다. 유학 이념 전파는 성리학자

주세붕의 목표였기 때문이다.

그러하기에 주세붕은 자기 녹봉의 일부를 떼어 경전을 구입하고 저축한 곡식을 가져다 가난한 집안의 학생들의 숙식 비용으로 제공했다. 흉년이 들었을 때는 녹봉을 털어 굶주린 백성에게 식량을 보내 주었으며 풍기를 인삼(人蔘)* 재배지로 만들었다. 그 무렵 풍기는 소백산 산삼을 조정에 바치느라 고생했는데 주세붕은 그걸 그냥 지켜보지만은 않았다.

"산삼 씨를 직접 밭에 심어 보라."

주세붕은 산삼을 캐느라 고생하는 주민들에게 위와 같이 말했고 주민들은 그 말에 따랐다. 이로써 풍기에서 본격적인 인삼 재배가 이뤄졌으며 이윽고 풍기는 인삼 특산지로 유명해졌다.

---

❶ **백운동 서원** : 1543년(중종 38) 주세붕이 경상북도 영주시 백운동에 세운 서원. 우리나라 최초의 서원이며 후에 소수 서원으로 이름이 바뀌었다.

• 삼계탕의 유래 – 닭고기와 인삼을 같이 삶는 까닭

'삼계탕(蔘鷄湯)'은 햇병아리[鷄]를 잡아 인삼과 대추·찹쌀을 넣고 삶은 음식을 가리키는 말이다. 계삼탕(鷄蔘湯)이라고도 한다. 우리 민족은 땀을 많이 흘리는 삼복더위 때 몸과 마음의 힘을 회복하고 더위를 이기고자 삼계탕을 먹곤 한다.

그렇다면 삼계탕은 언제부터 식용되었을까? 그 유래는 풍기 인삼의 역사와 함께한다. 16세기 중엽 풍기에서 인삼을 재배하면서 풍기 사람들이 계삼탕을 고안했기 때문이다. 그때까지만 해도 여름철 보양식으로 개고기가 일반적이었는데 풍기에서는 닭고기와 인삼을 함께 넣어 끓인 계삼탕을 만들어 먹었다. 인삼이 흔해졌기에 가능한 일이었다. 이후 계삼탕은 풍기의 명물로 이름을 떨치면서 널리 퍼져 나갔다.

그런데 닭고기와 인삼은 음식 궁합이 잘 맞을까?

따뜻한 성질을 지닌 닭고기와 인삼은 여름철 열을 내는 과정에서 차가워진 인체 내장을 데워 주기에 먹으면서 몸을 치료하는 효과가 있다. 쉽게 말해 여름에는 몸의 표면이 더워지는 것과 반대로 속에는 찬 기운이 남게 되며 이런 상태가 계속되면 기운을 잃게 된다. 이런 상태에서 속을 따뜻하게 만드는 계삼탕을 먹으면 이내 기운을 차려 더위를 이길 수 있다.

'계삼탕'이란 명칭은 점차 삼계탕으로 바뀌었다. 닭고기보다 인삼을 강조하기 위해서였으며 그대로 일반화됐다.

제 2 장

조선 중기

완벽한 도덕주의자, 조광조

조광조(趙光祖, 1482-1519)[1]가 열서너 살 때의 일이다. 그는 외모가 아름다워 사람들의 눈길을 끌었는데 이웃집 처녀가 책을 끼고 다니는 조광조를 남몰래 엿보고 사모하였다.

'정말 잘 생겼어. 하지만 내 마음을 표현할 수가 없네.'

처녀는 마음에 병이 들어 시름시름 앓았고 급기야 상사병으로 드러누웠다. 처녀의 부모가 그 까닭을 물었다.

"애야, 건강하던 네가 갑자기 아프니 이게 웬일이냐? 무슨 일 있었느냐?"

---

[1] **조광조** : 조선 중동 때의 문신이자 성리학자. 김종직의 학통을 이어받은 사림파의 영수였으며 타협하지 않는 강직한 성품을 가지고 있었다. 성리학에 의거한 개혁 정치를 주장하다가 기묘사화 때에 죽임을 당했다.

"……."

처녀는 좀처럼 입을 열지 않다가 비로소 사정을 말했다.

"허어, 그런 일이 있었구나. 이 애비가 네 마음을 대신 전해 줄까?"

"……."

처녀의 아버지는 조광조에게 직접 가서 말하려다가 생각을 바꿔 조광조의 아버지를 찾아가 호소했다.

"어려운 부탁입니다만 제 딸의 병이 너무 깊으니 사정을 헤아려 주시면 고맙겠습니다."

"약속은 못 할지라도 제 자식을 불러 한번 말해 보겠습니다."

조광조의 아버지는 조광조를 불러 이야기했다. 처녀의 아버지는 초조한 심정으로 부자의 대화를 같이 들었다.

"너로 말미암아 죽는 사람이 있다면 살려야 하지 않겠느냐?"

"무슨 말씀이온지 모르나 저 때문에 죽는 사람이 있다면 살려야겠지요."

"관청 아전의 딸이 너를 흠모하다가 병에 걸렸다는구나. 네가 첩으로 거둔다면 의(義)를 벗어난 일이겠느냐?"

조광조는 처녀의 아버지를 잠깐 보더니 정색을 한 채 말했다.

"자고로 여자는 부모의 명이나 중매의 말에 의해 혼인을 해야 하거늘 사사로이 남자를 엿보아 음심을 발동했으니 이는 명백한 허물입니다. 그런 허물이라면 죽는다 한들 안타깝지 않습니다. 아버님께서는 의로써 자식을 가르치심이 마땅할진대 어찌 소자로 하여금 음녀를 취하라 하시옵니까?"

조광조의 아버지는 한숨을 길게 쉬고 더 이상 아무 말도 하지 못했다. 처녀의 아버지 역시 조광조의 단호한 태도에 절망하여 눈물을 흘리며 돌아갔다. 그 뒤 처녀의 병세가 악화되어 생명이 위급해지자 처녀의 아버지가 조광조 집에 찾아와서 애원하였지만 조광조는 끝내 그 뜻을 들어주지 않았다. 결국 처녀는 부끄러운 마음에 소매로 얼굴을 가린 채 숨졌다고 한다.

조광조는 이처럼 자신이 생각하는 원칙에 어긋난 일이라면 타협하지 않는 성품으로 일생을 보냈다. 그는 열일곱 살 때 아버지를 따라서 평안도에 갔다가 희천에 귀양 와 있던 대학자 김굉필(金宏弼)❷을 스승으로 모시고 공부했는데 그때도 그런 면모를 여실히 보여 주었다.

어느 날 김굉필의 집에서 작은 소동이 일어났다. 제사에 쓰려고 뜰에서 햇볕에 말리던 꿩고기를 고양이가 채 갔기 때문이다. 김굉필은 꿩고기를 지키던 하인에게 어찌 한눈을 팔았냐며 크게 화냈다.

"어머니께 바치려 준비한 좋은 음식이건만 넋을 어디다 두었기에 이런 변이 일어났는가?"

김굉필은 얼굴을 붉히면서 하인을 꾸짖고 집 안이 쩡쩡 울리도록 계속 호통을 쳤다. 조광조는 그 모습을 지켜보다가 조용한 틈을 타서 조심스럽게 말했다.

"선생님. 그 꿩고기는 제사에 쓰려던 것이니 역정을 내실만 합니다. 조상을 받드는 것은 가장 중한 일이니까요. 그러나 선생님. 군자는 그 말과 행동을 조심하여야만 하거늘 이번 일은 좀 지나치신 것 같습니다."

---

❷ 김굉필 : 조선 전기의 성리학자. 성종 11년(1480) 초시에 합격하여 관직에 올랐다. 1498년 무오사화가 일어나 평안도 희천에 유배되었는데, 그곳에서 조광조를 만나 학문을 전수하였다. 1500년 전라도 순천으로 유배되었고 1504년 갑자사화 때 사형을 당했다.

김굉필은 물끄러미 조광조를 바라보다가 손을 덥석 잡았다.

"그렇지 않아도 내가 지나쳤다고 후회하고 있는 터인데 네가 그렇게 말하니 부끄러움을 참을 수 없다. 내가 네 스승이 아니고 네가 내 스승이다."

조광조는 스승에게조차 사리를 따져 진리를 추구했고, 김굉필은 아무리 사리에 맞는 말이라고는 하나 젊은 제자의 말을 순순히 받아들여 허물을 인정한 것이다. 이로 미루어 볼 때 조광조는 도덕적 완벽주의자이고 김굉필은 도량이 넓고 인격이 높은 인물임을 알 수 있다.

조광조는 개혁의 길을 활기차게 걸었다. 중종의 신임을 바탕으로 도학 정치(道學 政治)를 역설했으며 『여씨향약』을 반포·간행하여 향촌의 상호 부조와 서민의 복리 증진을 꾀했다. 조광조는 중종에게 간언할 때 임금이 동의한다는 뜻을 나타내지 않으면 멈추지 않았다.

중종은 처음엔 그런 조광조를 굳게 믿었다. 그러나 조광조의 급격한 개혁 정책은 중종에게 점차 불안감을 안겨 주었고 훈구파의 반발을 불렀다. 중종반정(中宗反正)* 때 참가하지도 않고 부당하게 공신이 된 78명을 공신록에서 지워 버린 일이 결정적이었다.

"아무래도 그놈을 없애야겠어."

"뭐 좋은 수가 없겠소?"

"하늘의 뜻을 빙자하여 처리하면 어떻겠소?"

예조판서 남곤과 도총관 심정은 희빈 홍 씨의 아버지인 홍경주를 끌어들였다. 이들은 희빈과 짜고 대궐 후원의 나뭇잎에 꿀로 '주초위왕(走肖爲王)'이라는 글자를 쓴 다음 벌레로 하여금 갉아먹게 하였다. 그러고는 궁녀로 하여금 그것을 왕에게 바쳐 조광조를 의심하게 만들었다. 희빈은 곁에서 맞장구를 쳤다.

"나뭇잎에 새겨진 글씨가 참으로 요상하여 가져왔나이다."

"이게 무엇이냐?"

"走(주)자와 肖(초)자를 합하면 趙(조)자가 되옵니다."

조 씨가 왕이 된다는 뜻이었고 조 씨는 사실상 인기 절정의 조광조를 의미했다. 때맞춰 훈구파는 조광조가 인륜 질서를 어지럽히며 조정을 날로 그르친다고 탄핵했다. 쿠데타로 집권한 중종은 심하게 불안을 느낀 나머지 훈구파의 탄핵을 받아들여 조광조에게 사약을 내렸다. 이로써 중종을 믿고 참신한 정치를 펼치려던 조광조는 서른일곱 살 나이에 억울하게 죽고 말았다.

• 반정 때 말 머리 방향을 보고 안심한 중종

조선조 중종반정은 자칫 실패할 뻔했다. 성희안, 박원종 등이 연산군의 지방 유람 일정에 맞춰 거사를 도모하려 했었는데, 행사 당일 연산군이 갑작스럽게 일정을 취소했기 때문이다. 그러나 때마침 호남지방의 유빈, 이고 등이 진성대군 옹립 격문을 전하자 그 세가 대단하다고 판단한 반정 세력은 결단을 내렸다. 그리하여 예정대로 무사들을 훈련원에 모으는 한편 진성대군에게 거사를 알렸으며, 연산군 측근들을 살해했다. 정변이 성공하자 성희안 등은 백관을 거느리고 궁중에 들어가 윤 대비(尹 大妃)의 하명을 받고 연산군을 폐하여 교동에 안치하고 진성대군을 왕으로 옹립하니 그가 곧 중종이다.

반정 거사가 숨 막히게 벌어지던 때의 일이다.

일단의 군인들이 국왕 후보로 지목된 진성대군 저택을 호위하고 있었다. 그러나 반정 거사에 대해 미처 모르고 있던 진성대군과 부인 신 씨는 군인들이 자기 집을 포위한 데 대해 몹시 걱정하였다. 아무래도 큰 변이 날 것만 같아 진성대군은 겁에 떨며 자결까지 생각했다. 그런데 이때 신 씨 부인이 기지를 발휘하였다. 부인은 하인에게 말했다.

"밖으로 나가서 말 머리의 방향이 궁을 향했는지 혹은 밖을 향했는지 살펴보고 오라."

신 씨 부인은 이어 진성대군에게 위로하듯 말했다.

"만일 말 머리가 밖을 향했으면 우리를 보호하는 것이니 걱정하지 않아도 됩니다."

"왜 그렇게 생각하오?"

"우리를 감시한다면 안을 살펴봐야 하지만 우리를 보호한다면 밖을 쳐다볼 것이기 때문입니다."

밖에 나갔던 하인이 돌아와 말했다.

"말 머리가 밖을 향해 있습니다."

진성대군와 신 씨 부인은 비로소 안심하였다. 얼마 후 신 씨는 왕궁으로 들어가 왕비 자리에 앉았다. 그러나 신 씨 부인은 역적 신수근의 딸이라 하여 일주일도 못 되어 왕궁 밖으로 쫓겨났으며 왕은 다시 장경 왕후 윤 씨를 정실부인으로 맞이하였다. 조강지처도 공신들 등살에 못 이겨 남편과 영영 생이별했으니 실로 권력무상이었다.

퇴계 이황의 남모를 눈물

퇴계 이황(李滉, 1501-1570)[1]은 학자로서는 깐깐했지만 성품은 무척 인자한 인물이었다. 퇴계의 손자인 안도(安道)가 아들 창양을 데리고 성균관에 유학하고 있을 때다. 창양이 출생한 지 6개월 만에 그 어미가 다시 아이를 갖는 바람에 그만 젖이 끊겼다. 요즘처럼 우유로 아이를 키우는 시대가 아니었으므로 이는 갓난아이에게 심각한 문제였다. 집 안에서는 젖과 유사한 온갖 음식을 해 먹였지만 소화 기능이 약한 창양은 영양실조로 별별 병을 다 앓았다.

"아무래도 아기에게 젖을 줘야 할 것 같으니 유모를 구해 주셨으면

---

[1] **이황** : 조선 시대의 문신이자 유학자. 퇴계라는 호로 널리 알려져 있다. 이기 이원론, 사칠론 등을 주장한 남인 계열의 학자였으며 성리학 공부에 힘썼다. 시조 '도산십이곡', 저서 『퇴계전서』 등을 남겼다.

합니다."

그래서 안도 내외는 도산 본댁에 유모를 구해 달라고 부탁했고 때마침 딸을 낳은 여자 종이 있어서 아기를 떼어 놓고 서울로 올라오도록 일이 추진되었다. 다만 퇴계에게는 비밀에 부쳤다. 창양을 낳았을 때 "우리 집에 이보다 더한 경사가 없다."라며 기뻐했으므로 증손자를 위한 일이라면 묵인해 주리라 믿고 나중에 알리려 했던 것이다.

하지만 그 낌새를 알아챈 퇴계는 엄히 꾸짖어 중지시키면서 『근사록』의 글을 인용하여 편지를 썼다.

> 몇 달 동안만 밥물로 키운다면 이 아이도 키우고 서울 아이도 구할 수 있다. 어린아이를 떼어 놓고 가는 그 어미의 마음은 오죽하겠으며 서울까지 가는 동안에 이 아이는 죽고 어미의 젖도 막히게 될 것이다. 내 자식을 키우기 위해 남의 자식을 죽일 수는 없다. 어미가 자식 키우는 정은 짐승도 마찬가지인데 학문을 한다는 유가의 체통으로 차마 어찌 이런 일을 할 수 있더냐! 몇 달을 참으면 두 아이를 다 구할 수 있으니 여기 아이가 좀 더 자랄 때까지 참고 기다려라. 그때 가서 데리고 가도록 하마.

안도 내외는 마음이 절박했지만 퇴계의 말을 거역할 수 없어 시키는 대로 했다.

그 후 겨울과 봄은 어렵게 넘겼으나 창양은 증조부를 보지도 못한 채 1570년 5월 23일에 죽고 말았다. 퇴계는 그 아픔을 가족들에게는 전혀 내색하지 않았다. 하지만 여러 문인들에게 슬픈 심정을 여러 번 토로했다고 한다.

자기 증손자만큼이나 하인 자식 생명을 귀하게 여긴 퇴계의 처신은 그의 인간 평등 사상이 결코 가식이나 위선이 아님을 증명해 줬다고 할 수 있다. 너무 큰 희생이 따르긴 했지만······.

퇴계는 어려서부터 책을 좋아하였고 한번 책을 붙잡으면 그걸 완전히 이해할 때까지 열 번이고 스무 번이고 읽곤 하였다. 그는 스물여섯 살 때인 1527년(중종 22) 진사시에 합격하고 성균관에 들어가 이듬해 사마시에 급제했는데 거기에는 계기가 있었다.

> 나는 과거에 여러 번 응시하였으나 처음에는 합격 불합격에 그다지 마음을 쓰지 않았다. 스물네 살 때에 연거푸 세 번을 낙방하였으나 역시 큰 상심은 아니 하였는데, 하루는 집에 있자니까 누군가 "이서방, 이서방." 하고 부르는데 가만히 보니 늙은 종이었다. 그리하여 문득 탄식하기를 내가 아직도 이름 밑에 아무런 호칭이 없기 때문에 이러한 욕을 보는구나 생각하고 갑자기 과거 시험에 합격해야 되겠다고 다짐했다. 사람 마음이 이렇듯 바뀌니 두렵지 아니한가.

퇴계가 쓴 일기이며 비록 과거에 붙어 벼슬을 시작했지만 항시 교만하지 않도록 반성하고 성찰했음을 알 수 있다. 그런 마음가짐은 과거에 합격한 후의 일기에서도 확인할 수 있다.

> 내가 처음 과거에 합격하던 해에 여러 사람에게 이끌려 날마다 술 마시고 놀러 다니느라 조금도 겨를이 없었다. 밤에 돌아와 생각하니 부끄러운 마음이 들었다. 이즈음에 와서는 다시 이런 마음이 생기지 않게 되어 그러

한 부끄러움을 면할 수 있게 되었다.

그는 1546년(명종 1) 낙향하여 낙동강 상류 토계(兎溪)에 양진암(養眞庵)을 지었다. 이때 토계를 퇴계(退溪)라 개칭하고 자기 호로 삼았다.

퇴계는 1548년 10월 풍기군수로 부임한 후 전임자 주세붕이 세운 백운동 서원을 우리나라 최초의 사액서원(賜額書院: 임금이 이름을 지어서 새긴 편액을 내린 서원)으로 만들었다. 퇴계가 서원에 관심을 가진 건 출세하기 위한 목적의 공부가 아니라 그야말로 수양으로써의 배움을 강조할 수 있기 때문이었다.

"자유로운 분위기에서 순수한 학문 연구에 몰두할 수 있는 게 서원의 장점이지."

퇴계는 서원에서 많은 제자를 가르쳤는데 그중에는 대장장이 배순(裵純)도 있었다. 배순이 천한 신분임에도 학문을 좋아하여 백운동 서원 뜰아래에서 청강하기를 즐겼다. 퇴계가 몇 가지를 시험해 보니 배순이 능히 이해하므로 기특하게 여겨 함께 가르쳤다. 당시로서는 파격적인 일이었다. 퇴계가 풍기군수를 그만두고 고향으로 돌아간 뒤 배순은 선생의 철상(鐵像)을 주조하여 아침저녁으로 분향하였고 22년 후 퇴계가 세상을 떠났다는 소식을 듣고는 삼년복을 입고 제사(祭祀)*를 지냈다고 한다.

• 제사상에 모시는 '신주'란 무엇인가

제사를 지낼 때에는 제사상에 반드시 '신주(神主)'를 모신다. 요즈음에는 신주 대신 사진을 놓는 경우도 있으나 대개의 경우 신주를 올려놓는다. 우리 속담에 '신주 모시듯'이라는 말이 있는데 '조심스럽고 몹시 소중하게 다루는 모양'을 뜻한다. 신주란 무엇일까?

신주란 '죽은 사람의 이름과 지위를 적은 나무패'를 일컫는 말이다. 나무로 만들기에 목주(木主)라고도 한다. 주(周)나라 때의 예를 따라 단단한 밤나무를 사용하여 만든다. 신주는 쉽게 말해 죽은 사람의 영혼이 머무는 집이다. 그러하기에 문이 달려 있다.

『주자가례』에 따르면 집집마다 선조의 신주를 마련해야 한다고 규정하고 있다.

평상시에는 문을 닫은 상태에서 사당에 모시거나 비단에 싼 채 신주를 보관하지만 제사를 지내는 날이면 신주의 문을 열고 조상의 영혼을 맞을 준비를 한다. 제사 지내는 이가 조상의 이름을 종이에 적은 위패를 신주 안에 모시면 제삿날 하늘에 계신 영혼이 지상으로 날아와 신주로 들어가기 때문이다.

제사를 마친 다음에는 종이 위패를 불에 태운다. 연기를 따라서 영혼이 하늘로 돌아가는 까닭이다. 하지만 나무로 만든 위패의 경우 따로 불에 태우는 의식을 치르지 않는다. 신주의 문을 열고 닫음으로써 영혼을 맞이하거나 보낸다고 생각하기 때문이다.

재치 넘치는 지혜의 달인, 이항복

백사(白沙) 이항복(李恒福, 1556-1618)[1]은 재치 넘치며 유능한 일 처리로 선조의 신임을 받은 인물이다. 백사는 효율성을 중시했는데, 그 일환으로 쌓인 업무를 빨리 처리하고자 간단한 **수결(手決)**•을 고안해서 사용했다. '수결'이란 자필로 자기 성명이나 직함 아래에 쓰는 일정한 자형(字形)을 가리키는 말이다. 백사의 수결 모양은 매우 단순해서 오직 一자 하나만 쓸 뿐 그 상하에 아무 표시를 하지 않았다. 그러던 어느 날 어느 사안의 결재가 말썽을 빚어 그 책임을 가리려는 논의가 벌어졌다.

"대감께서는 어찌 이런 일을 수결하셨습니까?"

---

❶ 이항복 : 조선 선조 때의 문신. 임진왜란 때 병조판서로 활약했으며 1600년에는 영의정이 되었다. 광해군 때에 인목 대비 폐모론에 반대하여 북청으로 유배되어 죽었다. 이덕형과의 우정 이야기로도 잘 알려진 인물이다.

"결단코 나는 그 사안에 대해 수결을 한 기억이 없소이다."

담당관이 문제의 심각성을 지적하자 백사는 결백을 주장했다. 이에 담당관은 다른 문건을 제시하며 백사의 수결임을 재차 강조했다.

"여기 있는 수결과 다른 문서에 있는 대감의 수결이 똑같은데 어찌 그런 말씀을 하시옵니까?"

누가 봐도 백사가 불리한 상황이었다. 그러자 백사가 다시 말했다.

"一자 수결 자체는 얼핏 똑같아 보이지만 분명히 내가 한 수결이 아님을 증명해 보이리다."

그러면서 백사는 문제의 문서와 기존에 자신이 수결한 문건들을 펼쳐 놓고 대조하자고 말했다. 하여 비교 결과 진짜 수결에는 一자 좌우 양끝에 바늘구멍이 뚫려 있었고 가짜 수결에는 좌우에 구멍이 없어 진가(眞假)가 판명됐다.

"어떤 놈이 몹쓸 짓을 했구먼."

"그건 그렇고 대감의 수결이 참으로 기발하구려."

주변에 있던 관리들이 백사의 지혜에 탄복했으며 백사는 만약의 경우를 대비하여 표시해 둔 바늘구멍 지혜 덕분에 누명을 벗을 수 있었다. 백사는 이 사건 후 어쩔 수 없이 다른 수결을 만들었으나 평소의 재치가 허명이 아님을 사람들에게 상기시켜 주었다.

이항복은 어린 시절 영의정 권철(權轍) 대감 집과 담을 맞대고 살았는데 그때도 남다른 기지(奇智)를 보여 주었다. 당시 이항복의 집에 있는 감나무 가지 중 몇 가지가 권철 대감 집 안쪽으로 담을 넘어가 있었다. 권철 대감 집 하인들은 기세등등하여 그 감들을 모두 따서 먹었고 이항복 집의 하인들은 기세에 눌려 그저 지켜보기만 했다. 어느 날 이항

복은 그런 사실을 알고는 당장 권철 대감 집을 찾아가 청지기를 불렀다.

"이리 오너라!"

"도련님이 어쩐 일이십니까?"

"글을 읽다 모르는 것이 있어 대감님께 여쭈러 왔느니라."

소년 이항복은 이렇게 말하고는 하인이 뭐라 반응하기도 전에 권철 대감 방으로 가서는 주먹을 불끈 쥔 채 문종이 안으로 쑥 들이밀었다.

권철은 느닷없는 일에 깜짝 놀라서 호통을 치며 물었다.

"어느 놈이 이처럼 무례한 행동을 하느냐?"

이항복은 차분히 말했다.

"무례한 일임은 저도 잘 압니다만 한 가지 여쭤 볼 것이 있어 그렇습니다. 대감님 문종이를 뚫고 들어간 이 손은 누구의 손입니까?"

"그야 네 손이지 않느냐."

"그럼 대감님! 대감님 집 담을 넘어온 저희 집 감나무의 큰 가지는 누구 것이옵니까?"

"그것도 물론 네 것이지."

"그런데 감나무 가지에 달린 감을 대감님 하인들이 몽땅 가져가니 어찌해야 합니까?"

소년 이항복은 이처럼 논리 정연하게 상황을 설명했고 자초지종을 들은 권철 대감은 미처 몰라 방치한 일에 대해 사과하고 두 번 다시 같은 일이 벌어지지 않도록 조치했다. 이때 이항복의 영특함을 깨달은 권철은 아들 권율(權慄)에게 장차 사위로 맞으라고 조언하였고 훗날 권율은 그렇게 했다.

이 일화에서 느낄 수 있듯 이항복의 재치는 단순히 사람을 웃기는 유머가 아니라 엄밀히 말해 기지(機智: 경우에 따라 재치 있게 대응하는 지혜) 혹은 기지(奇智: 특별하고 뛰어난 지혜)라고 할 수 있다.

이항복이 병조판서이고 장인 권율이 도원수이던 어느 해 여름의 일이다. 이항복이 권율에게 말했다.

"장인어른. 날씨가 무더우니 오늘 조회에는 의관속대를 갖춰 입지 마시고 베잠방이(베로 지은 짧은 남자용 홑바지) 위에 융복(문무관이 몸을 가볍고 빠르게 움직이기 위해 입는 옷으로 국왕을 호종할 때나 전쟁 중에 입음)을 걸치고 가시지요."

권율은 사위의 말에 따라 평소 집에서 입는 베잠방이에 융복을 걸치고 대궐 조회에 참석했다. 하지만 이항복은 병조판서의 조복을 제대로 차려 입고 나갔으며 그날 조회에서 선조[2]에게 이렇게 주청했다.

"전하, 날씨가 너무 무더우니 관복을 벗고 조회하심이 어떠하나이까?"

"과인 생각도 그러하니 그렇게 합시다."

선조가 너그럽게 받아들여 조회에 참석한 대신들은 모두 관복을 벗었다. 그렇지만 사위 말대로 따른 권율은 어찌할 바 몰라 했다. 벗자니 군무를 통괄하는 도원수로서 위엄이 깎이는 일이요 그냥 있자니 어명을 거역하는 일이었다. 그런 권율을 보고 선조가 말했다.

"경은 어찌하여 관복을 벗지 아니하는가?"

난감해하던 권율은 마지못해 관복을 벗었고 이에 따라 낡은 삼베 웃옷에 베잠방이를 들키고 말았다. 본의 아니게 공개적인 자리에서 맨살을 보였던 것이니 참으로 큰 망신이었다.

선조가 물었다.

"경은 긴 옷이 없는가? 어찌하여 짧은 베잠방이를 입었는가?"

이때 쩔쩔 매는 장인을 대신하여 이항복이 대답했다.

"전하 권 도원수는 집이 가난하여 여름에는 항시 짧은 옷만 입고 지낸다고 하옵니다."

"오, 그러한가? 과인이 미처 몰랐도다."

선조는 권율의 검소함에 새삼 감탄하여 좋은 옷 한 벌을 내렸다.

사실 이 일은 이항복의 계략이었다. 그 무렵 여러 대신들은 전쟁 중

임에도 불구하고 모시나 비단으로 옷을 해 입었는데 이항복은 그걸 은근히 비판하면서 장인의 검소한 생활을 알리고자 이런 일을 계획했던 것이다.

이항복은 임진왜란 동안에 무려 다섯 차례나 병조판서에 임명되어 전란의 위기에서 나라를 구하고자 노력했다. 명나라로 하여금 출병하도록 외교력을 발휘했으며 이러저러한 공로로 임진왜란이 끝난 뒤 호성일등공신이 되어 오성부원군(鰲城府院君)에 봉해졌다. 그런 연유로 이항복은 백사라는 아호보다 '오성대감'으로 더 많이 알려지게 되었다.

한편 이항복은 1617년(광해군 9)에 인목 대비 폐모(廢母)를 반대하다가 북청(北靑)으로 귀양 가서 이듬해 세상을 떠났다.

• 수결에 一心(일심)이 많은 까닭

수결은 일종의 서명이다. 공식 문서를 보고할 일이 있을 때 자기 이름이나 직책 아래에 확인한다는 의미로 자기만의 필체로 일정한 자형을 썼기 때문이다.

일반적으로 조선 시대 때 관리들은 문서를 결재할 때 수결이라고 해서 '一心(일심)' 두 글자 혹은 '一(일)' 한 글자를 서명하는 게 관례였다. 대개의 경우 一자를 좌우로 길게 긋고 그 상하에 점이나 원 등의 기호를 더하여 결재했음을 나타냈다.

조선 시대에 관리들이 서명한 수결은 일을 처리함에 있어 오직 한마음(一心)으로 하늘에 맹세하고 그 어떤 사심도 갖지 않았음을 드러내는 표현이었다. 중국이나 일본에는 일심결(一心決) 수결제도가 없음으로 미뤄 이 수결은 조선 시대 관료들의 공정한 업무 정신을 보여 주는 상징적 행위라고 할 수 있다.

그럼에도 불구하고 수결 위조를 통해 개인적 이익을 챙기려는 부패한 관리들이 종종 있었다. 서명이라고는 하지만 비교적 단순한 획이기에 서류를 빼돌려 위조 수결을 써 넣곤 했던 것이다. 백사의 일화도 그런 사례 중 하나이다.

어찌됐든 수결은 고위 공직자만의 독특한 제도에서 점차 민간으로 번졌다. 시각적 확인이 상대를 안심시켰던 까닭이다. 이에 따라 양반가에서는 토지 거래 등의 문서를 작성할 때 인장 대신 일정한 글자 모양을 그려 서명했다. 또한 양반들은 토지나 노비 등을 사고 팔 때 자신이 직접 나서지 않고 심복인 노비에게 시키는 경우가 많았는데, 이때 노비는 매매를 마치고 문서를 작성하면서 왼쪽 가운데 손가락 첫째 마디와 둘째 마디의 길이를 잰 뒤 그림을 그려 서명을 대신했다. 노비가 글씨를 모르기에 그 대안으로 행해진 표시인데, 양반 수결처럼 일종의 서명이었던 이 표식을 手寸(수촌)이라 불렀으며 남자는 왼쪽 손을 사용했기 때문에 '左寸(좌촌)'이라고도 말했다.

조선 시대 관료들의 수결은 서양 중세 귀족들이 권위 과시 차원에서 행한 사인(sign)과 비교될 만한 행위였던 것이다. 그렇지만 오늘날 한국에서는 여전히 인장이 소유자 표시로 쓰이고 있다. 권위주의적 문화가 여전히 남아 있기에 그렇다.

이덕형이 첩을 버린 이유

임진왜란이 끝난 뒤 이덕형(李德馨, 1561-1613)[1]은 영의정으로서 어수
선한 정국을 수습하고 여러 일을 처리하느라 무척 바쁜 나날을 보냈다.
무엇보다 전란 때 불타 버린 창덕궁을 중수(重修)하는 일이 급했기에 한
시도 쉴 틈이 없었다. 이덕형은 본가에서 대궐로 출퇴근하는 시간조차
아끼기 위해 대궐 가까이에 조그만 집을 마련하고 첩(妾)*을 하나 두었
다. 아주 잠깐이지만 간간이 들러 쉬기도 하고 때를 놓쳤을 때 식사도
하기 위해서였다.

그런 어느 날이었다. 일과 더위에 지쳐 잠시 집에 돌아간 이덕형은 대

<hr>

❶ 이덕형 : 조선 중기의 문신. 한음이라는 호로 유명하다. 1592년 예조 참판에 올랐으며, 임진왜란 때에는 동지중추부사
로 일본 사신 겐소와 화의를 교섭하려 했다. 이항복과의 우정 이야기로도 잘 알려진 인물이다. 『한음문고』를 저술하였다.

문을 들어서자마자 첩을 보고 불쑥 손을 내밀었다. 날이 덥고 너무 지쳐 말하기조차 힘들어 냉수나 한 잔 달라는 뜻이었다. 그러자 첩은 기다렸다는 듯이 대접을 받쳐 들고 내밀었다.

‘응? 이게 뭐지?’

이덕형은 너무 빠른 반응에 속으로 깜작 놀라워하며 그릇 안을 들여다보았다.

‘아니 이건 제호탕(醍醐湯) 아닌가!’

‘제호탕’은 술독을 빼고 갈증을 멈추게 하여 더위를 풀어 주는 일종의 청량음료였다. 이덕형은 손짓으로 냉수를 달라고 했지만 사실은 ‘제호탕 한 잔 마시고 싶다.’라고 생각했기에 속마음을 들킨 듯한 느낌을 받았다. 이덕형은 물끄러미 첩을 바라보고는 이렇게 말했다.

“내 이제 너를 버리니 너는 어디든 가고 싶은 곳으로 가거라!”

따뜻한 말 한마디를 기대했던 첩이 눈을 동그랗게 뜬 채 멍한 표정을 짓는 사이 이덕형은 뒤도 돌아보지 않고 그대로 나가 버렸다. 첩은 영문을 알 수 없어서 슬피 울다가 이덕형과 친분이 두터운 이항복을 찾아가서 눈물로 호소했다.

“대감께서 저 보고 집을 나가라 하시는데 제가 무엇을 잘못했는지 정말 알 수 없사옵니다. 그 까닭을 알면 답답함이 덜할 테니 제 처지를 살펴 곡절을 알아봐 주소서.”

“그래, 알았느니라.”

그 후 이항복은 이덕형에게 첩을 버린 까닭을 물었다.

“무슨 연유로 그리하셨소이까?”

이에 이덕형은 착잡한 표정을 지으며 진지하게 대답했다.

"허어……. 그 일은 첩의 잘못이 아닙니다. 내 전날에 더위에 지쳐 집에 돌아간 일이 있는데 그때 너무 힘들어 말도 못하고 그냥 손만 내미니 제호탕을 대령합디다. 그 영리한 모습을 보노라니 전보다 더 귀엽고 사랑스럽게 여겨집디다. 하지만 지금 나랏일이 막중한 터에 마음을 사사로운 데 쓴다면 공사에 실수할 수 있겠다는 생각이 연이어 들었다오. 하여 안타깝지만 첩을 버린 것이오."

이덕형은 첩에게 깊이 빠질까 봐 일부러 외면한 것이었으니 그가 평소 얼마나 공무에 충실했는지 능히 짐작할 수 있다. 이덕형의 그런 면모는 1582년 명나라에서 온 왕경민이 그를 보고자 했을 때도 드러난다. 그해 조사(詔使)로 조선에 온 왕경민은 문장 실력이 뛰어난 이덕형에게 사적인 만남을 청했다. 이때 이덕형은 사사로이 면대함은 도리에 어긋나는 일이라며 사양했다. 어느 때고 일처리에 있어 공사(公私) 구분을 분명히 했던 것이다.

이덕형은 문장이 뛰어나 중국에까지 이름이 전해졌고 외교에 있어서도 큰 힘을 발휘했다. 이덕형은 유성룡, 이항복과 함께 임진왜란을 구한 '3대문장치신(三大文章致身)'이라 불리는데 그의 문장 실력이 어떠했는지 일러 주는 일화가 있다.

이덕형은 전란 이전에 임금 앞에서 시문을 짓는 정시(庭試)에서 항상 장원을 차지했다. 급기야 불만을 나타내는 사람들이 생겼고 이덕형은 우연히 그 뒷말을 들었다. 하루는 시험을 마치고 나오다가 등 뒤에서 수군거리는 소리를 들은 것이다.

"이번에도 또 이덕형이 장원을 차지하겠지."

"이번뿐이겠어? 다음에도 또 이덕형이 장원이겠지."

　그런 말을 들은 이덕형은 다음 정시에 몸이 아프다는 핑계를 대고 시험에 참여하지 않았다. 그는 그저 명예만을 원하는 사람이 아니라 상대도 배려할 줄 아는 높은 인품의 소유자였던 것이다.

　이덕형은 1601년 대마도 정벌을 건의했으나 뜻을 이루지 못하고 이듬해 영의정에 올랐다. 그러나 1613년 이른바 폐모론(廢母論)에 이항복과 함께 적극 반대했다가 관직을 삭탈당하고 얼마 후 병으로 죽었다.

• 첩 혹은 소실의 유래

'첩'은 정식 아내 외에 데리고 사는 여자를 가리키는 말이다. '소실(小室)'이라고도 하며 같은 맥락에서 '작은집'이라고도 한다.

옛날 우리나라의 고관(高官)이나 부자(富者)들이 두었던 '첩'은 황제의 후궁(後宮)제도를 흉내 낸 면이 있으며, 첩 제도는 중국 풍습을 모방하는 과정에서 생겨났다. 원래 중국에서 첩은 죄를 범했거나 전쟁에서 포로로 붙잡혀서 노예로서 사역당하는 여성을 의미하였다.

고대 사회에서 일반적으로 남성 노예는 집안 하인에서부터 광산 노동자에 이르기까지 여러 곳의 일꾼으로 썼지만 여성 노예는 그 쓰임새가 주로 여성의 하녀에 국한되었다. 하여 본디 중국에서 첩은 신부(新婦) 전용의 노비를 가리켰다가 점차 결혼한 신부를 시댁에까지 따라가 시중드는 여자를 말하게 되었다.

그러나 우리나라에서는 이를 잘못 받아들여서 신부와는 아무 인연 없는 여자를 남자의 일방적 의사로 끌어들여 성관계 맺는 여자를 말하게 됐으며, 나아가 본처(本妻) 이외에 데리고 사는 여자를 의미하게 되었다. 조선 시대에는 사대가의 축첩을 당연하게 여겼지만 근대 이후 첩 풍속은 사라졌다.

우복룡과 닭 한 마리의 지혜

우복룡(禹伏龍, 1547-1613)은 1573년(선조 6) 사마시(司馬試)에 합격하였고 벼슬을 시작한 이래 사심 없이 충직하게 일했다. 1582년(선조 15)에 종7품인 내섬시 직장(內贍寺 直長)에 나갈 때 율곡 이이가 6품 승직을 적극 추천할 정도로 우복룡은 학문과 덕행에 최선을 다했다.

그런 그가 한 고을을 다스리고 있을 때의 일이다. 어느 날 그는 세금을 내지 못하는 가난한 농민을 동헌(東軒)*으로 직접 불러 물었다.

"네 처지가 비록 가난하다지만 나라에서 빌려 간 곡물을 갚지 않을 수는 없느니라. 갚을 곡물이 없다면 네 집 물건 중에서 대신 바칠 만한 것으로는 뭐가 있느냐?"

농민은 잠시 생각하더니 대답했.

"별다른 것은 없고 다만 닭 한 마리가 있사옵니다."

"그래? 그거 잘 됐구나. 그럼 내일 그 닭을 삶아 가지고 이리로 다시 오너라. 내가 그 닭을 먹고 네가 갚을 곡식을 대신 감해 주마."

"예이, 알겠사옵니다."

농민은 자리를 물러났고 다음 날 아침 일찍 지시받은 대로 삶은 닭을 가져왔다.

"사또, 분부하신대로 닭을 삶아 가져왔사옵니다."

"그랬느냐? 하하하"

우복룡은 삶은 닭을 보더니 호탕하게 웃으며 이어 말했다.

"내가 잠시 너를 희롱했도다. 어찌 수령으로서 백성의 닭을 잡아먹고 나라의 식량을 축낼 수 있단 말이냐. 도로 가져가거라!"

"예?"

농민은 놀라서 눈을 크게 뜨며 어리둥절한 표정을 지었으나 우복룡은 이번엔 단호하게 말했다.

"내 속히 가져가라고 말하지 않았느냐!"

사또의 호령에 눌린 농민은 이유도 묻지 못하고 크게 낙담하여 동헌을 나섰다. 농민은 힘없는 발걸음을 옮기며 속으로 우복룡을 원망했다.

'사람을 놀리는 것도 정도껏 해야지. 전 재산이나 다름없는 닭을 죽이게 만들어 놓고 도로 가져가라니……. 아, 나는 이제 어찌해야 하나.'

농민은 치밀어 오르는 분노보다 당장 먹고 살 방법이 없는 막막함에 눈물을 삼키며 걸었다. 하지만 농민의 불행은 거기서 그치지 않았다. 아전들이 밖으로 따라 나와서는 삶은 닭을 빼앗았기 때문이다.

"그 닭 이리 내놓아라!"

"네? 그건 아니 되옵니다."

"감히 누구에게 아니 된다고 말하느냐. 네 이놈!"

"……."

농민은 별 수 없이 닭을 뺏겼고 아전들은 강제로 뺏은 닭을 가져가서 자기들끼리 나눠 먹었다.

"정말 맛있구먼."

"그러게 말이야. 오랜만에 고기 맛을 보니 힘이 절로 생겨. 하하하!"

그날 오후 우복룡은 그 농민을 다시 불러들여 말했다.

"내 생각이 짧았도다. 가만히 돌아보니 너에게 닭을 잡아오라 해 놓고 받지 않으니 결과적으로 내가 너를 속인 것이 되는구나. 수령이 백성을 속일 수는 없는 일. 지금 그 닭을 도로 가져오면 처음 약속한 대로 일을 처리하겠노라."

"예?"

"어서 닭을 가져오라 말했느니라."

"그건, 그건……."

우복룡이 변덕을 부려 이렇게 재촉하자 농민은 난감해하며 우물쭈물했다. 삶은 닭이 있지도 않거니와 아전들이 먹었다고 사실대로 말할 수도 없었던 까닭이다. 우복룡은 농민에게 재차 말했다.

"냉큼 닭을 가져오너라!"

그러자 서러움에 젖은 농민은 참았던 눈물을 흘리며 말했다

"사또, 그렇게 할 수가 없사옵니다."

"뭐라? 닭을 가져오면 되지 왜 안 된다는 것이냐?"

"그것은……. 흑흑흑!"

"어느 안전이라고 말을 감추느냐! 사실대로 말하지 못할까!"

우복룡이 정색하며 호령하자 농민은 체념하듯 말했다.

"제가 가져온 닭은 이미 아전들이 먹었사옵니다."

"그래? 음……. 아전들이 닭을 나눠 먹었다니 그렇다면 당연히 아전들이 네가 내야 할 세금을 나눠 내야겠구나."

하여 닭을 빼앗아 먹은 아전들은 농민이 내야 할 세금을 대신 납부해야 했다. 우복룡은 아전들의 횡포가 심한 것을 눈치채고 일부러 그리 했던 것이며 이후 아전들은 고을 수령을 속이거나 농간을 부리지 못했다고 한다.

훗날 우복룡은 임진왜란 때 조령(鳥嶺)과 문경 사이에 있는 용궁(龍宮)현감으로 있으면서 그 지역을 끝까지 방어하여 그 공으로 안동부사에 올랐다.

• 고을 관아를 왜 '동헌'이라 부를까

'동헌'은 조선 시대 지방관들이 정무를 집행하던 관아 건물을 가리키는 말이다. 다시 말해 지방 관아에서 고을 원(員)이나 감사(監司), 병사(兵使) 및 그 밖의 수령들이 공사를 처리하던 중심 건물이 곧 동헌이다.

일반적으로 지방 관아는 담으로 둘러싸인 중앙에 정문을 내고 정문 안에는 다시 담을 쌓아 수령이 공무를 보는 외아(外衙)와 수령 가족이 생활하는 내아(內衙)를 두었다. 이때 외아가 내아의 동쪽에 있었기에 '동헌'이라 불렀고 상대적으로 내아를 '서헌(西軒)'이라고 했다. 방위상 동쪽을 양(陽), 서쪽을 음(陰)으로 보아 동쪽에 공무 집행 건물을 둔 것이다. 나중에는 동헌 자체가 관아 명칭으로 여겨져 '외동헌', '내동헌'이라고도 불렀으며 동헌 정면에는 '○○당(堂)' 또는 '○○헌(軒)' 따위 현판을 달았다.

홍순언의 기이하고도 특별한 인연

역관(譯官)* 홍순언(洪純彦, 1518-1608)이 사신을 따라 중국 북경으로 가던 도중 통주(通州)에서 하룻밤 묵었을 때의 일이다.

'피곤도 풀 겸 가볍게 한잔할까나.'

여관에 짐을 푼 홍순언은 이국의 홍등가(紅燈街)를 감상하고자 길을 나섰다. 북경 동쪽에 있는 통주는 북경성과 남방을 이어 주는 중간에 자리한 길목이어서 그런지 화려한 청루(靑樓: 창기들이 있는 집)들이 제법 운치를 자아내고 있었다. 유유히 걷던 홍순언은 그중 '은 천 냥이 없으면 들어오지 마세요.'라는 팻말이 적힌 청루 앞에서 걸음을 멈췄다.

'이게 무슨 말이지?'

홍순언은 호기심이 발동해 주변 사람에게 그 의미를 물었고 한 늙은

이가 대답해 줬다.

"글쎄. 처녀라나 어쨌대나 하룻밤 계집 값이 그렇다고 하더이다. 그런데 너무 비싸서 아무도 나서는 사람이 없다고 하네요."

홍순언은 더 큰 호기심을 느꼈다. 은 천 냥이라면 대단히 큰돈인데 그걸 당당히 요구하니 궁금증이 커진 것이다.

'얼마나 아름답기에 저런 호기를 부릴까? 좋다! 내가 한번 그 얼굴 좀 보자.'

홍순언은 그 청루로 과감히 들어가 직접 얼굴을 보기로 결심했다. 이윽고 술상이 차려졌고 이팔청춘 나이로 보이는 아리따운 기생이 하얀 옷을 차려입은 채 방으로 들어왔다. 가만히 살펴보니 색기 넘치는 화장에 화려한 옷차림이 아니라 소복(素服: 하얗게 차려입은 상복)이었다. 홍순언은 기이한 생각이 들어 물었다.

"어인 연유로 소복을 입었소?"

기생은 차분한 태도로 대답했다.

"소녀는 본디 절강(浙江)사람이옵니다. 벼슬을 구하러 상경한 부모님을 따라 북경에 왔으나 두 분이 갑자기 몹쓸 병에 걸려 돌아가셨습니다. 북경에 친척은 물론 아는 사람도 없기에 소녀는 부모님 장례는 물론 고향으로 시신을 모시고 갈 여비도 없습니다. 하여 생각다 못해 몸을 팔아 장례비를 마련하고자 이렇게 나서게 된 것입니다."

말을 마친 기생은 눈물을 뚝뚝 흘리며 흐느껴 울었다. 조마조마하게 손님을 기다린 며칠간의 마음고생이 서러웠던 까닭이다. 홍순언은 측은한 생각에 조심스레 물었다.

"장례 비용은 얼마면 될 것 같소?"

"은 삼백 냥은 있어야 할 것 같사옵니다. 흐흐흑!"

이에 홍순언은 가지고 있던 전대(纏帶)를 풀어 선뜻 내주면서 따뜻한 말로 당부했다.

"내가 가진 돈은 이게 전부라오. 이 돈으로 빚을 갚고 부모님 시신을 고향으로 모셔 장례를 치르시오. 그리고 어렵더라도 굳센 마음으로 살아가길 바라오."

"정말 감사하옵니다. 흐흐흑."

기생은 감격에 겨워 눈물을 흘리면서 이부자리를 펴려 했다. 홍순언은 기생의 그 손길을 막으며 말했다.

"난 그냥 나가겠소."

"아니 되옵니다. 저를 도와주셨는데 저는 그냥 보내 드릴 수 없사옵니다."

"아니오, 나는 어떤 대가를 바란 것이 아니라오. 그대 사정이 매우 딱한데 마침 내게 그만한 돈이 있기에 조건 없이 주는 것일 뿐 이제 그만 헤어집시다."

홍순언의 배려에 재차 감격한 기생은 홍순언의 손을 잡으며 사정하듯 부탁했다.

"그럼 존함만이라도 알려 주옵소서. 제발 부탁이옵니다."

"허어, 그것 참. 조선에서 온 역관 홍순언이라 하오."

홍순언은 마지못해 자기 신분과 이름을 알려 준 뒤 밖으로 나왔다. 하늘은 컴컴했지만 뭔가 좋은 일을 했다는 생각에 더없이 마음은 밝았다. 하지만 홍순언은 귀국한 뒤 옥살이를 해야 했다. 그가 기생에게 내준 돈에 공금이 섞여 있었기 때문이다.

그로부터 세월이 10여 년 흐른 1584년(선조 17)에 홍순언은 다시 중국에 역관으로 길을 나섰다. '종계변무(宗系辨誣)'를 해결하러 나선 사신들의 통역을 맡아서였다.

'종계변무'는 '왕실 가문에 대한 잘못된 기록을 바로 잡음'이란 뜻으로, 조선 정부에서 1394년(태조 3)부터 선조 때까지 기회 있을 때마다 명나라에 사신을 보내 태조 이성계의 잘못 기록된 세계(世系)를 시정해 달라고 주청(奏請)했던 사건을 가리키는 말이다. 조선 초 이성계에 원한을 품은 몇몇 사람들이 명나라에 가서 '이성계는 이인임의 자손'이라고 거짓으로 알려 주었는데 중국은 200여 년간 그 기록을 이런저런 핑계로 고쳐 주지 않았다. 홍순언은 중국어 실력이 뛰어났기에 그 일을 수행하는 사신 일행으로 따라나선 것이다.

"이번에는 반드시 잘못을 바로잡아야 할 텐데……."

사신 일행은 중국 북경에 도착하였지만 부담감으로 인해 초조한 마음을 감추지 못했다. 그런데 뜻밖의 인연이 홍순언을 기다리고 있었고 덕분에 일이 예상보다 쉽게 풀렸다. 사신 일행이 묵고 있는 숙소로 한 중국인이 찾아와서는 정중하게 말했다.

"혹시 조선 사신 일행 가운데 홍 역관이 계시면 저를 따라오십시오."

"내가 홍 역관이오만……."

홍순언은 뭔 일인가 싶어 그 중국인을 따라갔고 큰 저택으로 들어섰다. 중국인은 홍순언을 좋은 방에 모시고는 잠시만 기다려 달라고 부탁했다. 시간이 얼마나 흘렀을까? 홍순언이 두려움과 궁금증으로 초조히 방안을 서성이는데 한 귀부인이 들어와서 매우 공손하게 절을 올렸다. 홍순언은 당황하여 어정쩡하게 인사를 받았다. 귀부인이 미소를 지으며 말했다.

"저를 몰라보시겠습니까?"

"누구이신지요?"

"10여 년 전 한 청루에서의 일을 잊으셨나요?"

"아니 그럼, 혹시 그때 그……."

홍순언이 설마 하는 심정으로 반문하자 귀부인은 아주 밝은 표정으로 대답했다.

"네, 그렇사옵니다. 저는 그때 대인께서 주신 돈으로 부모님을 고향으로 모시고 가서 장례를 치렀으며 그 후 아버님이 모함당한 일이 밝혀졌습니다. 대인 덕분에 몸을 더럽히지 않았으니 그 은혜를 어찌 잊었겠사옵니까? 지금은 예부상서(禮部尙書) 석상(石星)의 아내이옵니다만, 조선에서 사신 일행이 올 때마다 존함을 확인하며 이런 만남을 기다렸사옵니다."

홍순언은 자기 귀를 의심했지만 분명 특별한 재회였다. 더구나 예부상서라니. 예부상서는 종계변무를 관장하는 부서의 장관 아닌가. 홍순언은 융숭한 대접을 받으면서 사신 일행이 온 목적을 밝히며 공손하게 부탁했다.

"어려운 부탁이겠습니다만 힘써 주시면 고맙겠습니다."

"염려 마세요. 제가 별다른 힘은 없으나 남편께서 홍 대인의 의리에 감탄한 바 있으니 일이 잘될 것입니다."

귀부인은 미소로 화답했으며 실제로 이성계에 대한 기록이 온전하게 바로잡혔다. 조선 정부의 200년에 걸친 숙원이 드디어 해결된 것이다.

조선 사신 일행이 북경을 떠나는 날 그 귀부인은 손수 수놓아 짠 비단 몇 상자를 홍순언에게 보내 왔는데 거기에는 한 필 한 필마다 '보은(報恩)'이라는 글씨가 수놓여 있었다.

조선에 돌아온 홍순언은 외교에 대한 공로로 통역관 신분을 넘어선 파격적 대우로 2등 광국공신(光國功臣)에 책록되고 당릉부원군(唐綾府院君)에 봉해졌다. '당릉'은 '중국 비단'이란 뜻이다.

• 역관 중에 부자가 많은 이유

'역관'은 통역을 맡아 보는 관리를 가리키는 말이다. 역관은 중국과 교류가 활발했던 고려와 조선 시대에 외교에서 중요한 역할을 했다. 특히 조선 정부는 역관을 정책적으로 양성하고자 잡과(雜科) 중의 하나로 역과(譯科)를 두어 한학(漢學), 몽학(蒙學), 여진학(女眞學), 왜학(倭學) 들을 시험쳤다.

역관들은 사신을 따라 외국에 드나들면서 통역만 하지 않았다. 이들은 양국에 필요하고 부족한 물자를 파악하여 밀무역으로 큰돈을 벌었다. 홍순언이 몸에 돈을 지니고 중국에 간 이유도 여기에 있다. 사실 어떤 측면에서 역관은 부업에 관심을 둘 수밖에 없었다. 수백 명에 달하는 역관 중에서 녹봉을 받는 정식 관리는 수십 명에 불과했고 대다수는 임시직이었기 때문이다. 하여 역관은 외국 왕래를 기회 삼아 경제력을 길렀던 것이다.

역관이 다룬 최고 상품은 인삼이었다. 중국과 일본에서는 언제나 고려인삼을 최고로 쳐서 가져가기 무섭게 비싼 값으로 거래되었다. 한 예를 들면 1682년(숙종 8) 당시 인삼 1근은 은 25냥으로 환산되었다.

그렇지만 역관은 상류층 신분으로 대우받지 못했기에 항상 불만을 가졌고 그런 배경을 바탕으로 근대에 들어서는 변화에 앞장서게 되었다.

최경창과 홍랑의 순애보 사랑

　　고죽(孤竹) 최경창(崔慶昌, 1539-1583)은 피리를 잘 불고 문재가 뛰어나 '삼당시인(三唐詩人)' 혹은 '팔문장(八文章)' 중 한 명으로 손꼽혔으며 1568년 과거에 급제하였다.

　　1573년(선조 6)에 함경도 경성의 북도평사(北道評事)로 부임했는데, 그곳이 중요한 군사 지역인 데다 워낙 변방인지라 가족을 두고 홀로 임지에 갔다. 잠시 허전함을 느꼈지만 그에게는 운명적 만남이 기다리고 있었다. 바로 홍랑(紅娘)과의 인연이었다. 홍랑은 가무에 능한 기생일 뿐만 아니라 문장과 서화에도 재주 있는 여류 문인이었다. 물론 당시에는 여성이 글을 발표할 수 있는 세상이 아니었기에 혼자 자족하는 시인이었지만 홍랑의 교양 수준은 일반 사대부의 수준을 넘어서 있었다.

'고죽 같은 분을 한번 만나 시감(詩感)을 나눌 수 있다면 얼마나 좋을까……'

홍랑은 천한 기생 신분임에도 남자들의 유혹에는 눈길조차 주지 않으면서 낭만적인 문학의 세계를 꿈꾸며 지냈다. 그런데 꿈같은 일이 현실로 나타났으니 최경창을 경성 땅에서 직접 보게 된 것이다. 홍랑은 그동안 좋은 문장을 계속 공부해 왔기에 최경창을 단번에 알아볼 수 있었다.

"홍랑이라 하옵니다. 한잔 받으시지요."

"시 한 수 읊어 보아라."

최경창과 홍랑은 처음 만난 자리에서 서로에게 매력을 느꼈다. 풍류 넘치는 최경창은 시와 음악에 조예 깊은 홍랑에게 반했고 홍랑은 평소 흠모하던 문인을 만나 감격한 까닭이다. 두 사람은 곧 사랑에 빠졌으며 최경창은 비난을 무릅쓰고 군막(軍幕) 속에서 홍랑과 시간을 보냈다.

"너의 재주가 참으로 놀랍구나. 덕분에 내 마음이 참 좋구나."

"그건 제가 드릴 말씀이지요. 미천한 저를 어여삐 봐 주셔서 정말 행복하옵니다."

그러나 두 사람의 행복은 거기까지였다. 이듬해 봄 최경창은 임기를 마치고 한양으로 돌아가야 했다.

"아, 너를 두고 어찌 길을 떠난단 말이냐."

"흐흐흑!"

임기 마지막 날 밤 두 사람은 잠을 이루지 못하여 슬퍼했다. 드디어 최경창이 경성을 떠나는 날, 배웅에 나선 홍랑은 함관령(咸關嶺)에서 버드나무 가지를 꺾어 건네며 시조 한 수를 읊어 작별의 아쉬움을 나타냈다.

묏버들 가려 꺾어 보내노라 임의 손에

주무시는 창밖에 심어 두고 보소서.

밤비에 새잎이 나거든 날인가도 여기소서.

최경창은 눈물을 주르르 흘리며 홍랑의 손을 한동안 놓지 못했다. 홍랑은 노비 신분이라 함관령 고개를 넘을 수 없었고 이제 정말 헤어져야 했다. 최경창은 눈물을 쏟아내며 홍랑에게 손짓으로 돌아가라 인사하고 떨어지지 않는 발걸음을 억지로 옮겼다. 후에 최경창은 홍랑의 시를 한역(漢譯)하여 다음과 같이 남겼다.

折楊柳寄與千里人 [버드나무가지 꺾어 천리 머나먼 님에게 드리오니]

爲我試向庭前種 [뜰 앞에 심어두고 나인가 여기소세]

須知一夜新生葉 [하룻밤 지나서 새 잎 돋아나거든]

憔悴愁眉是妾身 [초췌한 얼굴 시름 쌓인 눈썹은 이 내 몸임을 알아 주소서.]

상사병에는 약도 없다 했던가. 한양으로 돌아온 최경창은 곧바로 자리에 누워 그해 겨울까지 끙끙 앓았다. '나쁜 소문은 날아가고 좋은 소문은 기어간다'라는 속담이 있듯 최경창이 아프다는 소식은 멀고 먼 경성 땅 홍랑에게도 전해졌다.

'임께서 병이 나셨다고?'

홍랑은 앞뒤 가리지 않고 즉시 경성을 출발했다. 노비는 사는 곳을 벗어나서는 안 된다는 국법도 무시했다. 나중에 어떤 처벌을 받든 당장은 연인 목숨을 구하는 일만 생각한 행동이었다. 젊은 여인이 홀로 걷기에는 너무나 먼 여로였으나 홍랑은 밤낮을 쉬지 않고 걸어 7일 만에 한양에 도착하였다. 홍랑이 수소문해서 집을 찾아갔을 때 최경창은 아파서 신음하고 있었다.

"홍랑이옵니다. 이리 앓으시면 어찌 하옵니까?"

"홍랑이라고? 네가 정녕 홍랑이구나!"

최경창은 크게 반가워하면서도 병석에서 일어나질 못했다. 그만큼 병이 깊었던 것이다. 홍랑은 그런 최경창의 곁을 한시도 떠나지 않으면서 병수발을 들었고 덕분에 최경창의 건강은 빠르게 회복되었다.

"내가 너에게 큰 신세를 졌구나."

"그런 말씀 마시고 하루속히 쾌차하셔야 합니다."

비록 병중이었으나 두 사람은 같이 있다는 사실에 행복함을 느꼈다. 하지만 둘의 재회는 역시 오래가지 못했다. 최경창과 홍랑의 관계를 확대 해석한 소문이 떠돌았기 때문이다.

"기생을 첩으로 데리고 산대."

"그것도 경성 땅 기생을 첩으로 삼았다던데."

급기야 1576년(선조 9) 5월 2일 사헌부에서 '양계(兩界)의 금(禁)을 어겼다'는 이유로 그의 파직을 상소했다. '양계의 금'은 함경도와 평안도 사람들의 도성 출입을 제한하는 제도를 말하며 함경남도 홍원 출신인 홍랑이 한양에 들어와 있음을 문제 삼은 것이다.

"전적 최경창은 식견이 있는 문관으로서 몸가짐을 삼가지 않아 북방(北方) 관비(官婢)를 몹시 사랑한 나머지 불시(不時)에 데리고 와서 버젓이 데리고 사니 이는 너무도 기탄없는 것입니다. 파직을 명하소서."

결국 최경창은 파직당했고 어쩔 수 없이 홍랑을 떠나보내야 했다.

최경창은 자신을 위한 홍랑의 애절한 사랑을 마음 깊이 새기며 ‘송별’
이란 시를 써 주었다.

옥 같은 뺨에 두 줄기 눈물로 봉성(궁성)을 나서는데
이별의 정 때문인 듯 새벽 꾀꼬리 울고 운다.
깁 소매에 보마(寶馬)를 탄 정관(汀關) 밖에서
풀빛만 아득히 먼데 홀로 떠나가누나.
끊임없이 서로 보며 그윽한 난을 주노너
이 하늘가 떠나가면 어느 날 돌아오랴.
함관(咸關) 옛 곡조를 부르지 마소
지금도 구름비에 푸른 산이 어둡구나.

이전에 함관령에서 홍랑이 버드나무가지를 꺾으며 최경창에게 읊어
준 시조에 대한 답가였다. 홍랑은 위로 담긴 그 시조를 읊조리며 쓸쓸
히 경성으로 돌아갔다.

이후 최경창은 어떻게 해서든 홍랑을 다시 보려 했건만 변방 한직을
떠돌다가 1583년(선조 9) 방어사의 종사관에 임명되어 한양으로 올라오
던 도중 경기도 파주에서 객사했다. 그의 나이 마흔넷이었다.

“뭐라고요? 그게 정말인가요?”

이제나저제나 최경창을 기다리던 홍랑은 청천벽력 같은 소식을 듣고
절망에 빠졌다.

“저는 이제 어찌하란 말입니까. 흐흐흑!”

홍랑은 한동안 목 놓아 울다가 이내 마음을 추스르고 짐을 꾸렸다. 객사했다면 무덤을 돌보아 줄 이가 없을지도 모른다는 데 생각이 미쳤기 때문이다. 파주에 도착한 홍랑은 최경창 무덤 앞에 움막을 짓고 시묘 살이를 했다. 그렇지만 하루 이틀도 아닌 3년 시묘 살이는 젊고 예쁜 여인에겐 매우 위험한 일이었다. 몸을 씻거나 꾸미지 않아도 미모는 드러나기 마련이고 어느 곳에나 못된 놈은 있기 때문이다.

'그래, 그렇게 하자!'

홍랑은 자기 얼굴에 스스로 칼질하여 엉망으로 만들었고 뜨거운 숯덩어리를 통째로 삼켜서 목소리를 버렸다. 말 못할 고통을 참아 가며 못생긴 벙어리가 된 것이며 그런 몸으로 삼년상을 마쳤다.

'평생 임 곁에서 살다가 죽으렵니다.'

홍랑은 삼년상을 마친 뒤에도 최경창의 무덤을 떠나지 않았다. 무덤의 잡초를 뽑으며 마음으로 대화를 나누는 등 안타깝지만 그리운 세월을 보냈다. 그러나 또다시 시련이 닥쳤다. 1592년 임진왜란이 일어난 것이다.

'이것만은 지켜야 돼!'

홍랑은 즉시 최경창의 유품을 챙겨 어딘가로 사라졌다. 자신은 언제 죽어도 괜찮지만 그의 문장만큼은 후세에 영원히 남기고자 함이었다.

7년 전쟁이 끝난 후 홍랑은 해주 최씨 문중에 최경창의 유작을 전해 주었다. 그리고 그의 무덤 앞에서 슬픔 깊고 한 많은 인생을 돌아보며 스르르 눈을 감았다. 오늘날 최경창의 시와 문장을 볼 수 있는 건 홍랑의 이 같은 지극한 사랑에 힘입은 일이다. 해주 최씨 문중은 홍랑의 지고지순한 순애보(殉愛譜)* 사랑에 감동하여 집안사람으로 받아들여 장

사지냈으며 최경창 부부가 합장된 묘소 바로 아래에 무덤 자리를 마련
해 주었다. 죽어서나마 함께 있으라고…….

•'순애보'의 어원과 의미

'순애보'는 지고지순한 사랑을 가리킬 때 쓰는 말이다. 그런데 그 뜻을 정확히 아는 사람은 의외로 많지 않다. '순애보'라는 단어가 국어사전에는 없는 까닭이다. 그렇다면 순애보의 어원은 무엇이고 어떤 의미일까?

순애보는 소설가 박계주(朴啓周, 1913-1966) 때문에 대중화된 말이다. 박계주는 1938년 「매일신보」 장편소설 현상모집에 '순애보'라는 작품을 응모하여 1등으로 당선됐는데 이때의 제목 '순애보'는 '사랑을 위해 목숨 버린 이야기를 적은 글'이란 뜻이다. '순애(殉愛)'는 '사랑 때문에 목숨을 바침'을, '보(譜)'는 '기록'을 의미한다.

박계주의 순애보는 박애주의를 바탕으로 애절한 사랑 이야기를 풀어 써서 큰 인기를 끌었고 이후 소설 제목은 그대로 유행어가 되었다.

한편 같은 '순애'라도 한자에 따라 의미가 달라지니 알아둘 필요가 있다. '순애(純愛)'는 순결한 사랑이란 의미이고 '순애보(純愛譜)'는 온 마음을 바친 순결한 사랑 이야기를 뜻한다.

요컨대 순애보(殉愛譜)는 비극을 암시하는 슬프고 감동적인 사랑 이야기, 순애보(純愛譜)는 결말을 알 수 없지만 지고지순한 사랑 이야기를 가리킨다고 볼 수 있다.

음식상을 두 번이나 물리친 이지함

이지함(李之菡, 1517-1578)[1]이 1573년(선조 6)에 포천현감으로 부임했을 때의 일이다. 이지함이 낡은 옷에 짚신을 신고 나타나자 아전들이 갈피를 잡지 못하고 서성거리며 수군거렸다.

"아니 저게 무슨 꼴이람?"

"우리를 떠보는 건 아닐까?"

현감(縣監)은 종6품관으로 수령직 중에서는 최하급관이지만 그래도 작은 현의 으뜸 벼슬인데 행색이 말이 아니니 그럴 만도 했다. 더구나 현감이 바뀔 때마다 신임 현감과 토착 아전들 사이에 은근한 주도권

---

[1] **이지함** : 조선 중기의 학자. 토정이라는 호로 널리 알려져 있으며 『토정비결』의 저자로 알려져 있다. 서경덕의 문인으로 의약, 천문, 지리 등에 능통하였다.

다툼이 벌어지곤 하던 터라 아전들은 신임 현감의 군기 잡기가 아닌지 더 헷갈려 했던 것이다.

이윽고 이지함이 안으로 들어가 좌정하자 아전들은 재빨리 음식상을 차려 방으로 들여보냈다. 이지함은 음식상을 노려보다가 한마디 하였다.

"밥상을 보니 먹을 것이 없구나!"

불안감을 느낀 아전들은 황급히 상을 내가며 말했다.

"이 고을에는 진기한 토산물이 없고 저희가 급히 준비하느라 상이 이랬사오니 조금만 기다려 주십시오."

아전들은 더 많은 음식을 서둘러 차려 상을 들여보냈다. 이전 상보다 고기를 비롯해 반찬거리를 한층 많이 올린 잘 차린 음식상이었다. 하지만 이지함은 이번에도 상을 노려보다가 더 큰 목소리로 한마디 했다.

"역시 먹을 것이 없구나!"

아전들은 넙죽 엎드려 이지함에게 말했다.

"죽을죄를 지었습니다."

그러자 이지함이 비로소 입을 열었다.

"이제 알겠느냐. 백성들이 고생하는 것은 (관리들이) 별로 하는 일 없이 사치스럽게 먹기 때문이다. 나는 그런 것을 싫어한다. 이것을 물리고 보리, 수수, 조 따위 잡곡을 섞어 밥을 지어라. 그리고 반찬은 아무거나 산나물 한 가지면 되느니라."

아전들은 뜻밖의 말에 고개를 갸우뚱했다. 이전까지의 현감에게서는 보지 못한 언행이었던 까닭이다. 하여 반신반의했다. 혹시 겉으로는 청렴결백한 척 말하면서도 뒤로 뇌물을 받기 좋아하는 표리부동한 사람

일지도 모르겠다고 의심한 것이다.

이튿날 아침 이지함은 아전들에게 손꼽을 만한 고을 사람들을 모조리 초대하라고 하명했다.

"새 원님이 초대하셨다고? 그럼 당연히 가야지!"

마을에서 어느 정도 내로라하는 사람들은 산해진미를 상상하며 동헌으로 갔다. 하지만 동헌 뜰에 차려진 상에 나온 음식이라고는 나물을 넣고 끓인 죽 한 그릇이 전부였다. 사람들이 황당한 표정을 짓고 있을 때 이지함은 큰소리로 인사말을 하였다.

"내 이 고을의 원이 됐기에 앞으로 여러분의 도움을 얻고자 합니다. 우선 한 끼 식사를 같이 하면서 정을 나누고자 하니 맛있게 드십시오."

이지함이 당당하게 말했으나 사람들은 떨떠름한 표정을 감추지 못했다. 그러나 이지함은 이듬해 포천현감을 사직하고 떠날 때 고을 사람들로부터 존경을 받았다. 그가 재임 내내 진심으로 백성을 위해 줬기 때문이다. 한 예를 들면 이지함은 가난한 백성을 구제하고자 왕에게 다음과 같은 상소를 올렸다.

'산과 들에 헛되이 버려져 있는 은은 무엇이 아까워 주조를 못하게 하며 옥은 무엇이 아까워 채굴하지 못하게 하십니까? 바닷속에 무궁무진한 고기는 무엇이 아까워 잡지 못하게 하며 갯벌에 무궁무진한 소금은 무엇이 아까워 굽지 못하게 하십니까? 육지와 바다는 온갖 재물을 간수해 둔 창고이며 이는 눈에 훤히 보이는 실물입니다. 만약 이 자원의 창고를 연다면 백성들에게 돌아가는 혜택은 한이 없을 것입니다.'

이는 실로 파격적인 건의였다. 자원 개발의 경제적 이득을 독점했던 지배층에 대한 강력한 개혁 호소나 다름없었기 때문이다. 상소가 받아들여지지 않자 이지함은 부임 1년 만에 자리에서 스스로 물러났다.

이지함은 1578년 아산현감으로 부임했을 때도 백성을 위해 봉사했다. 그는 걸인청(乞人廳)을 세워 걸인, 노약자, 기민(飢民) 들을 구제하면서 기술을 가르쳤고 고을사람들의 살림에 어려움이 없는지 일일이 살폈다. 그 정성이 어떠했는지는 불과 3개월 뒤 그가 세상을 떠났을 때 고을 사람들이 눈물바다를 이룬 사실에서 짐작할 수 있다.

이지함은 누구인가? 우리가 익히 들은 바 있는 『토정비결(土亭秘訣)』*
의 저자로 알려진 인물이다. 그는 어려서 아버지를 여의고 맏형인 지번
(之蕃) 밑에서 글을 배우다가 뒤에 서경덕(徐敬德)❷ 문하에 들어가 그에
게서 커다란 영향을 받았다. 후일에 그가 의학, 복서, 천문, 지리, 음양
등에 달통하게 된 것도 서경덕의 영향이라고 볼 수 있다.

그는 생애 대부분을 마포 강 언덕에 흙담집을 짓고 청빈하게 살았는
데, 그가 흙집에 산다 하여 사람들은 그를 '토정선생(土亭先生)'이라고 불
렀으며 이에 '흙 정자'라는 뜻의 아호 '토정'을 갖게 되었다.

이지함은 무능한 선비가 아니었다. 명문가 출신이지만 몸소 장사하여
많은 이윤을 남긴 바 있으며 기존 지배층이 천대한 장사를 직접 경험해
가며 상공업 중흥을 주장한 실천적 실학자였다. 하지만 그는 어디서든
밥을 해 먹고자 무쇠솥을 마치 갓처럼 쓰고 다니는 등 괴짜 풍모가 강
했기에 기인으로만 잘못 알려져 있다. 이제라도 바로 알 일이다. 이지함
은 백성을 진정으로 사랑한 개혁적인 실학자이자 민주적인 관료였다!

---

❷ **서경덕** : 조선 중기의 성리학자. 1531년 생원시에 장원 급제하였다. 추상적인 이(理)보다는 물질적인 기(氣)에서 우주의
기원을 찾아야 한다는 주기론을 주창하였다. 황진이, 박연폭포, 서경덕을 일컬어 송도삼절이라고 한다.

• 이지함이 정말 『토정비결』을 썼을까

'토정비결'은 정초에 일 년 신수(身數: 한 사람의 운수)를 점치고자 보는 대표적인 점복서이다.

일반적으로 이지함이 의학과 복서에 밝다는 소문이 점차 퍼지자 그를 찾아오는 사람이 많아지고 일 년 신수를 보아 달라는 요구가 심해짐에 따라 책을 지었는데, 그것이 『토정비결』이라고 알려져 있다.

그러나 『토정비결』은 그가 지은 책이 아니며 누군가가 그의 이름을 빌린 술서(術書)일 뿐이다. 토정비결 어디에도 지은이에 대한 기록이 없으며 훗날 이지함의 행적을 모아 후학들이 만든 『토정유고』에도 『토정비결』에 관한 내용이 없다.

더구나 이지함은 막연한 요행을 바라는 사람이 아니었다. 그는 땀 흘려 노력해야 삶의 질을 개선할 수 있다고 믿었던 실천주의자였다. 그런 사람이 요행수(僥倖數: 뜻밖에 얻는 좋은 운수)에 기대감을 갖게 만드는 점술서를 쓸 가능성은 매우 희박하다.

그럼에도 불구하고 『토정비결』이 이지함의 저작물처럼 여겨지는 이유는 그가 몇 가지 예언을 하여 실제로 맞혔다는 일화와 『토정비결』이 누구나 찾아볼 수 있을 만큼 쉽게 구성됐다는 데 있다. 또한 『토정비결』 운세의 70퍼센트 이상이 행운과 희망을 제시해 준다는 점도 이지함의 백성 사랑과 맞물려 그의 책처럼 여겨지게 했다.

어찌됐든 『토정비결』은 재미로 볼 정도이지 굳게 믿어서는 곤란하다.

기생 매창과 남녀 간의 깊은 우정을 나눈 허균

부안에 도착했다. 비가 몹시 내려 머물렀다. 고홍달이 인사를 왔다. 창기(娼妓) 계생(桂生)은 이옥여(李玉汝)의 정인(情人)이다. 거문고를 뜯으며 시를 읊었다. 비록 생김새는 드날릴 정도는 아니지만 재주와 정감이 있어 함께 이야기할 만하였다. 하루 종일 술을 나누어 마시며 시를 읊고 서로 화답하였다. 밤에는 자기 조카딸을 침실로 들였는데 곤란한 일을 피하기 위해서였다.

허균(許筠, 1569-1618)이 서른두 살 때인 1601년(선조 34) 여름에 세금을 징수하는 전운판관(轉運判官)으로 전라도 부안에 갔을 때 적은 일기의 내용이다.

일기 속의 계생(1573-1610)은 당시 스물여덟 살 나이의 부안 기생으로 계랑(桂娘) 또는 매창(梅窓)으로 불린 시인이고 옥여는 이웃 고을 김제 군수였던 이귀(李貴)를 가리킨다. 이귀는 그해 3월에 암행어사의 탄핵을 받아 파직당했는데 그로부터 4개월 후인 7월 23일에 허균과 매창이 처음 만난 것이다.

그 이전부터 매창은 시와 거문고에 능하여 여러 문인과 교류를 맺었으며 시를 잘 짓는다 하여 시기(詩妓)라고 불렸다. 이귀 이전에 만난 유희경(劉希慶, 1545-1636)과는 첫사랑으로 깊은 연분을 나누기도 했다. 매창은 열여덟 살 때인 1591년 부안으로 내려온 유희경을 처음 만났을 때 서울에서 이름난 시인이라는 말을 듣고 이렇게 물었다.

"유와 백 중 어느 분이신지요?"

유는 유희경, 백은 백대붕을 가리키는 말로 두 사람은 천민이지만 시를 잘 짓는 사람으로 부안에까지 알려져 있었다. 그에 대해 마흔여섯 살의 유희경은 자기 이름을 말한 뒤 다음과 같은 시를 읊어 주었다.

> 남국의 계랑 이름 일쩍이 알려져서
>
> 글재주 노래 솜씨 서울까지 울렸어라
>
> 오늘에야 참모습을 대하고 보니
>
> 선녀가 떨쳐입고 내려온 듯 하여라

그날로 두 사람은 사랑에 빠졌으나 2년 뒤 헤어져야 했다. 유희경이 한양으로 올라가야 했기 때문이다. 이때 매창은 흩날리는 배꽃을 보며 애달픈 심정을 시조로 읊었다.

이화우(梨花雨) 흩날릴 제 울며 잡고 이별한 님

추풍낙엽에 저도 나를 생각는가

천리에 외로운 꿈만 오락가락 하도다

이렇듯 매창은 뛰어난 시인들과 사랑했고 연이어 이별했다. 그런 차에 허균을 만났다. 하지만 이번에는 육체적 관계가 없는 정신적 사랑을 나누었으니 그것은 남녀 간의 애틋한 우정이었다.

얼마 후 두 사람은 헤어졌지만 이후 허균은 종종 매창을 그리워했다. 그러다 7년 후인 1608년(광해군 1)에 다시 만났다. 허균은 공주군수로 있다가 암행어사의 부정적 장계로 인해 파직당하자 그해 가을에 부안으로 와서 부사 김청택 별장 정사암에서 머물러 지냈다.

"그간 잘 지내셨는가?"

"일각여삼추(一刻如三秋) 심정으로 지냈사옵니다. 다시 뵙게 되어 영광입니다."

오랜만에 해후한 두 사람은 시간가는 줄 모르고 시를 읊고 노래를 즐기며 대화를 나누었다. 그해 12월 허균은 다시 한양으로 올라가 승문원 판교로 일했는데 어느 날 친구로부터 매창에 관한 소식을 들었다.

"자네, 혹시 들었는가?"

"뭘 말인가?"

"부안 창기 매창이 자네를 못 잊어하며 밤마다 거문고를 탄다는군."

"누가 그러던가?"

"비석 앞에서 달을 보며 거문고 타는 모습을 여러 사람이 봤다 하네."

"그런가?"

"문제는 그 소문이 이곳 한양에까지 전해졌다는 걸세."

소문은 전해지는 과정에서 왜곡되기 일쑤인데 이번 건도 그러해서 '매창이 눈물을 흘리며 허균을 원망했다'는 내용으로 떠돌아다녔다. 허균은 사람들에게 놀림거리가 되자 1609년 1월 매창에게 편지를 보냈다.

> 계랑에게
>
> 계랑이 달을 보면서 거문고를 뜯으며 산자고사(山鷓鴣詞)를 불렀다는데 어찌 한적하고 은밀한 곳에서 부르지 않고 부윤의 비석 앞에서 불러 남의 허물 잡는 사람에게 들키었소. 석 자 비석 앞에서 시를 더럽혔다니 이는 낭의 잘못이오. (그럼에도) 그 놀림이 곧 나에게 돌아왔으니 정말 억울하외다.
>
> 요즘도 참선을 하시는지. 그리운 정이 간절하구려.

허균이 쓴 편지를 보면 항의 문서라기보다는 연서(戀書) 느낌이 더 강하다. 그만큼 매창을 그리워하고 아꼈음을 짐작할 수 있다. 이후에도 허균은 여러 차례 매창에게 편지를 보내며 그리운 심정을 알렸다.

1610년 허균은 뜻밖의 비보를 접하고 허탈함에 빠졌다. 그해 6월 매창이 병에 걸려 길에서 피를 토하다 죽었고 거문고와 함께 공동묘지에 묻혔다는 것이다. 허균은 다음과 같이 추억을 적으면서 시를 지어 매창을 추모했다.

> 계생은 시에 능하고 글도 이해하며 또 노래와 거문고도 잘했다. 또 성품이 고결하고 굳세어 음란함을 좋아하지 않았다. 내가 그 재주를 아껴 막역

한 사귐을 나누었다. 담소하며 가까이 지낸 곳에서도 난잡함에 이르지 않았기에 오래도록 그 만남이 시들지 않았다. 지금 그 죽음을 듣고 한차례 눈물을 뿌리고서 율시 두 수를 지어 슬퍼한다.'

계랑의 죽음을 슬퍼하다 [哀桂娘]

절묘한 글귀는 비단을 펴는 듯하고 [妙句堪擒錦]

맑은 노래는 구름을 멈추게 하네. [淸歌解駐雲]

복숭아를 훔친 죄로 하계에 내려와서 [偸桃來下界]

선약을 훔쳐 인간세상을 떠났네. [竊藥去人群]

부용꽃 휘장에 등불은 어두워졌는데 [燈暗芙蓉帳]

비취색 치마에 향기는 아직 남아 있구려 [香殘翡翠裙]

내년에 작은 복사꽃 필 때쯤이면 [明年小桃發]

그 누가 설도의 무덤을 찾으리오. [誰過薛濤墳]

처절하여라 반첩여의 부채여, [凄絶班姬扇]

서글퍼라 탁문군의 거문고여. [悲凉卓女琴]

흩날리는 꽃잎에 속절없이 한이 쌓이고 [飄花空積恨]

시든 난초 볼수록 마음 상하네. [衰蕙只傷心]

봉래섬에 구름도 자취 사라지고 [蓬島雲無迹]

푸른 바다에 달도 이미 잠기었으니 [滄溟月已沈]

앞으로는 봄이 와도 소소의 집엔 [他年蘇小宅]

남아 있는 버들이 그늘을 이루지 못하겠구려. [殘柳不成陰]

매창과의 일화에서 볼 수 있듯 허균은 감성이 풍부한 낭만주의자였으며 문장 실력이 대한한 인물이었다. '오직 문장의 재주로 세상에 용납되었다.', '허균은 문재가 극히 높아 붓만 들면 수천 마디를 써냈다.'는 『조선왕조실록』의 기록이 그걸 증명하며, 1598년 정유재란이 끝나갈 무렵 조선에 온 명나라 사신 오명제와의 만남에서도 그런 면모를 확인할 수 있다.

"중국에 소개하고자 하니 조선의 좋은 시를 알려 주셨으면 합니다."

명나라 사신 오명제가 이렇게 말하자 접대하러 나온 허균은 그 자리에서 외우고 있는 조선시를 술술술 불러 주었다. 그걸 모두 받아 적은 오명제는 돌아가 『조선시선(朝鮮詩選)』을 펴냈으며 서문에서 이렇게 밝혔다.

'허균이 영민해서 시를 한 번 보면 잊지 않아 동방의 시를 수백 편이나 외워 주었다.'

허균 덕분에 신라 최치원에서부터 고려 이규보와 정몽주, 조선의 정도전, 서거정, 허난설헌(허균 누이)[1]에 이르기까지 108명의 한시 332편이 중국에 알려진 것이다.

그러나 허균의 실제 삶은 그다지 행복하지 못했다. 기생과의 잠자리를 소상히 기록할 정도로 솔직한 태도와 자유분방함이 금욕을 강조하는 유교주의자들에게 좋게 보일 리 없었기 때문이다. 더구나 허균은 서얼 차별 같은 신분제도에 불만을 품고 서출에게도 관직 임용 길을 열어 달라는 상소를 제출해 조정의 미움을 샀다.

허균은 자신의 뜻이 받아들여지지 않자 여섯 명의 서출 출신들과 강

---

[1] **허난설헌** : 조선 중기의 여류 시인. 허균의 누나이기도 하다. 시에 뛰어난 재능이 있었으며 특히 한시에 능했다. '유선시', '규원가', '봉선화가' 등의 시를 남겼다.

원도 산 속으로 들어가 죽림칠현을 본떠 강변칠우(江邊七友)라 자처했고 『홍길동전』*을 써서 혁명적인 사상을 알리려 했다. 하지만 허균은 끝내 뜻을 이루지 못했다. 그는 1618년(광해군 10) 반역의 주모자로 몰려 능지처참을 당했다.

• 허균이 『홍길동전』을 쓴 까닭

　허균은 1569년 경상감사 허엽의 오남매 중 막내로 태어났다. 이들 남매들은 우애가 좋았는데, 둘째형 허봉과 바로 위의 누이인 허난설헌(1563-1589)과 허균은 후처의 소생으로서 특히 우애가 두터웠다. 허봉은 일찍이 허균과 허난설헌의 문재를 발견하고 그 재능을 살려주고자 시를 직접 가르쳐줄 스승을 구해 주었다. 하여 서얼 출신의 이달(李達)이 그들의 스승이 되었다.

　허균은 스승의 슬기와 시풍에 도취되었고 스승은 두 남매의 천재적 소질에 감동하였다. 그러나 이때부터 허균의 마음엔 차차 검은 그림자가 생겼다. 훗날 허균이 문집을 발간하고 전기를 쓸 만큼 그렇게 존경하는 스승이건만, 그 스승은 단지 천한 어머니 몸에서 태어났다는 점 때문에 세상의 밝은 빛을 느끼지 못하고 음지에서만 살고 있었기 때문이다. 이에 따라 허균은 봉건적 신분 제도의 모순을 느꼈고 열다섯 살 때 그가 가장 좋아하는 형 허봉이 변방으로 귀양 가자 적극적 개혁 의식을 가지게 되었다.

　허균의 관료 생활은 순탄치 못했다. 제도권 내에서 나름대로 개혁을 시도해 보겠다고 관계에 들어섰지만 그는 돌출 행동으로 비난만 자초했다. 허균은 썩은 관료들을 공공연히 비난하여 적을 만들었을 뿐만 아니라 자신의 처신 또한 완벽하지 못해서 수차례 탄핵을 받았다. 불교에 심취하고 여색을 밝힌다는 것이 비난 대상이었다.

　허균은 관직에서 추방당하면서도 사회의 버림을 받은 불우한 서자들과 은밀히 내통하고 있었다. 허균은 마흔두 살 때인 1611년(광해군 3)에 전라도 함열로 귀양 갔고 이듬해 『홍길동전』을 지었다. 허균은 '대낮에 떼를 지어 무기를 가지고 관부에 드나들면서 기탄없는 행동을 자행하였다'라고 『연산군일기』에 기록된 실존 강도 홍길동에게 이름을 빌리고 자기의 이상적인 생각을 더해 당시로서는 대단히 혁명적인 소설을 썼다.

　소설 내용은 적서 차별의 철폐와 탐관오리 제거가 핵심이었다. 광해군의 어두운 정치를 저주하고 불우한 서자들에게 혁명정신을 고취하여 썩어빠진 사회를 바로잡도록 격려하기 위해 『홍길동전』을 썼던 것이다.

　그 무렵 이른바 '칠서(七庶)의 옥(獄)'이 일어났다. 서양갑, 심우영 등 일곱 서자들이 혁명을 모의하는 단계에서 들켰던 것이다. 거사에는 허균도 관련돼 있었지만 그는 무사했다. 서자들이 허균의 깊은 우정에 보답키 위해 감싸 주었기 때문이다. 그러나 허균은 늘 신변에 위험을 느끼고 전전긍긍하는 생활을 해야 했다. 그리하여 옛 친구이자 권세가인 이이첨에게 부탁하여 벼슬길에 다시 나섰으며 광해군으로부터 어느 정도 신임을 얻자 혁명을 시도했다. 서자, 무사, 승려 들을 동원하여 광해군을 몰아낸다는 것이었다. 이 과정에서 그의 하수인 현응민이 남대문에 거사를 알리는 격문을 붙이다가 붙잡혔고 잇달아 허균도 체포되어 형장의 이슬로 사라졌다.

허균은 그렇게 세상을 떠났어도 그의 『홍길동전』은 붓으로 베껴져서 무수한 독자들의 손에서 손으로 넘어가며 읽혀졌다. 특히 불우한 서자들 사이에서 홍길동은 위대한 영웅으로 부각되었다. 오늘날 『홍길동전』은 최초의 한글 소설이라는 명예를 누리고 있지만 그 못지않게 최초의 고발 소설로서도 인식되어야 할 것이다.

말 그림을 주며 남긴 수수께끼

이시백(李時白, 1581-1660)은 연평부원군 이귀(李貴)의 아들이다. 풍채가 당당하고 힘이 세었으나 힘자랑을 하지 않았고, 지혜가 있었으나 겸손하여 무능한 사람처럼 보이기까지 했다. 그는 이처럼 자신을 내세우지 않으면서 항상 나랏일을 염려하며 청렴강직하게 일생을 살았다. 이시백은 어려서 이항복에게 글을 배웠다.

1617년의 일이다. 스승 이항복이 폐모간쟁으로 화를 입어 북청으로 유배를 가게 되었다. 이시백은 스승을 따라 수십 리를 걸어가면서 눈물을 감추지 못했다. 이항복은 이때 말을 그린 그림 한 장을 남몰래 건네주면서 수수께끼 같은 말을 남기고 떠났다.

"지금 살고 있는 집을 빨리 떠나서 교동(校洞: 지금의 서울 종로구 경운동

부근) 큰길가로 이사하고 이 그림을 **사랑방**(舍廊房) 바깥 벽에 붙여 두
게."

이시백은 그게 무슨 뜻인지도 모르고 스승의 지시대로 실행했다.

그로부터 5년이 지난 1622년 여름에 소나기가 몹시 퍼붓는 날이었
다. 마침 능양군이 이시백의 교동 집 앞을 지나다가 갑자기 쏟아지는
비를 피하려고 길가에 있는 그 집 사랑방을 향해서 처마 밑으로 들어
섰다.

"아니 이 그림은……"

능양군은 사랑방 벽에 있는 그림을 보고는 자기 눈을 의심했다. 그
그림은 자기가 어렸을 때 장난삼아 그린 그림이었기 때문이다.

'어인 연유로 내 그림이 여기에 붙어 있는 것일까?'

능양군은 비도 피할 겸 집 주인을 찾으니 이귀가 나왔다. 이시백의
부친인 이귀는 능양군과 서로 아는 사이였다. 하여 능양군은 이귀로부
터 이시백을 소개받았고 그 그림의 내력을 알게 되었다.

"스승께서 그리 당부하셨기에 외람되나 사랑 벽에 붙여 놓았사옵니
다. 용서하여 주소서."

"아니오. 듣고 보니 오성대감의 혜안을 알 것 같습니다."

"……?"

두 사람이 뭔 말인가 싶어 궁금해하자 능양군이 이어 말했다.

"언젠가 우리들 왕자(王子)와 왕손(王孫)이 글씨 공부와 그림 공부를
한 뒤에 오성에게 보아 달라고 한 일이 있습니다. 그런데 하루는 오성이
저 그림을 가보로 삼겠다고 가져갔는데, 이는 아마 오성이 우리에게 서
로 동지가 되라는 암호로 이 댁에 전한 모양입니다."

그날부터 이귀와 이시백 부자는 능양군의 반정(反正) 운동 동지가 되었다. 이듬해 거사는 성공하여 능양군은 제16대 국왕으로 즉위했다. 이시백 부자는 공신이 되었고 이시백은 정승에까지 올랐다.

나라를 위해 바른 말을 했다가 간신배들의 모함으로 귀양 간 이항복이 훗날의 상황을 내다본 결과였다. 이항복은 대비의 폐모는 필연적으로 반정을 불러일으키라 생각하였고 실제로 그렇게 진행되었다. 반정 세력은 '광해군이 어머니를 폐했다'는 패륜론을 명분으로 내세웠으며 이항복 문하의 문인들인 김류, 신경진, 구굉, 구인후, 최명길, 장유, 이귀, 이시백 등이 모두 거사에 참여하였다. 그 스승에 그 제자인 셈이다.

• 사랑방에 대하여

'사랑방'은 사랑(舍廊)으로 쓰는 방을 뜻하는 말이다. 舍(집 사), 廊(행랑 랑)이라는 의미를 가진 '사랑'은 문자 그대로는 대문간에 붙어 있는 방을 가리킨다. 예전에 대문 안에 죽 벌여서 지어 주로 하인이 거처하던 방을 행랑(行廊)이라 했으며 안채에서 떨어져 외부 손님을 맞이하기 좋은 위치에 사랑을 두었다. 그러나 규모가 작은 집이나 서민들은 그리 할 수 없기에 접객이 편리한 대문 옆에 붙어 있거나 대문 가까운 곳에 있는 방을 사랑 혹은 사랑방이라고 불렀다.

사랑방은 집 주인 남자가 거처하는 방이자 손님을 맞이하는 응접실이므로 그 집에서는 가장 개방적인 공간으로 여겨졌다. 이에 연유하여 '사랑방'은 사람(주로 남자)들이 모여서 (사회적) 대화를 나누는 곳으로도 통했다.

한 예를 들면 구한말 시국이 어수선할 때 유명 정객들의 사랑방은 나라를 걱정하는 사람들로 언제나 만원이었다. 한국 최초의 경제학자인 백상규의 사랑방도 예외가 아니었다. 그의 사랑방에는 이승만, 김규식, 홍석후 등을 비롯한 여러 젊은이들이 무시로 모여 장기나 바둑으로 시간을 보내며 우정을 나누었다. 이들의 나라 걱정하는 마음은 애틋했지만 일제의 매서운 감시 눈길 때문에 말과 행동을 조심해야 했다. 그래서 그들은 스스로 자기네 모임을 '바보클럽'이라 했다. 이렇듯 사랑방은 근대까지도 사회 활동을 위한 소모임 공간으로 여겨졌다. 오늘날 '지역주민의 사랑방'이라는 말처럼 사회 구성원들을 위한 공적인 공간 개념으로 사랑방을 쓰는 이유가 여기에 있다.

주술로 복수한 유인숙의 계집종

유인숙(柳仁淑, 1485-1545)은 1510년 문과에 급제한 후 형조, 공조, 호조, 이조 등의 판서(判書)를 지낸 사람이다. 그는 을사사화 때 모함을 받아 귀양 가던 도중 사약을 받고 죽었고 그의 아들 4명은 모두 교수형을 당했으며 처첩은 노비가 되었다. 또한 유인숙의 종들 중 많은 무리는 정순붕(鄭順朋, 1484-1548)의 몫으로 돌아갔다.

정순붕은 누구인가? 그는 윤원형 등과 함께 을사사화를 일으킨 간신이며, 임백령, 정언각과 더불어 을사삼간(乙巳三奸)으로 불리는 사람이다. 정순붕은 유인숙 등을 몰아낸 공로가 크다 하여 숙청된 유인숙의 소유물 대부분을 차지한 것이다.

"돌아가신 주인님이 참 안됐어. 훌쩍훌쩍!"

“그래. 우리에게 참 잘해 주신 분인데 너무 억울하게 당하셨어.”

주인이 바뀐 종들은 대개 옛 주인을 생각하여 찔끔찔끔 울었다. 그렇지만 그중에서 가장 얼굴이 뛰어난 한 계집종 갑이(甲伊2)는 울기는커녕 오히려 당연하다는 듯 동료들에게 말하였다.

“집주인이 그 꼴이 된 것은 팔자(八字)*인데 왜 우리가 슬퍼해야 하지?”

“뭐라고? 너는 어찌 그리 매정하니?”

“왜 내가 틀린 말했니?”

새로 온 계집종들이 다투자 정순붕 집 사람들이 이유를 물었고 자연스레 갑이의 품성이 드러났다. 정순붕 집 사람들은 옛 주인을 그리워하는 종들보다 새 환경에 바로 적응하려는 갑이를 더 신임했다. 갑이는 영리하고 부지런한 데다 미모까지 뛰어나 이윽고 정순붕의 시중을 혼자 도맡아 하게 되었다.

“으아악!”

그러던 어느 날이었다. 정순붕은 기괴하고 무서운 꿈을 꾸었다. 귀신이 머리를 짓누르는 바람에 두통이 심해졌고 견디다 못한 정순붕은 외마디 소리를 지르며 놀라 깨었다.

“어휴! 꿈이었구나. 어제 피곤해서 그런 것 같군.”

그러나 악몽은 하루로 끝나지 않았다. 이튿날도, 그다음 날도 계속 같은 귀신이 달라붙어 머리를 짓누르는 것이었다.

“당신이 몸이 허해져서 그런가 봅니다. 보약 좀 드셔야겠어요.”

정순붕 아내가 약을 써 왔지만 소용없었다. 결국 정순붕은 심신쇠약으로 죽고 말았다.

정순붕 식구들은 정봉순의 갑작스런 죽음에 당황해하며 무당을 찾아가 점을 쳤다. 무당은 이러저러하게 주문을 외우고 신을 찾더니 소리 치듯 말했다.

"베고 자던 베개에 귀신이 붙었어!"

정순붕 식구들은 집으로 돌아와 즉시 베개를 뜯어보았다. 그랬더니 정순붕의 베개 속에 해골이 들어 있었다.

"으헉! 이게 뭐야?"

“해골이잖아!”

“누가 이런 짓을 했지? 갑이 그년이로구나!”

그동안 갑이가 정순붕 곁에서 시중을 도맡아 했으니 갑이의 소행임이 분명했다.

“너 이년! 무슨 연유로 이런 해괴한 짓을 했느냐?”

그러자 갑이가 이제까지 볼 수 없었던 당당한 표정으로 꾸짖듯 말했다.

“내 옛 주인에게 무슨 죄가 있기에 정가 놈이 그 집안을 몰살하였는가? 내 비록 천한 신분이기는 하나 그 원한이 뼈에 사무쳐 언제든 원수를 갚고자 하였느니라. 그래서 거짓 공손으로 충성하는 체하면서 기회만 엿보다가 이제 목적을 이뤘으니 죽어도 한스러울 게 없다.”

그랬다. 갑이는 가장 독한 저주 방식 중 하나인 침실에 해골 묻기를 통해 옛 주인 대신 복수한 것이다. 정순붕 식구에게 잘 보이려 애쓴 것은 베개에 해골을 넣어두기 위한 계략이었으며 정순붕의 시중을 들게 된 뒤에는 밤낮으로 ‘정순붕 죽어라.’라는 주문을 외웠던 것이다.

말을 마친 갑이는 그 자리에서 맞아 죽고 말았다. 일설에는 갑이가 일부러 염병을 전염시켜 정순붕을 죽게 했다고 한다.

이수광은 『지봉유설』에 이 이야기를 실어 갑이의 보은을 기렸으며, 선조는 1577년 유인숙을 복관(復官: 관직을 원래대로 회복)시키는 반면 이듬해 정순붕의 관작을 추탈(追奪: 죽은 사람의 죄를 논하여 살았을 때의 벼슬을 깎아 없앰)하였다.

• 사주팔자와 팔자란 무엇인가

관용어 '팔자가 늘어지다'는 '근심 걱정 없이 사는 것이 편안하다'는 뜻이고 '팔자는 길들이기로 간다'라는 속담은 '버릇이 천성이 되어 사람 일생을 좌우할 수 있다'는 의미를 지닌다. 이밖에 '팔자가 사납다'거나 '팔자가 좋다'라는 말도 종종 쓰인다.

이처럼 자주 쓰이는 팔자는 구체적으로 무얼 말하는 걸까?

'팔자'는 사주팔자(四柱八字)에서 유래한 말이며 사람이 태어난 해와 달과 날과 시를 간지로 나타낼 때의 여덟 글자를 가리킨다. 점술에서는 팔자 속에 인생 운명이 정해져 있다고 보기에 팔자는 '사람의 한 평생 운수'를 뜻하는 말로 쓰이게 됐다.

옛날에는 혼례 할 때 두 남녀의 사주팔자를 맞춰 보는 풍습이 있었다. 그래서 그 결과가 나쁘게 나오면 사람이 마음에 들어도 결혼하지 않고 다른 짝을 찾았다. 오늘날에도 결혼하기 전에 사주팔자를 보는 사람이 있다. 왜 그럴까?

사람이 태어난 연, 월, 일, 시를 사주(四柱)라고 한다. '사주'는 사람을 집에 비유할 때 연, 월, 일, 시를 집의 네(四 넉 사) 기둥(柱 기둥 주)으로 본 것이다.

'팔자'는 사주의 간지(干支)로 되는 여덟 글자를 말하며 연월일시에다 '갑자을축'하는 육갑을 더한 것이다. 예를 들어 갑자년 을축월 병인일 정묘시에 태어난 사람은 '갑자 을축 병인 정묘'라는 여덟 자[八字]를 가진다.

'간지'는 천간지지(天干地支)의 준말이다. 간(干)은 하늘을 가리키며 갑, 을, 병, 정, 무, 기, 경, 신, 임, 계의 10간으로 나뉜다. 지(支)는 땅을 가리키며, 자, 축, 인, 묘, 진, 사, 오, 미, 신, 유, 술, 해의 12지로 나뉜다. 10간과 12지를 차례로 붙이면 60간지가 만들어진다. 이를테면 갑자, 갑축, 갑인, 갑묘……의 차례로 진행되어 ……계술, 계해가 된다.

일반적으로 '사주팔자'는 두 사람의 운명을 맞춰 볼 때 언급됐다. 예컨대 사주팔자를 본다 함은 혼인할 당사자들의 간지를 대조하여 두 사람 인생이 행복할 것인지를 예측하는 것이다. 이에 비해 '팔자'는 자신(혼자)의 인생을 나타내는 말로 쓰이곤 했다. 사람 운명을 거론할 때 팔자를 들먹이는 이유가 여기에 있다.

그렇지만 사주팔자이든 팔자이든 간에 사람 일생이 미리 정해져 있다는 숙명론은 절대적으로 믿을 것이 못된다. 태어난 시간에 따라 운명이 정해져 있다면 같은 시각에 태어난 사람들이 모두 똑같은 삶을 살아야 하는데 실제는 그렇지 않기 때문이다. 또한 사회 환경이 시시각각 변한다는 점에서도 시간만 기다리는 숙명론은 믿을 게 못 된다. 삶이란 노력하기에 따라 달라지는 것이지 노력 없이 좋은 결실을 얻기란 힘든 까닭이다.

죽어서야 영웅이 된 임경업 장군

임경업(林慶業, 1594-1646)이 어린 시절 충주에 살았을 때의 일이다.

"커다란 뱀이 사람을 연이어 해치고 있으니 조심해야 해!"

"그 뱀은 요사스럽게도 비와 바람을 부릴 줄 아는 무서운 괴물이야."

"푸른 빛깔을 띠고 있어서 보기만 해도 섬뜩해!"

이런 흉흉한 소문이 나돌면서 사람들이 근처 산으로 가기를 꺼려했다. 이때 임경업은 그 뱀을 직접 잡아 죽이겠다고 결심하고 길을 나섰다. 이리저리 탐색한 끝에 임경업은 그 뱀을 발견하였다. 임경업은 여덟 자나 되는 그 뱀의 꼬리를 재빨리 잡아챈 다음 그대로 바위에 내리쳤다. 그 순간 뱀이 사라지더니 여덟 자 길이의 칼로 변했다. 한 자는 약 30.3센티미터이니 무려 2미터 40센티미터 길이의 검(劍)*이 생긴 것이다. 임경업은 이 청사검(靑蛇劍)으로 큰 공을 세웠는데 훗날 압록강을 지날 때 검이 스스로 물에 들어가 그대로 사라졌다고 한다.

이는 임경업 장군에 관한 설화 중 하나인데 검의 정체가 본래 움직이는 생물이란 부분이 흥미롭다. 왜 이런 신비로운 이야기가 생긴 것일까?

임경업은 어려서부터 총명하고 힘이 센 말썽꾸러기였다. 공부보다는 힘겨루기나 전쟁놀이를 좋아하여 종종 문제를 일으켰다. 한 예를 들면 전쟁놀이할 때 군율을 어긴 아이를 군법을 어긴 죄라며 때려서 마을에서 쫓겨날 정도였다.

그렇지만 임경업은 전쟁놀이를 그만두지 않았다. 아니 오히려 더욱 철저하게 진행했고 다른 사람도 그러하기를 바랐다. 어느 날 그가 돌과 새끼줄로 조그만 성을 쌓았을 때의 일이다. 경주로 부임하고자 행차하던 목사 윤섬(尹暹) 일행이 그 길을 지나가게 되었다. 임경업이 길목에 성을 쌓았기에 당연히 길은 막혀 있었다.

"물렀거라! 어서 길을 비켜라!"

길잡이가 호통을 치자 소년 임경업은 당당하게 말했다.

"여기는 우리의 성이고 지금은 전쟁 중이므로 누구도 못 지나갑니다."

"감히 어느 안전이라고 그딴 소리를 하느냐! 썩 물렀거라!"

"나는 이곳 성의 대장이고 결코 그렇게 할 수는 없습니다."

윤섬은 지켜보다가 한마디 했다.

"길을 조금만 비켜 주면 고맙겠구나."

그러자 임경업이 대답했다.

"사람이 성을 피해야지 성이 어찌 사람을 피하겠습니까?"

그 말을 들은 윤섬은 장차 큰 인물이 되리라 짐작하고 일부러 돌성을 피하여 길을 돌아갔다. 그때 임경업의 나이 여섯 살이었다고 한다.

임경업은 아홉 살 때 『사기(史記)』를 읽다가 '글은 성명을 기록하면 족하니 만 사람을 대적하는 학문을 원한다.'라는 항우의 말을 보자 무릎을 치며 공감했다.

"그래! 이것이야말로 사나이 대장부의 말이로다!"

이때부터 임경업은 고전 글공부를 단념하고 병서를 읽으면서 무예에 힘썼다. 그의 검술 솜씨는 날로 늘어 마치 손의 한 부분처럼 휘두를 수 있게 되었다. 뱀이 변한 칼을 애장검으로 썼다는 설화는 이런 노력과 기술이 나중에 윤색된 것이다.

임경업은 스물네 살 때인 1618년 무과에 급제한 이후 1624년(인조 2) 이괄의 난 때 정충신의 휘하에서 공을 세웠고 한편으로 청나라 군대를 물리치는 데 힘을 기울였다. 그는 명나라와의 의리를 중시하고 신흥 강국 청나라를 정벌해야 한다는 친명배청파 강경론자였다.

1636년 병자호란[1] 때 인조는 남한산성으로 피신했다가 굴욕적인 화의를 맺었는데, 임경업은 이듬해 청나라로 돌아가는 청군을 압록강에서 무찌르고 잡혀가던 우리 백성 120여 명과 말 60여 필을 도로 찾아올 정도였다.

하지만 임경업은 억울하게 최후를 마쳤다. 국법을 어겼다는 죄명으로 문초 도중에 고통을 이기지 못하고 죽은 것이다. 임경업의 죽음에는 권신 김자점의 흉계가 있었으니 그 전말은 이러하다.

1646년 임경업은 역모에 가담했다 하여 명나라에서 소환되어 인조

로부터 친국을 받아야 했다. 이때 지난날 평안도에서 함께 일한 바 있는 김자점이 나서서 서둘러 처형해야 한다고 적극 주장했다. 김자점의 조급함에는 이유가 있었다.

앞서 임경업이 명나라로 탈출했을 때 배를 알선해 준 무금은 매환(梅環)의 오라비였다. 매환은 임경업의 첩이며 무금과 매환은 원래 김자점의 종이었다. 임경업이 마포에서 배를 탈 때 무금은 자기 아내에게 탈출 사실을 김자점이나 김자점 아들에게 알리라고 부탁했다.

그러했기에 만약 임경업이 문초를 받으면 무금의 처도 문초해야 되고 무금의 처가 김자점에게 알렸다고 고백하면 김자점도 임경업의 탈출을 도왔다는 결론이 나오게 된다. 이에 위기를 느낀 김자점은 임경업을 빨리 죽여야겠다고 결심했고 형리에게 명해 장살(杖殺: 형벌로 매를 쳐서 죽임)시켰다. "땅이 좁으면 사람까지 좁아야 하느냐."라는 유언을 남긴 그때 임경업은 쉰두 살이었다.

한편 임경업이 죽은 뒤 그가 타고 다니던 말은 몰수되어 사복시(司僕寺)에 소속되었다. 그런데 임경업이 죽던 날 사복시에서 말을 돌보던 자가 무심히 말했다.

"네 주인이던 임경업 어른이 돌아가셨다."

말은 그 소리를 알아들었던지 먹이를 먹지 않고 크게 세 번 부르짖더니 쓰러져 죽었다고 한다.

임경업은 우국충정에 뛰어난 충신이요, 무장이었으나 동시에 가장 불행한 장수였다. 이미 망해 가는 명나라와 힘을 합쳐 청나라에 저항하여 병자호란의 부끄러움을 씻으려 했지만 청나라와 싸움다운 싸움 한 번 제대로 해 보지 못하고 억울하게 죽었기 때문이다. 그러나 그의 생애는 당시 백성들에게 큰 인상을 남겼고 뒤에 그의 무용담을 소재로 한 소설 『임경업전』이 널리 읽혔는가 하면 민간 신앙에서 무신으로 추앙되기에 이르렀다.

• 칼과 검의 차이, 그리고 임경업의 검

음식 만드는 도구로 탄생한 칼은 무기로도 쓰였다. '칼'의 어원 '갈'은 '가르다'는 뜻을 지닌바 적이나 동물을 갈라 죽인 도구가 곧 칼이었음을 알 수 있다. 칼을 한자로는 도검(刀劍)이라고 하는데 엄밀히 말해 '도(刀)'와 '검(劍)'은 다르다.

1813년 간행된 조선의 군사 기술 서적 『융원필비』에 따르면 원래는 칼집 있는 칼을 '검'이라 부르고 칼집 없는 칼을 '도'라 불렀으나 후대에 와서 칼집 있는 칼을 '도'라고도 불렀다고 한다. 어떤 이는 한쪽 날 칼을 '도' 양날 칼을 '검'이라 주장하지만 이는 잘못된 것이다. 그렇다면 이런 착각은 어디에서 생겼을까?

그 오해는 서양의 칼 모양에서 비롯되었다. 옛날 서양에서는 제련 기술이 부족한 까닭에 칼이 부러지지 않도록 두껍고 무겁게 만들었다. 이런 칼은 전투에서 직선으로 찌르거나 위에서 힘껏 내리쳐야만 효과를 볼 수 있다. 이 경우 끝이 뾰족하고 양날이어야 찌르기 쉬우므로 무기로서 사용된 서양 칼은 양날로 만들어졌다. 사선으로 내려치기를 반복하는 서양 영화의 칼싸움 장면을 연상하면 이해하기 쉬울 것이다. 서양식 검술인 펜싱에서 주된 기술이 찌르기인 이유도 여기에 있다.

이에 비해 동양 칼은 대부분 한쪽 날이다. 서양인에 비해 몸집이 작은 점을 감안해서 그렇기도 하지만 상대적으로 발달한 제련 기술 덕도 크다. 동양의 숙련공은 칼날을 수없이 두들겨 얇으면서도 잘 부러지지 않게 만들었다. 이런 칼은 휘두르기 쉬우므로 자연스레 곡선형 칼날이 되면서 베는 기술로 이어졌다. 부드러운 동작으로 단번에 베는 기술은 곡선형 칼날로만 가능하다.

한편 같은 칼이라도 쓰는 용도가 크게 다르므로 일반적으로 넓은 의미에서 물건을 베거나 썰거나 깎는 데 쓰는 도구를 '칼'이라 하고, 무기로 쓰는 크고 긴 칼을 '검', 비교적 짧은 호신용 칼을 '도'라고 구분하였다. 장군의 큰 칼을 '검', 여인의 호신용 칼을 '장도'라고 말하는 이유가 여기에 있다.

임경업 장군은 실전에서는 용천검(龍泉劍)을 사용했고 평소에는 추련도(秋蓮刀)를 몸에 지니고 다녔다고 한다. 용천검은 대대로 내려오다가 일제강점기에 분실되었으며 추련도만 전해지고 있다. '추련', 즉 가을 연꽃은 다른 연꽃이 피지 않을 때 의연하게 핀 대장

부의 지조를 상징한다고 하는데 추련도에는 아래와 같은 내용의 한시(漢詩) 28자가 새겨
져 있다.

때여, 때는 다시 오지 않나니 [時呼時來否再來]

한 번 태어나 한 번 죽음이 바로 여기에 있도다. [一生一死都在筵]

장부 한평생 나라에 보답하는 마음으로 [平生丈夫報國心]

석 자 추련도를 십 년 동안 갈고 갈았도다. [三尺秋蓮磨十年]

침착하고 담력 강한 이완

이완(李浣, 1602-1674)[1]이 소년 시절 어머니를 따라서 외가를 찾아갔을 때의 일이다. 외가는 이따금 범이 밤중에 내려오는 외진 곳에 있었다. 산중이라 해가 일찍 지고 어둠이 짙게 깔려 일찍 잠자리에 들었다.

"어, 용변이 마렵네."

자다가 일어난 이완은 혼자 뒷간을 찾아 일을 보러 갔다. 뒷간은 집 뒤편 한적한 곳에 있었다. 이완은 조심스레 자리를 잡고 일을 보았다.

"어, 시원하다."

그때였다. 어디선가 범이 나타나서 뒷간 바로 앞에 쪼그려 앉은 개를

물었다. 개는 비명을 질렀지만 소용없었다. 범이 워낙 빠른 속도로 개를 물고 그대로 사라졌기 때문이다. 비록 어둠 속이지만 이완은 뒷간에 앉아서 그 장면을 두 눈으로 똑똑히 보았다. 뒷간의 문은 막힌 나무문이 아니라 허름한 거적(짚을 두툼하게 엮어서 자리처럼 만든 물건)이었기 때문이다.

하지만 이완은 전혀 당황하거나 놀라지 않고 용변을 다 보았다. 그러고는 방안으로 돌아가다가 개의 비명에 잠이 깨어 뛰쳐나온 외가 사람들을 만났다.

"완아, 개가 어디로 갔는지 혹시 아니?"

"제가 뒷간에 앉아있을 때 범이 물어 갔습니다."

이완이 별일 아니라는 듯 천연덕스럽게 말하자 외가 사람들이 물었다.

"뭐라고? 그런데 너는 눈앞에서 범이 개를 물어 가는데 어찌 그렇게 태연하니?"

"범을 잡으려 하면 덤벼들 테고 내가 가만히 있으면 범도 가만히 있을 테니까 공연히 겁낼 일이 아니지요."

이완의 당찬 대답에 놀란 어른이 다시 물었다.

"범이 간 뒤에 뒤늦게라도 소리를 질러 도움을 청하지 그랬느냐."

그 말에 이완은 빙긋이 웃으면서 반문하듯 대답했다.

"범이 이미 달아났는데 소리 지른다고 무슨 소용 있겠습니까? 또 물어간 개를 먹기 전에는 되돌아오지 않을 텐데 용변 보는 일을 중단할 필요가 있을까요?"

외가 사람들은 이완의 담력과 침착함 그리고 총명함에 연신 감탄했다.

또 어느 해 여름 정자나무 밑에서 낮잠을 자던 때의 일이다. 적삼을 벗어젖힌 배 위에 찬 기운이 느껴지고 간지러워서 살짝 눈을 떠보니 큰 구렁이가 지나가고 있었다. 그러나 소년 이완은 몸을 움직이지 않고 그 구렁이가 다 건너가도록 가만히 참았다. 뱀이 사라진 뒤 근처에서 본 어른들이 이완에게 놀리듯 말했다.

"네가 푹 잠이 들어 몰라서 다행이지 잠을 깼더라면 구렁이 밥이 됐을 게다."

잠결에 깜짝 놀라 조금이라도 움직이면 구렁이로부터 해를 입었을 것이란 이야기였다. 이완이 말했다.

"제가 왜 몰랐겠어요. 알았기에 숨을 죽이고 가만히 있었지요."

"뭐! 그럼 네가 알고도 자는 척했단 말이냐?"

"네. 내가 구렁이를 놀라게 하지 않는 한 구렁이가 나를 해칠 리 없으니까요. 구렁이는 아마 나를 나뭇등걸인 줄 알았을 거예요."

사람들은 이완의 배짱과 침착함에 다시 한 번 혀를 내둘렀다.

이완은 장성해서도 그런 면모를 보여 주었다. 그가 사냥하러 깊은 산중에 들어갔을 때의 일이다. 짐승을 쫓다가 그만 길을 잃어 이리저리 헤매다가 불빛을 발견하여 그리로 향해 갔다. 이완은 제법 큰 집의 대문을 두드려 사람을 불렀다.

"안에 누구 있습니까?"

잠시 후 대문이 열리더니 어여쁜 여인이 누구냐고 물었다.

"사냥하다 길 잃은 나그네인데 하룻밤 자고 가고 싶습니다."

여인이 말했다.

"안 됩니다. 이곳은 산적 소굴이며 저도 잡혀온 몸입니다. 이제 도적들이 올 때가 됐으니 빨리 여기를 떠나세요!"

여인은 손을 저으며 말렸지만 이완은 그 경고를 무시하고 말했다.

"밤이 이렇게 깊고 산이 험한데 어디로 가겠소? 산을 헤매다 맹수에게 죽느니 차라리 도적 손에 죽는 게 낫겠소이다. 배가 고프니 밥이나 차려 주면 고맙겠소이다."

이완은 거침없이 방으로 들어가며 음식을 요구했다. 여인은 초조해하면서도 저녁상을 차려 주었다. 이완은 밥을 다 먹은 뒤 여인의 무릎을 베고 누워 이런저런 이야기를 하였다. 이때 도적이 돌아와 어이없다는 듯 소리쳤다.

"웬 놈이 남의 집에 들어와 남의 계집을 끼고 누웠느냐! 길을 잃은 놈이라면 밖에서 묵을 일이지 안방에 들어와 누워 있어?"

"허허, 한 집에 젊은 남녀가 함께 있으면 의심받을 건 마찬가지 아닌가? 그럴 바에야 안방에 있는 게 낫지 않겠느냐?"

도적은 그 말에 기막힌 듯 화를 내며 이완을 밧줄로 동여 묶어 대들보에 매달았다. 그러곤 여인에게 잡아온 사슴 고기를 구워 오게 한 뒤 술을 마시기 시작하였다.

매달린 채 이완이 힐책하듯 말했다.

"여기에도 사람이 있다. 옆에 사람을 놔두고 혼자 먹기냐? 너, 졸장부구나!"

그 말을 듣고 도적이 마시던 바가지로 술을 듬뿍 떠서 주니 이완이 달게 마시고 한마디 했다.

"안주는 없느냐! 네 입만 입이냐?"

도적이 칼끝에 고기를 꽂아 주자 이완은 두려움 없이 입으로 받아먹었다.

"그것 참 맛있구나! 하하하!"

이완이 호탕하게 웃자 도적은 그 담대함에 놀라 이완을 풀어 주었다.

"장차 크게 될 어른을 미처 알아보지 못했습니다. 제가 비록 도적이오나 어찌 그런 어른을 해하겠습니까?"

"죽이려면 빨리 죽일 일이지 뭔 장난질이냐?"

"아닙니다. 진심으로 사죄드립니다."

도적은 이완에게 술을 따르며 용서를 빌었고 여인에게 이완을 따라가 모시라고 말했다. 덕분에 이완은 무사히 집으로 돌아왔다.

그로부터 얼마 지나지 않은 1624년(인조 2)에 이완은 무과에 급제한 후 순조롭게 승진했다. 특히 1649년 효종❷이 즉위한 후에는 북벌(北伐)˙과 관련된 요직을 두루 맡았다. 1649년 포도대장, 1652년 어영대장, 1653년 훈련대장에 임명되어 군기를 확립하면서 신무기 제조와 성곽 개수에 힘을 쏟았다.

이완이 포도대장으로 있을 때의 일이다. 하루는 도적 하나가 잡혀 왔는데 그 죄가 많아서 처형될 예정이었다. 그런데 그 도적이 죽기 전에 꼭 한 번만 포도대장을 뵙게 해 달라고 애원한다는 말을 하여 이완이 도적에게 갔다.

"저를 몰라보시겠습니까?"

도적은 눈물을 흘리며 구원의 심정으로 이완을 올려보았다. 이완이 자세히 보니 지난날 산속에서 만났던 자였다.

이완은 자세한 사정을 임금에게 아뢰어 그 도적의 죄를 특별히 용서하고 휘하에 두기를 청하였다. 이후 도적은 이완의 부하로서 충성을 다

했으며 후에 무과에 합격하기까지 했다.

한편 이완은 효종의 북벌 계획을 충실히 수행했다. 그러나 1659년 효종이 갑작스레 죽고 현종이 즉위하면서 정책이 바뀌자 관직을 사퇴했으며 1674년에 죽었다.

• 효종이 북벌의 상징으로 생각한 명마, 벌대총

예부터 강화 진강산(鎭江山)은 군마 목장으로 유명했는데 이 목장에서 흰 바탕에 푸른 점을 가진 용맹하고 영리한 말이 태어났다. 그런데 이 말은 효종이 북벌 거사 실현을 다짐하고자 수시로 강화에 올 때마다 용케도 왕의 행차를 알고 강을 건너 왕을 태워 모시고 오고 돌아가실 때 모시고 하였다. 이를 기특하게 여긴 효종은 이 명마에게 벌대총(伐大驄: 대륙을 정벌할 푸른 말)이란 이름을 지어 주면서 각별히 아꼈다. 이렇듯 애틋한 사연이 있었던 벌대총은 어느 날 왕을 배웅하고 돌아오는 길에 양천 땅에서 갑자기 졸도하여 3일이 지나도 일어나지 않더니 그대로 죽고 말았다. 이 소식을 들은 효종은 하늘이 나를 버리는구나 하며 크게 슬퍼하였다 한다.

벌대총이란 이름에서 느끼듯 효종은 북벌에 대한 의지가 대단히 강했다. 그것은 약소국의 비극을 몸소 체험한 까닭에 비롯된 원한과 집념이었다.

병자호란 때 조선은 남한산성에서 패전하여 삼전도에서 치욕적인 항복을 하였다. 강화가 성립되자 봉림대군(뒤의 효종)은 형 소현세자❸ 및 척화신(斥和臣: 청나라와의 화친을 배척하던 신하) 등과 함께 청나라에 볼모로 갔다. 봉림 대군은 청나라에 머무르는 동안 형과 같이 지내면서 형을 적극 보호하였다. 청나라가 산해관(山海關)을 공격할 때 세자의 동행을 강요하자 이를 극력 반대하고 자기를 대신 가게 해 달라고 고집하여 동행을 막았으며, 그 뒤 서역(西域) 등을 공격할 때 세자와 동행하여 그를 보호하였다. 청나라에서 많은 고생을 겪다가 8년 만인 1645년에 소현세자가 먼저 돌아왔다. 봉림 대군은 그해 4월 소현세자가 갑자기 죽자 5월에 돌아와서 세자로 책봉되었으며 1649년 인조가 죽자 즉위하였다.

효종은 오랫동안 청나라에 머물면서 자기 뜻과는 관계없이 서쪽으로는 몽고 남쪽으로는 명나라 패망을 직접 목격하였고, 동쪽으로는 철령위 등으로 끌려 다니면서 갖은 고생을 하였다. 때문에 청나라에 원한을 품었으며 조정의 배청(排淸) 분위기와 함께 북벌계획

❸ **소현세자** : 인조의 맏아들. 봉림 대군(효종)의 형이다. 봉림 대군과 함께 병자호란 때 청나라에 볼모로 잡혀 있었다. 왕세자에 책봉되었으나 즉위는 하지 못하고 1645년에 사망하였다.

을 강력히 추진하였다.

그리하여 청나라와 연결된 김자점 등의 친청파를 파직시키고 이완을 훈련대장에 임명하여 비밀리에 군대를 훈련시키면서 북벌을 위한 군비 확충을 본격화하였다. 서울 외곽의 방위를 대폭 강화하기 위하여 원두표를 강화도, 이시방을 남한산성 등으로 보내어 성지(城池)를 수보하고 군량을 저장하여 강화도 일대의 수비를 강화하였다. 또한 표류해 온 네덜란드인 하멜 등을 훈련도감에 예속시켜 이완의 지휘 아래 조총, 화포 등의 신무기를 개량하게 하였다.

이와 같은 효종의 군비 확충에도 불구하고 중국 정세는 조선에게 불리하게 전개되어 명나라는 결국 청나라에게 멸망당했고, 불행하게도 효종 또한 재위 10년 만에 붕어하였다. 북벌 계획은 비록 거사 단계에서 머물고 말았으나 사대주의를 국시(國是)로 삼은 조선 시대에 있어서 단 한 번의 북진 정책이었다는 점에서 그 의의가 크다.

장희빈, 사랑에 웃고 권력에 울다

어느 따뜻한 봄날이었다. 숙종(肅宗, 1661-1720)[1]은 여러 군신과 함께 창경궁 후원에서 꽃구경하며 봄날 정취를 즐기고 이어서 백화연을 열었다. 이 연회에는 만조백관이 참석함은 물론 후궁들도 한 사람 빠지지 않고 모두 참례하였다. 요란한 풍악 소리가 태평한 분위기를 한껏 고조시키는 가운데 꽃향기에 취한 숙종이 여러 궁녀들을 돌아보며 말했다.

"오늘 이 연회는 특히 꽃구경을 하는 연회이니 너희들은 누구나 할 것 없이 꽃에 대하여 말을 하여라. 만일에 내 마음에 들게 된다면 특별

---

[1] **숙종** : 조선의 제 19대 왕. 대동법을 확대 실시하고 백두산정계비를 세워 국토를 확장하는 등 국력 신장에 힘썼다. 인현 황후를 중심으로 하는 서인과 희빈 장 씨를 중심으로 하는 남인 사이에서 집권 정당을 수시로 교체시키는 환국 정치를 펼쳐 왕권을 강화시켰다.

히 후한 상을 주겠노라."

궁녀들은 제각기 왕에게 잘 보이고 상을 타려고 나름대로 꽃에 대한 이야기를 하였다.

"성주께서 언제나 모든 백성들에게 은혜를 많이 베푸시니 여러 만인의 옷이 되는 목화꽃과 같사옵니다."

"성주무궁하시니 무궁화와 같사옵니다."

"풍류를 좋아하시니 홍도(紅桃)라고 봄이 옳습니다."

"성씨가 이씨이니 이화(梨花)라 할 수 있사옵니다."

그런데 이처럼 여러 여자들이 앞다퉈 말하는데 오직 한 궁녀만 침묵을 지켜 오히려 왕의 시선을 끌었다. 끝자리에 앉아 있는 나인(內人: 궁궐 안에서 왕과 왕비를 가까이 모시는 궁녀)이었다. 임금은 그녀를 이상하게 생각하고 가까이 오라하여 살펴보았다.

열여섯 나이로 보이는 고운 얼굴에 요염한 자태가 제법 매력을 뿜었다. 숙종은 미처 몰랐던 미인 발견에 아주 흐뭇해하며 친히 성명을 물었다.

"이름이 무엇인고?"

"군관 장희재(張希載)의 누이 장옥정이라 하옵니다."

"여러 궁녀들이 모두 꽃 이야기를 하는데 다만 너 한 사람만 아무 이야기 없으니 무슨 까닭인고?"

장 씨는 머리를 푹 숙이고 있다가 천천히 말했다.

"꽃에 대한 이야기를 하라는 어명이 계셨사오나 존엄하신 상감을 감히 꽃에 비교하여 말씀드리기 너무나 황송하와 그저 잠자코 있었을 뿐이옵니다."

"너의 말은 기특하나 오늘은 내가 이미 허락했으니 조금도 어렵게 생각하지 말고 말을 하여라."

장 씨는 그때서야 부끄러운 듯 말했다.

"상감께서는 사람 중에 왕이시고 모란은 꽃 중에 왕인즉 상감을 꽃에 비한다면 모란과 같사옵니다."

"그래? 하하하!"

이미 장 씨의 미모와 자태에 홀려 버린 왕은 그 말에 매우 흡족해하며 후하게 상을 내리고 나인에게 명해서 홍도화(紅桃花) 한 가지를 꺾어다가 장 씨 머리 위에 손수 꽂아 주었다. 그 뒤부터 장 씨 이름이 궁내에 퍼져서 다른 궁녀들의 시기와 부러움을 한 몸에 받았다.

그때 숙종의 나이 스물네 살이었으나 전(前) 왕후인 김 씨(金 氏: 인경왕후) 몸에서는 아무 소생이 없었고 계후 민 씨(閔 氏: 인현왕후)도 가례를 치른 지 여러 해 지나도록 또한 자녀를 낳지 못하니 효종(孝宗) 이래 3대 독자인 숙종은 슬하가 적막함을 항상 느끼고 있었다.

"후궁을 한 명 더 두시지요."

대왕대비가 크게 걱정하자 인현왕후는 숙종에게 위와 같이 권하였다.

숙종은 인현왕후가 아직 젊으므로 처음에는 그 권고를 듣지 않았으나 마침내 후궁 선택의 전교를 내렸다. 이에 인현왕후는 숙종이 예뻐하는 장 씨를 추천하였지만 대비는 장 씨를 반대하였다.

"얼굴이 너무 예쁘고 덕이 없어 보여 안 되오."

하지만 인현왕후가 오직 왕을 위한 길이라며 고집하여 결국 장 씨가 간택(揀擇: 임금·왕자·왕녀의 배우자를 고르던 행사)에서 뽑히게 되었다. 이는 장 씨 일가의 행운인 동시에 뒷날 민 씨 일가가 쫓겨나는 원인이 되었으니 사람의 팔자는 알 수 없는 일이었다.

이후 숙종은 장 씨를 총애하였다. 1686년(숙종 12)에는 품계를 단번에 껑충 올려 숙의(淑儀: 종4품) 봉작을 내렸고 노비(奴婢) 일만(一萬)을 주었으며 내외 친척에게 상당한 벼슬을 주었다. 1688년에는 소의(昭儀: 정2품)로 올려 주었는데 그해 장 씨는 왕자 윤(昀: 뒤의 경종)을 낳았다. 숙종은 너무나 기뻐하면서 1689년 장 씨가 낳은 아들을 원자(元子: 아직 왕세자에 책봉되지 아니한 임금의 맏아들)로 삼고 소의 장 씨를 희빈(禧嬪)[2]으로 봉하려고 했다.

"중전이 아직 젊은데 후궁 소생을 두 달 만에 원자로 삼는 것은 옳지 않사옵니다!"

영의정 김수홍을 비롯해 중신들이 극력 반대했음에도 불구하고 숙종은 1689년 5월에 원자의 명호를 종묘사직에 고하고 장 씨를 희빈으로 삼았다. 숙종은 이에 그치지 않고 반대파인 서인(西人)들을 대거 숙청하여 귀양 보내면서 남인(南人)들을 중용했다.

사랑에 눈먼 숙종은 장희빈을 예뻐하는 만큼 인현왕후를 멀리했다. 여기에는 장희빈의 음모도 있었으니 인현왕후를 축출하고 자신이 왕비가 되고자 했다.

하루는 숙종이 희빈의 궁으로 들어가는데 나인이 기르던 개 한 마리가 뜰에서 피를 토한 채 죽어 있었다. 이상스럽게 생각한 상감이 그 까닭을 묻자 장희빈이 아주 불안한 표정으로 말했다.

---

[2] **장희빈** : 조선 숙종의 빈이며 경종의 어머니. 장 씨가 낳은 왕자가 원자로 책봉되어 희빈이 되었다. 기사환국 이후 정비가 되었으나 인현왕후를 저주해 죽였다는 이유로 죽임을 당했다.

"왕후가 보내 온 음식 빛깔이 이상하여 개에게 먼저 먹여 본즉 그렇게 됐사옵니다."

"뭣이라? 이런 몹쓸……"

숙종은 크게 분노하여 인현왕후 폐출을 결심하였다. 숙종은 많은 신하들의 반대를 무릅쓰고 원자 책봉에 불만을 품고 있다는 이유로 1690년(숙종 16) 5월 2일 중전을 폐하여 서인(庶人)으로 만들었다. 그해 6월에는 원자를 세자로 책봉한 뒤 10월에 희빈 장 씨를 왕비(王妃)로 책립(冊立)했다. 이로써 모든 일은 장희빈의 완전한 승리로 귀결되는 듯 했다. 그런데 아니었다.

"짐이 심했도다. 허어, 그것 참."

뒤늦게 숙종은 인현왕후 쫓아낸 일을 후회하기 시작했다. 때맞춰 궁궐 안팎에서 인현왕후를 사모하는 소문이 돌았다. 그 배경에는 권력에서 밀려나 있던 서인들이 장 씨를 몰아내려는 은밀한 움직임이 있었다. 특히 1694년 민비복위운동을 주도한 김춘택이 지은 노래는 숙종의 마음을 크게 흔들었다.

미나리는 사철이요 장다리는 한철이라
매꽃 같은 우리 딸이 시집살이 살더니
미나리 꽃이 다 피었네.

이 '장다리(무, 배추 따위의 꽃줄기) 민요'에서의 '미나리'는 민 씨, '장다리'는 장 씨를 이르는 말이었으며 장다리 민요는 한양 전역에 널리 퍼졌다.

그러다가 1701년(숙종 27)에 인현왕후가 원인 모를 질병으로 죽었다.

뜻밖의 소식을 접한 숙종은 인현왕후가 평생에 한 점 혈육 없이 폐비되
어 심하게 고생 끝에 죽었음을 슬퍼하였다.

이때 서인들은 새로 숙종의 총애를 받기 시작한 숙빈 최 씨를 시켜
'인현왕후의 죽음은 장희빈의 저주 때문'이라고 밀고하게 했다.

"취선당 서쪽에 신당(神堂)을 설치해 놓고 무녀와 함께 남몰래 저주했
다고 하옵니다."

일설에는 숙종의 꿈에 피투성이의 인현왕후가 나타나서 다음과 같

이 말했다고 한다.

"신첩이 죽은 것은 본래 장 씨가 저주하고 음식에 비방을 썼기 때문이옵니다."

잠에서 깬 숙종이 이를 괴상하게 여기고 즉시 장 씨 처소로 가 본 결과 인현왕후를 증오하는 여러 물건을 발견했고 또한 장희빈이 궁인과 짜고 인현왕후가 먹은 게장에 꿀을 타게 하여 독살시켰음을 알게 되었다는 것이다.

어떤 일이 계기였든 간에 숙종은 장희빈에게 사약을 내리고 뒤늦게나마 인현왕후의 한을 풀어 주었다. 장 씨는 넘치는 사랑에 웃으며 왕비에까지 올랐으나 권력 쟁탈전의 희생양이 되어 생을 마감해야 했다. 숙종은 이후 빈(嬪)˙을 비(妃)˙로 승격하는 것을 법으로 금했다.

• 비(妃)와 빈(嬪)의 차이

국왕의 정실과 부실을 보통 비빈(妃嬪)이라고 한다. 양반에 비유하면 비는 정식 아내, 빈은 첩에 해당한다. 일반적으로 '빈(嬪)'이 국왕의 정실 아내로 책봉되면 '비(妃)'가 된다.

고려 시대에 일부다처제에 따라 왕이 여러 비를 거느리던 경우와 달리 조선에서는 적첩(嫡妾)과 적서(嫡庶)의 구별을 분명히 가렸다. 그리하여 태종(太宗) 때에 중국 제도를 모방하여 비빈의 구별을 명백히 하고 왕의 소실을 여관(女官)의 상위 품계로 편제했다.

비는 품계가 없지만 그 외의 후궁(後宮)들은 품계가 있다. '후궁'이란 말은 원래 중국 천자가 머무는 궁중 뒤 깊숙한 부분을 뜻하는 말이었으나 그곳에 사는 사람들 대부분이 여자인 까닭에 궁궐 여자들도 후궁이라 부르게 되었다. 우리나라의 경우 '임금의 여자'를 의미한다.

후궁 중 가장 높은 지위는 빈으로 품계는 정1품이다. 빈으로서는 장희빈이 유명하다. 빈 밑으로 귀인(貴人)은 종1품, 소의(昭儀) 정2품, 숙의(淑儀) 종2품, 소용(昭容) 정3품, 숙용(淑容) 종3품, 소원(昭媛) 정4품, 숙원(淑媛) 종4품, 상궁(尙宮)은 정5품이다.

그런데 국왕은 왜 왕비 외에도 여러 아내를 두었을까?

우리나라, 특히 조선 시대 국왕은 많은 수의 후궁을 두었는데 가장 큰 이유는 대를 잇고자 하는 데 있었다. 나라의 통치자가 될 자격은 오직 임금 아들에게만 있는 데다 당시에는 아이가 건강하게 성장하지 못하고 병에 걸려 죽는 일이 흔했으므로 되도록 많은 여자를 통해 아들을 많이 낳고자 한 것이다.

조선 시대의 후궁은 규정상 숙원에서 빈까지 8명에 이르나 태종, 세종, 성종, 선조, 영조 등은 더 많은 후궁을 두었다.

한편 조선 시대에 궁녀는 10년에 한 번 정기적으로 선출되었다. 궁녀는 원래 비(婢)에서 뽑는 것이었지만 가끔 양가(良家) 딸을 선입(選入)하는 예도 있어서 이를 면하려 나이가 열 살 이상인 딸을 가진 집들은 다투어 혼가 시키느라 혼란을 빚곤 했다.

궁녀를 선출할 때는 처녀성 감별이라는 희귀한 방법을 꼭 치렀다. 즉 의녀(醫女)가 앵무새의 생혈(生血)을 그 팔목에 묻혀 보고 그대로 묻으면 처녀, 안 묻으면 처녀가 아니라고 판단했다. 비과학적인 속신(俗信)에 불과하지만 구한말까지도 궁중에서는 이를 시행했다. 다소 우스꽝스러운 일이라 하겠다.

기생의 다리 들기 해 보셨습니까

목창명(睦昌明, 1645-1695)[1]은 병조판서를 역임한 사람인데 온화하고 지조가 뚜렷하면서도 한편으로 평소에 농을 좋아하였다.

하루는 안성(安城)* 고을 수령으로 있는 사촌형 목창우가 한양에 올라온 김에 목창명을 찾아왔다.

"오랜만일세."

"형님, 어서 오십시오. 안성에서의 생활은 어떠신지요?"

"안성은 유기(鍮器)*가 유명하니 일이 잘 돌아가도록 신경 쓰고 있네."

"아무렴, 그러시겠지요."

---

❶ 목창명 : 조선 숙종 때의 문신. 현종 11년(1670) 별시문과에 병과로 급제하였으며 1692년에는 병조판서에 이르렀다. 1694년 삭주로 유배되어 그곳에서 죽었다.

이런저런 이야기를 하던 끝에 목창명이 말했다.

"참, 형님. 제가 얼마 전 읽은 옛글에 흥미로운 대목이 있더군요."

"그게 뭔가?"

"옛글에 따르면 기생의 다리를 치켜 올리지 않은 사람은 죽어 저승에 갔을 때 벌을 받는다고 합니다. 이런 글 읽어 보신 적이 있으십니까?"

목창명은 진지한 표정으로 농을 부렸으나 목창우는 곧이곧대로 믿고 대답하였다.

"아니, 모르겠는데……"

"그런 글이 있습니다. 그런데 형님은 그래 보신 적이 있습니까?"

"기생 다리 올리기? 그런 일 해 본 적 없다네!"

목창명이 한술 더 떠 말했다.

"저는 지난번 평안도에 갔을 때 기생 다리를 들어 본 일이 있습니다. 그래 죽어서 벌을 받지는 않게 되었습니다만 형님은 아직 면하실 수 없군요."

"음, 그런가? 내게도 그런 기회야 있겠지. 오늘 잘 쉬었다 가네. 다음에 또 보세."

"예, 형님. 살펴 가십시오."

목창우는 안성으로 돌아가는 길에 수원에 이르러 친구이자 그곳 수령에게 청했다.

"내게 기생 하나만 급히 보내 주게나."

수원 수령은 목창명에게서 이미 은근한 편지를 받고 있던 터라 정색하며 말했다.

"그거 무슨 소리인가? 계씨(季氏: 남의 남동생을 높여 이르는 호칭)가 내게 편지를 보내어 형님이 색에 빠지지 말게 해 달라고 당부했다네.”

목창우는 그래도 농을 알아차리지 못하고 사정하듯 말했다.

“기생을 보내 달라는 것은 무슨 딴 뜻이 있어서가 아니네. 그저 잠시 이야기나 하려는 거지.”

“그래? 그렇다면 어렵지 않지.”

수원 수령은 그곳 관기를 모조리 불러 대령시켰다.

“자네 마음에 드는 창기를 직접 골라 보게나.”

목창우는 기생들을 차례로 보다가 그중 한 기생 앞에 섰다. 그러고는 기생 다리 한쪽을 잡고 농을 거는 척하다가 갑자기 번쩍 처들었다.

“어머나!”

느닷없는 일에 그 기생은 당황해했지만 목창우는 혼잣말하듯 말했다.

“자, 나도 기생 다리를 들었다! 이제는 죽더라도 벌을 받지 않겠지.”

“푸하하하!”

사정을 아는 수원 수령은 그 모습을 보고 크게 웃었고 뒤늦게 속았음을 안 목창우 역시 어색해하면서도 같이 웃었다고 한다.

• 유기와 '안성맞춤'의 어원에 대한 오해

'안성맞춤'은 요구하거나 생각한 대로 잘된 물건을 비유적으로 이를 때 쓰는 말이다. 옛날에 경기도 안성에 주문한 유기가 더없이 마음에 들게 만들어졌다 하여 안성맞춤이란 고사성어가 생겼다고 한다. 다시 말해 안성에서 주문자의 뜻에 맞게 가장 질 좋은 유기를 제조했기에 안성맞춤이란 말이 나왔다는 것이다.

하지만 이 어원은 반은 맞고 반은 틀렸다. 왜 그럴까?

우선 유기부터 살펴보자. 유기는 여러 금속을 혼합해서 만든 기물을 가리키는 총칭이며 구리를 주된 성분으로 하고 기타 금속을 비율에 맞춰 섞는다. 우리나라에서는 유기를 '놋쇠' 혹은 '놋그릇'이라고 부른다.

유기를 만드는 방법은 세 가지로 방자(方字) 유기와 주물(鑄物) 유기 그리고 두 방법을 혼합한 반방자(半方字) 유기가 있다.

방자 유기는 불에 달군 쇳물을 여러 명이 조금씩 두들기면서 만드는 수제품이다. 방자 유기는 손이 많이 가고 제작 기간이 오래 걸린다는 단점이 있지만 충격에 강하고 가장 질이 좋다. 하여 중상류층에서 많이 사용했기에 '양반쇠'라고도 하며 평안도 정주의 납청 유기(納淸 鍮器)가 그 생산지로 유명하다. 이곳에서는 놋동이, 놋양푼, 놋요강, 놋주전자 등 비교적 큰 그릇을 만들었다.

주물 유기는 쇳물을 틀에 부어 만드는 이른바 공장 놋그릇이다. 주물 유기는 대량 생산할 수 있다는 장점이 있지만 최고 품질이라고 말하기는 곤란하다. 주로 안성을 비롯해 경주, 봉화, 충주 등지에서 생산했으며 이중 안성에서는 식기류와 제기 등 일상생활 용구를 많이 만들었다.

반방자 유기는 순천의 유기장이들이 고안한 독특한 방식으로 사찰과 인연이 깊다. 그 부근 일대에 불교가 부흥하면서 유기 수요가 커짐에 따라 방자와 주물을 혼합한 기법으로 불기(佛器)나 제기(祭器)용 놋그릇을 만들었기 때문이다.

이상에서 살펴본 바와 같이 품질로만 따진다면 납청 유기가 으뜸이다. 그럼에도 안성 유기가 유명해진 데에는 안성 유기 장인들의 노력이 크게 작용했다. 안성 유기 장인들은 안성장에서 유기를 사가는 사람들의 기호를 살펴서 맞춤처럼 느껴지는 크기와 모양의 놋그릇을 미리 만들었으며, 그게 큰 호응을 얻었다.

"오, 주인님이 찾는 크기와 모양이구나."

심부름 나온 하인들은 주인이 원하는 걸 짐작하여 사 갔고 주인은 그 놋그릇을 보며 흡족해하며 말했다.

"완전 맞춤이나 다름없네."

이런 입소문이 점차 퍼지면서 '안성맞춤'이란 말이 생긴 것이다. 바꿔 말해 안성에서 사온 유기는 일부러 주문하여 맞춘 놋그릇처럼 높은 만족감을 주었기에 잘 만들어진 물건이나 잘된 일을 가리켜 '안성맞춤'이라고 하게 된 것이다.

그러므로 '안성맞춤'이라는 말은 안성에서 나는 유기에 대한 질적 평가이기도 하려니와 상행위(商行爲)에 있어서 '신용본위'라는 의미도 포함하고 있다.

민정중, 부서진 다리를
다시 고친 까닭

"조(祖)라 함은 부당하오며 종(宗)을 써야 합니다."

1649년 인조[1]가 죽은 뒤 묘호(廟號)*를 정할 때 홍문관부교리 유계(兪棨, 1607-1664)는 위와 같이 주장하였다. 그는 이이의 학통을 잇는 성리학자로 예론을 중시하여 그렇게 주장했지만 이는 선왕을 욕되게 한 불경죄로 여겨져 함경북도 온성으로 유배되었다.

유계가 1652년 유배에서 풀려나 안변이란 고을에서 부모를 뵙고 한양으로 돌아올 때의 일이다. 유계는 우연히 민정중(閔鼎重, 1628-1692)[2]

[1] 인조 : 조선의 제16대 왕. 반정에 성공하여 광해군을 몰아내고 왕이 되었다. 재위 기간 중 병자호란(1636-1637)과 정묘호란(1627)을 겪었다. 친명배금정책을 펼쳤으며 대동법을 실시하였다.

[2] 민정중 : 조선 숙종 때의 문신. 인조 27년(1649) 정시문과에 장원 급제하여 관직에 올랐다. 1689년 기사환국 때 벽동으로 유배되어 그곳에서 죽었다.

이란 젊은 선비를 만나 동행했고 둘 다 시급히 가야 할 사정이 있어 걸음을 빨리 했다.

두 사람은 어느 냇가에 이르렀는데 냇물 위에 놓인 다리가 한 사람만 건널 정도로 폭이 좁았다. 젊은 민정중이 유계에게 정중히 말했다.

“어른께서 먼저 가시지요.”

“그럽시다.”

유계가 앞서 다리를 건넜고 뒤이어 민정중이 다리를 밟았다. 그때였다. 유계는 이미 다리를 건넌 상황에서 민정중은 다리 중간쯤에서 그만 물에 빠지고 말았다. 부실한 다리가 무게를 견디지 못하고 무너져 내렸기 때문이다.

“허어, 저런!”

불행 중 다행히 냇물이 깊지 않고 다리 높이가 낮아 크게 다치지는 않았다. 민정중은 유계를 향해 말했다.

“저는 젖은 옷과 물건을 말리고 갈 테니 먼저 가시지요.”

“그럼 여기서 가장 가까운 주막에서 기다리리다.”

유계는 약속대로 근처 주막에 자리를 잡고 민정중을 기다렸다. 그런데 한참을 기다려도 민정중은 오지 않았다.

“이렇게 오래 걸리지는 않을 텐데…… 무슨 일이 있나?”

기다리다 지친 유계가 다시 냇가로 가볼까 아니면 이대로 혼자 길을 떠날까 고민할 무렵에야 민정중이 나타났다.

“갈 길이 바쁜데 어인 일로 이리 늦으셨소?”

유계가 궁금해하며 묻자 민정중은 웃으며 대답했다.

“저는 비록 낭패를 면했지만 부실한 다리를 그대로 두면 다른 사람들이 봉변을 입을까 싶어 다리를 튼튼하게 고치고 오느라 늦었습니다.”

“오, 그랬습니까? 젊은 사람이 참 생각이 깊소이다.”

그 말을 들은 유계는 젊은 민정중의 배려심을 크게 칭찬하며 장차 크게 될 인물로 생각했다.

과연 민정중은 그 후 판서를 거쳐 좌의정에까지 이르렀는데 강직한 성품을 바탕으로 일처리를 바르게 해서 존경을 받았다. 민정중은 공사 구분을 엄격히 한 것으로도 유명한데 그와 관련한 일화가 있다.

“도 내에서는 소를 잡지 말라!”

민정중은 충청감사로 있을 때 위와 같은 영을 내려 놓고 고을 곳곳을 순찰하러 나섰다가 충주에 사는 매제 정보인의 집에 잠시 들렀다. 민정중은 깐깐하고 원칙을 중시하는 성격이지만 정보인은 소탈하고 쾌활한 성품이어서 오랜만에 만난 처남을 무척 반겼다.

“어이쿠, 형님 오셨습니까! 정말 반갑습니다.”

“그래. 지나는 길이라 잠깐 인사차 들렀다네.”

정보인은 처남을 잘 대접해 주고픈 마음에 집에서 기르던 송아지를 잡아 상에 올렸다.

“이게 무슨 고기인가? 돼지고기로 보이지는 않는데?”

민정중은 혹시나 싶어서 젓가락을 들기 전에 물어 확인했다. 순간 정보인은 충청감사로서의 명을 의식해서 속으로 뜨끔함을 느꼈지만 아무렇지 않은 듯 말했다.

“형님께서 오래도록 육미(肉味)를 모르고 지내셨다 하기에 일부러 송아지를 잡았습니다. 일단 잡숴 보시지요.”

매제의 말을 들은 민정중은 낯빛을 확 바꾸며 화를 냈다.

"이런! 나는 당연히 내가 내린 영을 지켜야 하거니와 자네 또한 도민 신분으로 금법을 어기다니 말이 되는가?"

민정중은 자리에서 벌떡 일어나 방을 나가면서 수행하던 관속(官屬)에게 엄히 말했다.

"이 집의 하인을 당장 잡아들여라!"

법을 어긴 일을 눈감아 주고 지나갈 수 없으므로 하인에게 대신 벌을 주겠다는 뜻이었다. 관속이 어찌 할 바 몰라 하는데 정보인은 전혀 당황하지 않고 태연하게 말했다.

"내 집에 하인은 없고 다만 두 내외만 살고 있소이다. 그러나 영감의 영을 어길 수는 없는 법. 내가 소를 잡고 내자가 음식을 만들었으니 우리를 잡아다 죄를 다스리시오."

이에 관속은 처신을 어찌해야 할지 몰라 더욱 헷갈려 했다. 하인을 잡으라는데 하인은 없다 하고 소 잡은 이를 처벌하자니 감사의 인척이었기 때문이다. 관속은 민정중에게 가서 사실대로 말하며 분부를 기다렸다.

"정녕 그렇게 말하더란 말이냐?"

보고를 받은 민정중은 깜짝 놀라며 즉시 매제의 집을 찾아가 매제 내외와 누이를 앉혀 놓고 말했다.

"내가 너무 심한 영을 내렸네. 매제의 충고를 고맙게 받겠네."

민정중은 자신의 지나친 태도를 진심으로 사과했으며 이후 법을 시행함에 있어 너무 고지식한 점이 있는 것은 아닌지 종종 살폈다고 한다.

• 국왕 묘호는 왜 '조'와 '종'으로 구분될까

1392년부터 1910년까지 조선을 다스린 국왕은 태조, 정종, 태종, 세종, 문종, 단종, 세조……로 이어져서 순종에 이르기까지 27명이다. 이들 명칭은 왕이 재위할 때 불린 호칭이 아니며 '묘호(廟號)'라 해서 국왕이 죽은 뒤 왕실 사당 종묘에 신위에 모실 때 쓰기 위해 업적을 평가하며 지었다.

그런데 조선 국왕들의 이름은 모두 '조'나 '종' 혹은 '군'으로 끝난다. 왜 하나의 명칭으로 통일하지 않고 세 가지로 구분했을까?

먼저 고구려, 백제, 신라, 고려의 국왕 호칭을 살펴보면 삼국 시대는 대체로 '왕'으로 끝나는 반면 고려는 '조', '종', '왕'으로 끝난다. 삼국 시대만 해도 신라 무열왕 때 잠깐을 제외하고는 왕을 구분하는 명칭에 크게 신경 쓰지 않았으나, 고려 이후 중국 왕조를 본받아 '조'와 '종'으로 하거나 때로 황제보다 낮다는 의미로 '왕'을 붙였다. 그러므로 삼국 시대의 왕과 고려 왕조가 원나라 영향을 강하게 받을 때의 왕은 그 의미가 다르다.

국왕 묘호를 조(祖) 혹은 종(宗)으로 하게 된 역사는 고대 중국에서 시작되었다. 한나라 때 사마천이 지은 『사기』에 따르면 문제(文帝, 기원전 203−기원전 157)가 '임금 중에서 공적 있는 자는 祖(조)라 하고 덕망 있는 자는 宗(종)을 붙여 사용'하라 명했다고 한다.

조선 역시 이런 중국의 묘호 제도를 받아들여 '조'와 '종'을 사용했는데 정통성이 있는 왕에게는 종을 붙였다. 선왕이 친아버지이거나 새로 왕위를 이을 자가 적자(嫡子: 왕비가 낳은 아들)인 경우가 그렇다.

하지만 큰 혼란기를 겪은 왕에게는 조를 붙였다. 혁명을 일으켜 임금 자리에 오르거나 어려운 환란을 극복하고 나라를 지킨 경우가 그렇다. 왕통의 항렬이 위로 올라간 경우에도 조를 붙였다. 조카의 왕위를 뺏은 숙부 세조나 임진왜란을 겪은 선조가 그렇다.

이에 비해 왕위에서 쫓겨난 경우에는 '군(君)'이라 칭했다. 연산군과 광해군이 그에 해당된다. '조'나 '종'은 격에 있어서 차이가 없지만 군은 한 단계 아래의 지도자라는 뜻이다.

그러나 모든 국왕 명칭을 조공종덕(祖功宗德) 규범에 따랐다고 볼 수는 없다. 중종은 반정을 일으켜 정권을 잡았지만 종이라는 묘호를 얻었고 선조의 최초 묘호는 선종(宣宗)이었지만 후에 묘호에 대한 재론이 일어나 변경됐기 때문이다. 또한 영조도 처음에 영종

(英宗)이란 묘호로 불렸으나 후에 재평가 받으면서 바뀌었다. 이밖에도 후세의 평가가 과연 정당했는가에 대한 의문도 있으므로 조선 국왕의 묘호는 참조해야 할 사항이지 절대적 평가로 봐서는 곤란하다.

안용복은 어떻게
무인 독도를 지켰을까

"울릉도·우산도(독도의 옛 명칭)는 본래 우리 영토인데 어찌 감히 국경을 넘어 침범하는가. 너희를 모두 묶어 마땅하다!"

1696년(숙종 22) 봄, 안용복(安龍福)은 일행과 함께 울릉도에 고기잡이배를 타고 나갔다가 일본 어선을 발견하고는 유창한 일본어로 호통쳤다. 일본 어부는 지지 않고 맞대응해 왔다.

"당신은 누구인데 우리보고 나가라 마라 하는가?"

조선 정부가 17세기 중엽 울릉도를 잠시 비워 둔 실책을 저질렀을 때 일본 어부들이 한때 울릉도를 임시 어업 기지로 삼았기에 나온 반응이었다. 안용복은 더 강경하게 나갔다.

"나는 울릉 우산 양도 감세관(鬱陵 于山 兩島 監稅官)이다. 그러니 어서 썩 너희 나라로 돌아가거라!"

안용복이 말한 '울릉'과 '우산'은 각각 '울릉도'와 '독도(獨島)'*를 가리키는 말이었다. 안용복이 두 섬의 행정 관리 책임자라고 강조하자 일본 어부는 움찔하더니 철수했다.

그런데 이튿날 안용복 일행이 새벽 배를 타고 우산도에 들어가 보니 일본 어부들이 솥을 걸어 놓고 물개 기름을 태워 물고기를 조리하고 있었다. 이에 안용복이 막대기로 솥을 부수면서 큰소리로 꾸짖었고 일본 어부는 그때서야 배를 타고 일본으로 돌아갔다.

“아무래도 안되겠소. 저놈들을 쫓아갑시다.”

안용복은 그 길로 일본 어부들을 쫓아가 그들의 거주지 책임자를 만났다. 안용복은 몇 년 전에 그곳 책임자에게 울릉도와 독도가 조선 땅임을 일러 주고 그런 내용을 문서로도 받아 간 바 있었기에 영토 침범 사실에 대해 크게 화를 내며 항의했다.

그러자 책임자는 그 점에 대해 사과했으며, 이듬해 일본 막부는 쓰시마 책임자를 통해 공식으로 독도 근처에 일본의 고기잡이배가 접근하지 못하도록 조치했다고 통보해 왔다.

사실 안용복은 조선의 정식 관리가 아니었다. 젊어서는 수군(水軍)에서 노를 저었고 제대한 후에는 고기잡이하는 평범한 어부였다. 그렇지만 그는 잘못된 걸 보고 그대로 있지 못하는 의협심과 애국심이 강한 사람이었다. 해서 울산에서 규합한 16명과 함께 배를 타고 가서 위와 같이 일본 어부들을 혼냈다. 정부에서 관리하지 못할 때 민간인이 스스로 나서서 국토를 지킨 것이다.

안용복 덕분에 독도는 우리나라 땅이라는 점이 일본에 여러 차례 분명히 전해졌으므로 안용복을 독도의 수호자라 해도 과언이 아니다.

• 독도의 어원

　1954년 1월 18일, 동해 바다에 외로이 떠 있는 독도에 한국 영토라는 표지판이 설치되었다. 이는 일본이 독도를 자기네 땅이라고 억지 부리는 것에 대해 분명하게 한국의 입장을 밝힌 조치였으며 역사적 배경을 생각하더라도 당연한 일이었다.

　행정구역상으로 경상북도 울릉군 울릉도에 부속된 독도는 울릉도에서 남동쪽으로 90킬로미터 떨어진 곳에 위치한 섬으로서 동도와 서도 두 개의 섬으로 이루어져 있다.

　역사적으로는 신라 지증왕 13년 이사부 장군에 의해 신라에 예속되었다. 옛날에는 삼봉도(三峰島), 가지도(可支島), 우산도(于山島) 등으로 불렸으며 1881년 독도라는 이름으로 굳어졌다. 울릉도에 들어가 살던 주민들이 돌로 이루어진 외로운 섬이라는 뜻으로 '돌섬' 혹은 '돍섬'으로 말하던 것이 '독섬'으로 변했고 한자로 표기하면서 '獨島(독도)'가 된 것이다.

　독도가 울릉도와 함께 거론된 기록은 고려 때부터 있었지만 조선 시대 중엽 공도정책(空島政策)으로 말미암아 점차 잊혀져 가는 섬이 되었다. 그러다가 1693년 안용복의 건의를 계기로 영유권을 재차 확인하면서 일본의 탐욕스런 시선을 경계하게 되었다.

　정부는 1900년 10월 울릉도를 울도(鬱島)로 개칭하고 독도 명칭을 석도(石島)로 규정하였다. '석도'를 훈독(訓讀)하면 '독섬' 혹은 '돌섬'이 된다. '독도'는 석도에서 차음(借音)한 것이다.

　구한말 지사 황현이 지은 『매천야록(梅泉野錄)』에도 독도란 말이 나온다. 현재의 '독도'라는 말의 뿌리에 대해서 '석도'에서 차음한 '독도'의 음(音)과 홀로 서 있는 외딴섬이라는 훈(訓)이 어우러진 결과라는 설이 일반적이지만, 육당 최남선은 이 섬의 모양이 마치 간장이나 김치를 담가 두는 독(甕)을 엎어 놓은 것 같다 하여 독섬이라 불렸고 그것이 한문으로 표기될 때 '독도'가 됐다고 했다.

　일본은 1905년 러시아와 전쟁을 치르면서 독도의 중요성을 새삼 깨닫고 그해 2월 22일 일방적으로 독도를 '다케시마[竹島]'라고 고쳐 부르면서 일본 시마네 현에 편입시켰다. 그러고는 이후 계속해서 독도가 일본 땅이라고 우겼다.

　하지만 광복 이후 정부의 힘이 약할 때 민간에서 자체적으로 독도 의용군을 조직하여 밤낮으로 독도를 지켰으며 그 후 우리 정부는 독도에 해양경비대를 파견하여 섬을 지키면서 역사적으로나 현실적으로나 우리 땅임을 확고히 하고 있다.

그런데 사람이 살기 힘든 독도가 왜 소중할까?

독도에서는 사람이 생존하기 힘들다. 식물을 재배할 수도 없고 마실 물도 구하기 어려운 돌섬이기 때문이다. 그럼에도 한낱 돌섬을 왜 그렇게 소중히 생각했을까? 첫째 이유는 한반도의 동쪽 끝에 떠있는 섬이라는 데 있으며 두 번째 이유는 섬 주변에 많은 물고기가 살고 있기 때문이다. 비록 섬 자체는 작지만 그 섬 주변의 바다에 많은 바다 생물이 살고 있는 까닭에 풍부한 식량 자원을 확보하기 위해서 섬을 지키는 것이다. 또한 군사적인 이유에서도 독도는 소중하다.

아전에게 속고 하인에게 감동한 조태채

조태채(趙泰采, 1660-1722)는 1686년(숙종 12) 문과에 급제하고 1717년(숙종 43)에 우의정까지 이른 인물이다. 그는 인정이 많았으며 특히 직위가 낮은 관원들을 집안 식구처럼 보살펴 주곤 했다.

그런 그가 아내 심 씨를 잃고 깊은 슬픔에 빠졌을 때의 일이다. 한성 판윤으로서 마침 공무가 있기에 새벽 일찍 일어나 출근했으나 이미 나와 있어야 할 아전이 보이지 않았다. 처음에는 조금 늦으려니 하고 참았으나 해가 중천에 솟아오를 때까지 나타나지 않자 마침내 크게 노하여 해당 아전을 잡아들이게 했다.

"네 이놈, 급한 공무가 있거늘 지금껏 뭐 하고 있었느냐! 저놈에게 곤장을 내려라!"

끌려온 아전은 울면서 대답하였다.

"곤장을 맞더라도 소인의 사정을 한 말씀 들어 주셨으면 합니다."

조태채는 화를 참으며 말했다.

"그래, 할 말이란 무엇이냐?"

아전은 아주 처량한 표정으로 답했다.

"소인은 얼마 전 아내를 잃었으며 집에는 어린 자식 셋이 있습니다. 돌봐 줄 이가 없어 소인이 양육하고 있는데 오늘 새벽 일어나니 이제 여섯 달 된 막내딸이 젖을 달라 칭얼댔습니다. 부리나케 이웃집 여자를 청하여 젖을 먹였더니 이번에는 세 살 된 둘째 아들이 배고프다고 울어 댔습니다. 어린놈을 굶길 수는 없기에 돈으로 죽을 사서 먹였습니다. 그런 뒤 다섯 살 된 맏자식을 거둬 먹이다 보니 어느 사이 때가 늦었습니다. 소인에게 맡은 바 공무가 있고 대감의 위엄을 익히 아는데 어찌 일부러 죄를 범하겠습니까?"

아전의 서글픈 사정을 들은 조태채는 눈시울을 붉히며 말했다.

"네 사정이 나와 비슷하구나. 그런 일이 있었다니 어찌 너를 벌하겠느냐."

조태채는 즉시 아전을 석방하면서 아이들을 잘 돌보라며 쌀과 베를 넉넉히 챙겨 주기까지 했다. 덕분에 아전은 매를 맞지 않고 무사히 관청을 빠져나올 수 있었다.

사실 아전의 말은 거짓 변명이었다. 그는 전날 밤부터 이튿날 아침까지 노름판에서 날을 지새우느라 출근하지 않았던 것이다. 그렇지만 아전은 조태채의 심성을 알고 짐짓 말을 꾸며 죄를 면한 것이었다.

이처럼 조태채는 아전에게 속기도 했지만 한편으로 아전에게 도움을 받기도 했다. 노론 4대신 중 한 사람인 조태채가 경종 즉위 후 연잉군(후의 영조)을 세자로 책봉하는 데 대해 소론파와 대립하다가 세에 밀렸을 때의 일이다.

소론의 대관이 선혜청 서리 홍동석에게 조태채 죄상을 적은 계사(啓辭: 죄에 관하여 임금에게 올리는 글)를 베껴 쓰게 했다. 조태채의 하인이기도 한 홍동석은 이때 붓을 던지며 말했다.

"자식이 아버지의 죄를 손수 쓰는 법은 없습니다. 하인과 상전은 부자의 의리와 같거늘 소인은 이 계사를 쓸 수 없습니다!"

"뭐라? 네가 감히 무슨 말을 지껄이는 것이냐!"

모든 대관이 크게 화를 내며 홍동석을 즉각 하옥시켰다. 그러고는 계속해서 혹독한 형벌을 주면서 계사를 쓰라고 강요했다. 하인을 통해 조태채에 대한 비난 강도를 최대한 높이기 위함이었다. 그러나 홍동석은 뜻을 굽히지 않았으며 끝내 계사를 쓰지 않았다. 평소 자신을 따뜻하게 대해 준 상전을 배신할 수 없었던 까닭이다.

하지만 조태채는 진도로 귀양을 가게 되었다. 그러자 홍동석은 아전을 사퇴하고 조태채를 따라가서 여러 가지 시중을 들었다.

얼마 후 조태채에게 사약(賜藥)*이 내려졌다. 소식을 들은 조태채의 아들 조관빈이 급히 진도를 향해 길을 떠났으나 미처 도착하기 전에 금부도사(禁府都事)가 사약을 들고 나타났다.

"죄인은 어명에 따라 사약을 받으시오!"

한때 우의정까지 지낸 조태채는 모든 걸 포기하고 죽음을 각오했지만 아들만은 보고 싶어 얼른 약사발을 들지 못하고 머뭇거렸다. 이런 상황에서 홍동석이 무릎을 꿇은 채 금부도사에게 사정하듯 부탁했다.

"죄인의 아들이 오래지 않아 당도한다 하니 시간을 조금만 연기하여 부자가 마지막 상면하도록 해 주소서."

"시각이 바쁘니 기다릴 수 없다. 죄인은 어서 어명을 받드시오!"

금부도사는 냉정하게 거절하며 약사발을 들라고 재촉했다. 그러자 홍동석은 벌떡 일어서더니 사약 사발을 그대로 걷어찼다.

"땡그렁!"

그릇은 깨지고 사약은 모두 땅에 쏟아져 버렸다.

"네 이놈! 이게 무슨 짓이냐!"

당황한 금부도사는 화를 냈지만 달리 형을 집행할 방법이 없었다. 금부도사는 부득이 뱃길로 오다가 사약이 물에 빠졌다고 의금부에 보고하고는 새 사약을 기다렸다. 사약은 한 달 후 도착하였다.

그 사이 조관빈이 도착하여 부자지간에 마지막으로 대면하였는데 조태채는 죽기 전에 아들에게 간절한 목소리로 말했다.

"너는 홍동석 보기를 친동기(親同氣: 같은 부모에게서 난 형제자매)같이 하여라. 혹여 하인으로 대접해서는 못쓰느니라."

그 후 홍동석은 조태채의 장사 지내는 일을 성심껏 돌봤을 뿐만 아니라 그 자손들도 옛 상전 집안에 드나들며 대대로 가깝게 지냈다고 한다.

• 사약의 성분은 무엇일까

왕조 시대 기록에 자주 등장하는 사약의 한자(漢字)는 '死藥'이 아니라 '賜藥'이다. 이때의 사약(賜藥)은 왕족이나 사대부가 죽을죄를 범했을 때 임금이 독약을 내리는 일 또는 그 독약을 가리킨다. 문자 그대로는 왕이 독약을 하사한다는 뜻이다.

사약은 사형(死刑) 방법의 하나로 집행되었지만 형전(刑典)에는 나와 있지 않다.

그런데 사약은 무엇으로 만들었을까? 그 재료는 주로 비상(砒霜)이나 초오(草烏)였으며 여기에 생금(生金), 생청(生淸), 부자(附子), 게의 알[蟹卵] 등을 섞어서 썼다.

'비상'은 비석(砒石)에 열을 가하여 승화시켜 얻은 결정체로 독성이 매우 강하다. 비소는 몸속에 들어가면 세포의 호흡을 방해해 세포를 죽게 하며 대개 한두 시간 안에 사망하게 된다.

'초오'는 바꽃의 덩이뿌리를 한방에서 이르는 말로 즙을 내어 햇볕에 쬐어 말리면 독약이 되며 짐승을 사냥할 때도 썼다. 때문에 '사망(射罔)'이라고도 불렀다. 초오를 먹으면 위장 안에 점막 출혈이 일어나 피를 토하면서 생명을 잃게 된다. 역사 영화나 사극에서 사약 받은 사람이 피를 토하며 죽는 연기를 하는 이유가 여기에 있다.

김우항, 기생 홍도에게
은혜 입다

김우항(金宇杭, 1649-1723)은 양반의 후손이었으나 어려서부터 집이 가난해서 경제적으로 어렵게 지냈다. 나이 스물에 과거 예비 시험인 소과에 합격하여 진사(進士) 칭호를 얻었을 뿐 10년이 흘러도 사정은 별반 나아진 게 없었다. 그는 운명이려니 하며 지냈지만 어린 딸의 혼사를 앞두고는 자못 고민에 빠졌다. 아내가 말했다.

"가구는커녕 이불 한 채 줄 형편이 못 되니 이를 어쩌지요."

"염치없지만 누구 찾아볼 만한 사람이 없을까?"

생각다 못한 그는 평안도 강계부사로 있는 이종사촌에게 도움을 청하기로 마음먹었다. 하여 이웃집 말을 빌려 타고 길을 떠났으나 그야말로 말에만 올라탔을 뿐 실제로는 도보 나그네의 걸식 여행이나 다름없었다. 어렵사리 강계 동헌에 도착한 김우항은 영문을 지키는 관졸에게 말했다.

"한양에서 이종형(姨從兄: 이종사촌인 형)이 찾아왔다고 전해 주시오."

관졸은 부탁받은 대로 전했으나, 이종사촌은 관졸에게 그 행색을 묻더니 초라하다는 말에 매우 창피해하며 들여보내지 말라고 엄명했다. 거지꼴 친척이 자기의 체면을 손상시킨다고 여겼던 것이다. 관졸이 김우항에게 말했다.

"일없으니 돌아가라 하오이다."

"그럴 리 있나. 먼 길을 왔는데 보지도 않고 이렇게 냉대하다니……."

김우항은 기분 같아선 그대로 돌아서고 싶었지만 딸을 생각해서 참으며 밖에서 기다렸다. 하루, 이틀 배고픔을 참으며 그렇게 기다리기를 며칠. 드디어 부사의 외출이 있었다. 잠시 후 부사가 호화롭게 행차에 나서자 김우항은 그 앞에 나서서 인사하고 찾아온 뜻을 밝혔다. 부사는 언짢은 표정으로 말했다.

"에잉, 집에 가서 기다리시오!"

김우항은 처량함을 느끼면서도 시키는 대로 동헌 안 내아(內衙)에 가서 기다렸다. 마침 날이 저물어 저녁상이 차려졌으며 이종사촌이 들어왔다. 그런데 상차림을 본 김우항은 마침내 분통을 터뜨리고 말았다. 이종사촌의 상은 진수성찬에 기생까지 앉혀 놓은 반면 김우항의 상은 밥에 간장 종지가 전부였기 때문이다. 김우항은 상을 뒤엎으며 이종사촌에게 고함쳤다.

"에라, 이 나쁜 놈아! 네가 이러고도 사람이란 말이냐!"

김우항은 그대로 일어서서 동헌 밖으로 나갔다.

"뭐, 뭐, 뭐라? 저놈이 감히……. 여봐라!"

그러자 부사는 관졸을 시켜 김우항을 붙잡아 오게 하여 관가 모욕이라는 구실로 곤장을 치게 했다. 그러고는 다시 동헌에 접근하면 죽이겠다고 위협하고 풀어 주었다.

"말세로다. 친척도 못 믿을 세상이로구나."

김우항은 매 맞은 몸의 아픔보다 배신감으로 인한 마음의 상처에 더 괴로워했다. 도움을 받지는 못할 지라도 최소한 박대는 당하지 않을 줄 알았는데 뜻밖에 매까지 맞았으니 그럴만 했다. 김우항은 어떤 길갓집 사랑에서 잠시 신세지며 서러움에 눈물을 뚝뚝 흘렸다. 그때였다. 누군가 자기를 찾기에 내다보았더니 강계에서 유명한 기생 홍도(紅桃)가 서 있었다.

"다름 아니라……."

홍도는 오늘 동헌 저녁상 풍경을 모두 보았고 뭔가 도움을 드리고 싶어서 찾아왔다며 인사했다.

"실례가 안 된다면 제 집에서 저녁을 대접하고 싶습니다."

김우항은 예상치 못한 미인의 권유를 받아들여 따라 나섰다. 홍도는 저녁을 대접한 뒤 말했다.

"선생의 상이 귀히 보이고 어쩐지 첫눈에 들어서 모셨습니다. 부사 따위에게 욕보신 일이 분하시거든 앞으로 공부를 더 하셔서 그 위 벼슬로 출세하십시오. 그게 가장 좋은 분풀이이니까요. 그리고 후일에 잘 되시거든 저를 잊지나 말아 주세요."

김우항은 감동하여 말했다.

"정말 고맙소. 홍도의 이런 호의를 잊으면 어찌 사람이라 하겠소!"

"평소 부사의 사람됨이 작아 보여 실망하고 있었는데 꼭 선생께서 뜻을 이루셨으면 합니다."

이튿날 홍도는 한양으로 떠나는 김우항에게 노잣돈과 딸의 혼숫감을 주기까지 했다.

"이렇게까지……. 내 꼭 돌아오리다!"

김우항은 이종사촌에게 당한 모욕과 홍도의 격려를 떠올리며 열심히 공부한 끝에 1681년(숙종 7) 과거에 급제하였고 얼마 후 교리(校理)에 올랐다. 교리는 집현전, 홍문관, 교서관, 승문원 따위에 속한 문관 벼슬이다.

교리가 된 김우항이 숙종의 침전(寢殿) 번을 들었을 때의 일이다. 밤에 심심해하던 숙종은 민정도 알 겸 항간의 실화(實話)를 말해 보라고 교리에게 분부했다. 김우항은 조심스레 입을 열었다.

"변방 고을에는 탐관오리가 아직도 있사옵니다……."

김우항은 차분히 자기 이종사촌인 강계부사의 행태를 이야기하였다.

"그런 일이 지금도 있다는 말이지. 음!"

숙종은 무엇을 한 장 쓰더니 밀봉해 주면서 분부했다.

"내일 아침 집에 돌아가서 열어 보라."

"예이!"

김우항은 이튿날 아침 자기 집으로 돌아가서 두근거리는 가슴을 진정시키며 친서를 열어보았다. 그것은 평안도 암행어사 교지(教旨: 임금이 벼슬아치에게 주는 사령)였다. 김우항은 궁궐을 향해 큰절을 올리며 말했다.

"성은이 망극하나이다!"

김우항은 곧 포졸을 데리고 평안도로 출동했다. 그는 강계 땅에 들어서자마자 일부러 거지꼴로 변장하고 가장 먼저 기생 홍도의 집을 찾았다.

"그때 자네가 준 돈은 도중에서 도둑맞았네. 맨손으로 한양 집에 갈 수도 없어서 평양에서 고생하다가 오늘 자네 얼굴이 너무 보고 싶어서 염치불구하고 또 왔네."

"어머, 정말 오랜만이네요. 괜찮으니 어서 들어오세요."

홍도는 실망하지 않고 반갑게 김우항을 맞아 주었고 오히려 위로의 말까지 해 주었다.

"영달(榮達: 출세)에는 때가 있으니 너무 상심 마세요."

"이런 거지꼴의 나를 또 반갑게 맞아 주니 정말 고마우이."

김우항은 감격하여 홍도를 와락 끌어안았고 오랜만에 회포를 풀었다. 그리고 사실대로 말하여 홍도를 기쁘게 해 주었다. 김우항은 이튿날 강계부사를 징계하고 홍도를 서울로 데리고 와서 화평하고 즐겁게 지냈다고 한다.

선행은 돌고 도는 것인가?

김우항이 과거에 급제한 뒤 휘릉별검(徽陵別檢)으로 잠시 일할 때의 일이다. '휘릉'은 인조의 계비인 조 대비의 능을 가리키며, 김우항은 안동 권씨인 참봉과 함께 그곳 주위를 감시했다. 권 참봉은 당시 살림은 넉넉했으나 나이 쉰에 홀아비로 외롭게 지내고 있었다.

김우항과 권 참봉은 어느 날 능의 나무를 도벌하러 온 젊은이를 붙잡아 매를 치려했다. 갓 스무 살이 넘은 듯한 젊은이는 도끼와 지게를 빼앗기자 울먹이며 호소했다.

"저에겐 일흔 노모와 과년한 누이동생이 있습니다. 날은 추운데 땔감도 없고 먹을 것도 없어서 나무를 팔아 양식을 사고자 그만 능침을 범했습니다. 흑흑흑!"

덕이 많은 권 참봉은 젊은이를 측은하게 여기며 김우항에게 말했다.

"사정이 딱하니 한번 용서해 주는 것이 어떻겠소?"

김우항 역시 비슷한 감정을 느꼈기에 그에 동의했다. 권 참봉은 젊은이에게 압수한 물품을 돌려 주고 거기에 엽전 10꿰미까지 내주며 단단히 타일렀다.

"이 돈으로 양식을 사서 노모와 누이동생을 잘 봉양하라. 그리고 다음부터는 능을 침범해서는 절대 안 된다는 점을 명심하게."

"정말 고맙습니다. 이 은혜 잊지 않겠습니다."

젊은이는 여러 차례 감사 인사를 하고 떠났다.

그런데 보름이 채 지나지 않아 그 젊은이가 다시 도벌하러 왔다가 붙잡혔다.

"아니, 지난번에 잘못을 용서해 주고 그렇게 좋게 말했건만!"

"죽을죄를 졌사옵니다. 은혜를 입었으나 식량이 모두 떨어졌기에 또 죄를 저질렀사옵니다. 흑흑흑!"

권 참봉은 젊은이에게 무슨 벌을 내릴지 내일 결정하리라 생각하고 그날 밤에 김우항과 의견을 나누었다.

"한 번도 아니고 두 번이니 그 자에게 어떤 벌을 줘야 다시는 되풀이하지 않겠소이까?"

권 참봉은 자못 심각하게 물었으나 김우항은 권 참봉의 질문에 엉뚱하게 동문서답하였다.

"동관(同官: 동료)께서는 상처한 지 오래되었습니다. 옛말에 아내가 없음은 대들보 없는 집과 같다고 했습니다. 조금 전에 그 나무 도둑을 유심히 보았는데 결코 상놈이 아닌 것 같더이다. 또 그에게 과년한 누이 동생이 있다고 했으니 참봉께서 만약 속현(續絃: 거문고의 끊어진 줄을 다시 잇는다는 뜻으로 아내를 여읜 뒤에 다시 새 아내를 맞는 일을 비유적으로 이르는 말)할 생각이 아주 없지만 않다면 내가 중매를 서리다. 동관의 의향이 어떻습니까?"

권 참봉은 한참 동안 생각에 잠겨 있다가 입을 열었다.

"솔직히 말하자면 마음에 없는 것은 아니외다. 그러나 내 나이가 많다고 거절한다면 봉변만 당하는 것 아니오?"

"뜻이 그러하다면 그 문제는 제게 맡겨 두시지요. 그럼 내일 아침에 뵙겠습니다."

이튿날 아침 김우항은 하인을 보내 젊은이를 부른 다음 마루에 앉혀 놓고 설득했다.

"재범에겐 용서하는 법이 없으나 어제 밤이 늦도록 권 참봉과 상의한 결과 너를 용서하여 풀어 주기로 했다. 그건 그렇고 들자 하니 너에겐 시집 보낼 누이동생이 있다고 했는데 마침 권 참봉께서 상처하여 홀로 지내고 있다. 그분 살림 형편이 넉넉하여 두 집이 먹고 살만 할 뿐더러 근력이 아직은 건강하니 너의 의향은 어떠하냐?"

"집에 노모가 계시니 가서 여쭤보고 말씀드리겠습니다."

"그럼, 당연히 그래야지. 속히 가서 노모의 허락을 얻어 오게나."

김우항은 젊은이에게 엽전 5꿰미를 주며 보냈다. 젊은이는 즉시 집으로 돌아가 노모와 상의했고 그 제안을 받아들이기로 결정했다. 굶어죽을 형편을 벗어날 수 있는 기회인 데다 권 참봉의 인덕이 후함을 알고 있었기 때문이다.

혼인은 급히 이뤄졌고 혼인에 따르는 모든 비용도 권 참봉이 도맡아 냈다. 권 참봉은 임기가 끝나자 벼슬을 그만두고 고향 안동으로 돌아가서 살았다. 그곳에서 아들 둘을 얻었는데 형제가 모두 글재주가 있어 각기 열일곱·열여덟 살에 향시에 합격하고 연이어 한양 회시(會試: 성균관에서 3년마다 베풀던 소과 복시 응시자를 위하여 특별히 마련한 글짓기 경연)에도 붙었다.

한편 김우항은 벼슬에 뜻이 있어 계속 승진을 했다. 그가 삼사와 이조참판을 거쳐 경상감사로 부임했을 때의 일이다. 안동을 순시하는 중에 어떤 사람이 면회를 요청해서 만나 보니 옛 동관 권 참봉이었다. 참으로 오랜만에 만난 두 사람은 무척 반가워하며 해묵은 우정을 나누었다. 권 참봉은 마주잡은 감사 김우항의 손을 흔들면서 말했다.

"그때 공이 아니었다면 이 늙은이는 오늘날까지 홀아비 신세였을 것입니다. 그 후에 얻은 아들 형제가 진사시에 합격하고 내일 금의환향합니다. 감사께서 옛정을 생각해 내일 그 자리에 왕림해 주신다면 우리 집으로서는 더없는 영광이겠습니다."

"어허, 그런 경사가 있다면 내 기꺼이 참석해야지요. 축하합니다."

이튿날 감사 김우항은 여러 관료들을 대동하고 가서 권 참봉의 두 아들로부터 신은(新恩: 과거에 합격한 사람이 선배관료에게 하는 신고)을 받고 많은 손님들과 어울려 온종일 잔치*를 즐겼다. 어느덧 시간이 많이 흘렀기에 김우항이 돌아가겠다는 뜻을 비치자 권 참봉이 극력 만류하면서 청했다.

"오늘 이 잔치는 전적으로 공으로 인해 차려진 것입니다. 제발 하룻밤만 머물면서 옛 우정을 나눠 주시기를 간청 드립니다."

주인의 청이 무척이나 간곡하기에 김우항은 차마 거절하지 못하고 받아들였다.

이튿날 아침이 되었다. 주안상 앞에서 권 참봉은 뭔 말을 할 듯 말 듯 갈등하는 모습을 보였다. 김우항이 말했다.

"주인장은 내게 하고픈 말이 있는 듯한데 망설이지 말고 하시지요."

"그럼 말씀드리겠습니다. 평소 제 아내는 김 공을 은인이라 생각하여 잊지 않고 살아온바 직접 존안을 뵐 수 있도록 잠시 내당(內堂: 안방)에 들러 주실 수 있겠는지요?"

김우항은 권 참봉의 청을 받아들여 내당으로 들어갔다. 내당에는 이미 주안상이 차려져 있었고 권 참봉 부인이 나와 공손히 절하며 감사 인사를 하였다. 김우항은 다시 권 참봉에게 인도되어 후원으로 돌아갔다. 후원에는 깨끗한 방이 있었는데 백발 노파가 손으로 문지방을 잡고 앉아서 같은 말을 되풀이하고 있었다. 김우항이 가까이 가서 귀를 기울이니 이런 말이었다.

"갑봉 어른 정승 되소서!"

갑봉(甲峰)은 바로 김우항의 아호였으니 김우항이 정승되기를 바란다는 축원이었던 것이다. 김우항은 놀랍기도 하고 이상한 기분을 느꼈는데 그때 권 참봉이 다음과 같이 설명하였다.

"제 장모님입니다. 이 집에 이사 온 뒤 칠성단을 차려 놓고 지금까지 하루도 빠짐없이 축원하였으며 너무 늙어 칠성단까지 갈 기력이 없자 잠자는 시간을 빼놓고 방안에서 저렇게 하고 있습니다."

몇 년 후 김우항은 백발 노파의 축원대로 우의정에 올랐다.

• 잔치와 모꼬지의 어원

예부터 우리나라에서는 좋은 일이 있으면 잔치를 벌이는 풍습이 있었다. 백일잔치, 돌잔치, 결혼 잔치, 환갑잔치 등이 그런 사례들이며 이러한 잔치들은 지금도 행해지고 있다.

'잔치'의 어원은 불명확하다. 술잔 잔(盞), 술잔 치(巵) 두 글자 음을 합한 '잔치(盞巵)'를 어원으로 보는 설이 있으나 15세기에 이미 '잔치'라는 말이 보이기에 '盞巵' 어원설은 그리 타당하지 않다.

어찌됐든 '잔치'는 '잔치'를 거쳐 '잔치'로 이어졌고 '(어떤 일을 기념하거나 축하하고자) 음식을 많이 만들어 손님을 대접하는 일'을 가리킬 때 쓰고 있다.

잔치에는 으레 많은 사람이 모이므로 '잔치'라는 말은 많은 사람들이 모이는 행사에도 사용되고 있다. '전국 노래잔치'나 '시민 한마당 큰 잔치'처럼 흥겨운 분위기 넘치는 모임을 상징적으로 나타내는 것이다.

음식물이나 흥겨운 기분을 나누는 모임을 가리키는 말로는 잔치 외에 '모꼬지'도 있다.

'모꼬지'는 '놀이나 잔치 또는 그 밖의 일로 여러 사람이 모이는 일'을 뜻하는 말이다. 어원은 '몯ㄱ지'이고 16세기에는 잔치·연회(宴會)의 뜻으로 쓰였다. 『소학언해』에 '딸이 혼인한 몯ㄱ지에 다녀와서'라는 문장이 보이는데 여기서 '몯ㄱ지'는 '음식 잔치 자리·축하 모임'을 의미한다. '몯ㄱ지'는 '못ㄱ지', '못고지', '못거지' 등을 거쳐 20세기에 들어 '모꼬지'가 됐고 (음식이 차려진) 잔치 모임이 아니라 (사적으로) 여러 사람이 놀거나 즐기기 위해 모인 모임을 뜻하게 되었다.

으르렁~
독도

제3장

조선 후기

영조가 방석에 앉기를 꺼려한 연유

조선 역사상 가장 오래 왕위에 있었고 가장 장수한 임금은 누구일까?

정답은 영조(英祖, 1694-1776)다. 1724년 8월부터 1776년 3월까지 무려 52년간 재위하였으며 조선 역대 왕의 평균 수명인 마흔일곱 살보다 훨씬 긴 여든두 살까지 수를 누렸다. 영조는 어떤 비결로 그리 오랜 기간 국왕으로 통치하면서 장수했을까? 그 이유로는 여러 가지를 꼽을 수 있지만 가장 중요한 것은 서민적인 생활 방식이었다. 영조는 국왕답지 않게 검소하게 생활했으며 친히 움직이는 것을 꺼리지 않았다.

"어허, 여기 구멍이 생겼구나."

영조는 거처하는 대궐 방문의 종이가 뚫어지면 손수 종잇조각을 발랐고 버선도 해진 데를 기워 신었다. 영조는 또한 용상(龍床: 임금이 정무를 볼 때 앉는 평상)에 비단을 사용하지 말고 무명천으로 짓게 했다.

"신하와 백성이 검소한 생활을 하게 하기 위해서는 임금 스스로 모범을 보여야 한다."

영조는 이같이 말하면서 실제로 그런 삶을 실천하였던 것이다. 심지어 영조는 방석(方席)[•] 조차 깔지 않고 자리에 앉곤 했다.

'옥체(玉體: 임금의 몸)에 해 될까 염려되누나.'

어느 날 호조판서는 임금이 장판 위에 앉는 일이 송구스러워서 방석 한 개를 만들어 진상하기로 했다. 이때 호조판서는 방석을 어떻게 만들까 무척 고심했다.

'누에고치에서 뽑은 비단을 겹겹이 하여 만들면 사치스럽다고 피하실 테고. 그렇다고 무명천으로 하자니 격이 맞지 않고. 이를 어쩌나……. 그래, 그렇게 하면 되겠구나!'

호조판서는 무명천에 푸른 물을 들이고 그 속에 솜을 넣어 나름대로 세련된 방석을 만들어 바쳤다.

"전하, 무명으로 만든 것이오니 옥체를 보존하심에 사용해 주소서!"

"고맙구려."

영조는 호조판서로부터 그 방석을 받아 사용하였다. 그러나 영조는 사흘 뒤 호조판서에게 방석을 돌려주며 이렇게 말했다.

"깔고 앉아 보니 몸은 편하도다. 하지만 몸이 편하니 자연히 게을러지기에 더는 쓰지 않기로 했도다. 어찌됐든 호조의 호의로 검소함을 통해 물건을 소중히 여기는 덕과 더불어 부지런한 덕을 체험했으니 고맙구려."

이 말에 호조판서를 비롯한 모든 신하가 감동했다고 한다.

영조는 다방면에서 철저히 사치를 배격했다. 같은 맥락에서 영조는 조선 왕조 사상 가장 오랜 기간 금주령을 내렸다. 일반적으로 역대 왕들은 흉년이 들면 금주령을 내렸다가 풍년이 들면 은근슬쩍 금주령을 해제했지만 영조는 그렇지 않았다. 영조는 국가 제사인 종묘 제례에서도 술 대신 감주(甘酒)를 올리게 할 정도로 술 제조를 금지했다. 많은 백성이 절대 빈곤에서 벗어나지 못하고 굶주리는 현실을 감안해 술의 주원료인 곡물을 낭비하지 못하게 하기 위한 배려였던 것이다.

그렇다면 영조는 왜 이처럼 검소함에 집착했을까? 그것은 영조의 출신 성분과 밀접한 관계가 있으며 어머니에 대한 효심과도 관련 있다.

영조의 모친, 숙빈 최 씨는 궁녀의 잔심부름이나 허드렛일을 하는 무수리였다. 우연히 숙종의 눈에 들어 이른바 성은(聖恩: 임금의 은혜)을 입고 아들을 낳았으니 바로 훗날의 영조이다. 숙빈 최 씨는 아들이 임금이 되었어도 무수리 출신이라는 신분 제약으로 인해 종묘에 들어가지 못했다. 영조는 그 점을 안타깝게 여겨 어머니 숙빈 최 씨 묘지에 왕비 무덤에나 붙일 수 있는 '원(園)'을 붙여 소령원(昭寧園)으로 격상시켰다. 영조가 사치를 멀리 하고 검소하게 처신한 이유 역시 여기에 있다.

또한 영조는 무수리 출신 후궁에게서 태어난 자기 신분을 인식하여 서열의 청요직(淸要職) 등용을 허용하면서 서얼도 아버지와 형을 아버지와 형이라 부를 수 있게 했다. '청요직'은 문자 그대로 하면 청렴하고 능력 있는 자들이 발탁되는 관직이며 사실상 훗날 출세가 보장되는 요직이었다. 그런 자리에 서얼 진출을 허락함은 양반 제도 안의 차별을 혁파한 것인바 자신이 미천한 어머니 몸에서 태어났음을 의식한 정책임에 틀림없다 하겠다.

영조의 이러한 정서는 첫째 아내(정성왕후)와의 첫날밤 일화에서도 그대로 드러난다. 1704년(숙종 30) 연잉군(延礽君)이었던 영조는 첫날밤 아내의 손을 잡고 감탄하듯 말했다.

"손이 참 곱구려."

이에 새색시는 부끄러운 듯 답했다.

"궂은일을 한 적이 없어서 그렇습니다."

그 말에 연잉군의 안색이 달라졌다. 새색시는 무심코 한 말이었으나 연잉군은 궁궐에서 궂은일을 많이 한 어머니 생각에 애정이 식어 버린 것이었다. 이후 정성왕후는 왕비가 된 뒤에도 영조의 관심을 받지 못하고 예순다섯 살 나이인 1757년에 후사 없이 세상을 떠났다.

이런 상황에서 1759년 영조는 그해 정성왕후의 상기(喪期: 상복을 입는 기간)가 끝나자 친히 계비(繼妃)를 골랐다. 왕비를 간택할 때의 일이다. 엄선된 사대부의 딸들이 모인 가운데 영조가 홀로 지정된 자리에서 벗어나 앉아 있는 김 규수(閨秀: 남의 집 처녀를 정중하게 이르는 말)에게 물었다.

"어찌하여 피해 앉았는가?"

김 규수가 대답했다.

"아비 이름이 여기에 있는데 어찌 감히 그 자리에 앉겠습니까."

이는 후보자들이 앉는 방석 한쪽에 저마다 그 아버지 이름이 써 있음을 감안한 말이었다.

"음."

영조는 여러 처녀들에게 차례로 물었다.

"무엇이 가장 깊은고?"

처녀들은 이에 대해 계곡이니 물이니 하며 저마다 다른 답을 내놓았다. 이때 김 규수는 홀로 말했다.

"사람의 마음이옵니다."

"왜 그렇게 생각하는고?"

"사물은 그 깊이를 헤아릴 수 있으나 사람 마음은 헤아릴 수 없기 때문이옵니다."

영조가 다시 물었다.

"무슨 꽃이 가장 좋은고?"

이에 대해 처녀들은 무궁화, 복사꽃, 모란 등등 자기가 생각하는 꽃 이름을 하나씩 말했다. 이때 김 규수는 이렇게 대답했다.

"목화가 가장 좋습니다."

"그 이유는?"

"다른 꽃들은 한 번 화려함을 뽐내다 이내 시듭니다. 이에 비해 목화는 꽃 자체로서는 그다지 화려하거나 예쁘지 않지만 꽃이 핀 후에 옷감이 되어 백성들을 따뜻하게 해 주는 까닭입니다."

영조가 또 물었다.

"고개 중에는 어떤 고개가 가장 넘기 힘든고?"

처녀들은 신중히 대답했다. 대관령고개, 추풍령고개 등등이 나왔는데 김 규수는 '보릿고개'라고 달리 대답했다.

때마침 비가 주룩주룩 내리자 영조가 새로운 질문을 던졌다.

"월랑(月廊: 행랑)의 기왓골이 몇 줄인지 말해 보아라."

처녀들은 재빨리 손가락으로 하나, 둘, 셋, 넷 하며 세었다. 김 규수는 머리를 숙인 채 잠시 침묵하더니 이번에는 가장 먼저 대답했다. 이에 영조가 물었다.

"기왓골을 언제 어떻게 세었기에 그리 대답하느냐?"

"처마의 낙숫물을 세어 보아 알았사옵니다."

영조는 김 규수의 연이은 답변들에 내심 감탄하면서 모두들 돌려보냈다. 영조는 망설임 없이 김 규수를 새로운 아내로 맞아들였다.

이리 하여 영조의 계비가 된 정순왕후는 영조 재위 내내 총애를 받았으나 후사를 보지 못했으며, 정빈 이 씨의 소생인 사도세자를 미워하여 죽음에 이르게 했다. 정조(正祖, 1752-1800)❶와도 내내 갈등관계에

---

❶ **정조** : 조선의 제22대 왕. 사도 세자의 아들이다. 탕평책을 써서 붕당에 관계없이 인재를 고루 등용하였고 실학을 발전시켰다. 24년의 재위 기간 동안 정치, 문화, 경제 등 사회 전반에 걸쳐 많은 발전을 이뤄 조선 후기의 황금시대를 이룩했다는 평가를 받는다.

있다가 정조 사후 수렴청정하면서 정조의 정책들을 뒤집었다. 총명함이 지나쳐 역사에 큰 해를 끼친 셈이다.

한편 영조는 탕평책(蕩平策)❷을 추진해 화합에 힘썼고 균역법❸을 실시해 백성의 세 부담을 절반으로 줄여줬으며 실학(實學)을 후원하여 정치를 안정시켰다.

❷**탕평책** : 당쟁의 폐단을 없애기 위하여 각 당파에서 고르게 인재를 등용하던 정책.
❸**균역법** : 조선 영조 26년(1750)에 백성의 세금 부담을 줄이기 위하여 만든 납세 제도. 군역을 대신하는 군포를 두 필에서 한 필로 줄이고, 부족한 액수를 어업세, 염세 등에서 보충하였다.

• 방석, 꽃방석, 돈방석, 바늘방석의 어원

방석은 앉을 때 밑에 까는 작은 깔개 혹은 깔고 앉기 위하여 만든 자리를 가리키는 말이다. 주로 밑이 배기거나 바닥이 찰 때 쓰며 대부분 각 지게 만들었기에 方(각 방) 席(자리 석)자를 써서 '방석'이라 한다.

방석은 고대부터 있었으며 특히 좌식 문화권에서 많이 사용했다. 석가모니는 보리수 아래에서 참선할 때 풀방석에 앉았다고 하며 이에 연유하여 불교에서는 불상 아래에 대좌(臺座)를 마련하고 있다. 고대 중국의 경우 포초(蒲草: 부들)로 만든 방석을 많이 썼다.

우리나라의 경우에는 왕골 방석이 유명하다. 왕골 속의 희고 연한 부분으로 엮어 만들어 여름에 사용했으며 그 안에 화조를 수놓듯이 넣어 '꽃방석'이라고도 불렀다. 부드럽고 푹신한 솜방석은 근대 이후에야 서서히 퍼졌다.

방석과 관련된 말로는 '돈방석'과 '바늘방석'이 있는데 그 유래는 좀 엉뚱하다.

우리나라에서는 고려 때 처음 동전을 만들었지만 조선 후기까지도 물물교환이 성행했다. 이때 물물교환의 대표적 물품은 베와 쌀이었다. 베는 옷 만드는 재료이고 쌀은 주요한 식량이었던 까닭이다. 이때 화폐로 쓰이는 '베'는 양쪽 끝에 관인(官印)을 찍어 돈으로 사용했는데 사람들은 장난삼아 이것을 방석처럼 깔고 앉았기에 여기서 '돈방석'이라는 말이 생겼다.

이에 비해 '바늘방석'은 바늘겨레에서 비롯된 말이다. 바늘겨레란 헝겊 속에 솜이나 머리카락을 넣어 바늘을 꽂아 두게 만든 작은 물건이며 모르고 깔고 앉으면 무척 아프기에 불안한 물건을 의미하게 되었다. 이로부터 바늘방석이란 단어는 앉아 있기에 불안한 자리 또는 마음이 불편한 분위기를 비유하는 말로 쓰이고 있다.

왜 '암행어사'하면 '박문수'일까

　　암행어사 박문수(朴文秀, 1691-1756)가 이른 아침에 산길을 홀로 걷고 있을 때의 일이다. 한 사내가 허둥지둥 달려 오더니 다급한 목소리로 부탁했다.

　　"뒤에서 저를 죽이려고 쫓아오고 있습니다. 제가 숨은 곳을 알려 주지 마세요."

　　그러면서 사내는 덤불 밑에 몸을 숨겼다. 앞쪽으로는 휑한 길이라 더 도망가 봐야 눈에 띈 까닭이었다.

　　잠시 후 험상궂게 생긴 악당이 쫓아와서 박문수의 눈앞에 칼을 들이대며 물었다.

　　"지금 이리로 도망 온 사내가 어디 숨었는지 말하라. 꾸물거리면 네

놈을 그냥 두지 않겠다."

박문수는 말하려 하지 않았으나 악당이 목에 칼을 들이대자 어쩔 수 없이 방금 전 사내가 숨은 곳을 손으로 가리켰다. 악당은 사내를 찾아내어 왔던 길로 되돌아갔고 사내는 끌려가면서 원망의 눈빛을 보냈다.

그날 박문수는 편치 않은 마음으로 하루를 보내다가 저녁 무렵 어떤 마을에 들어섰다. 길목 입구에서는 세 아이가 사또 놀이를 하고 있었다. 박문수는 그 광경을 천천히 걸어가면서 보았다. 두 아이가 동전 세 닢을 사또에게 바치며 말했다.

"이 세 닢 돈을 우리 둘에게 공평하게 나눠 주십시오."

사또 역을 맡은 소년은 짐짓 위엄을 갖추며 말했다.

"그건 간단한 일이로다. 자, 그 돈을 내게 먼저 다오."

한 아이가 세 닢을 건네자 사또 역 소년이 두 아이에게 한 닢씩 나눠 주고 나머지 한 닢은 자기 돈주머니에 넣으며 말했다.

"자, 이제 너희들 소원대로 되었도다."

이에 한 아이가 항의하듯 말했다.

"사또가 한 닢 가지는 게 어디 있습니까? 그건 불공평한 일입니다."

사또 역 소년은 침착한 표정으로 대답했다.

"너희는 내게 공평하게 나눠 달라고 했지?"

"예, 그렇습니다."

"그래서 나는 똑같이 한 닢씩 주고 남은 한 닢은 내 구전(口錢: 흥정을 붙여 주고 그 보수로 받는 돈)으로 삼은 것이니라."

박문수는 그 판결을 지켜보고는 크게 감탄했다. 아이의 지혜가 놀라웠기 때문이다. 하여 박문수는 일생에서 처음 실수한 그날 아침의 사건을 마치 수수께끼 내듯 사또 역 소년에게 물었다.

"산길에서 나그네에게 누군가 숨겨 달라고 했을 때 쫓아오는 악당으로부터 그 사람도 살리고 나그네 자신도 살 수 있는 방법은 뭔가?"

사또 역을 맡았던 소년은 망설임 없이 대답했다.

"그건 쉬운 일이지요. 쫓기는 사람을 가까운 덤불 속에 숨겨 주고 자신은 마치 장님처럼 흉내 내며 걸으면 되지요."

박문수는 아이의 지혜에 다시 한 번 탄복했다고 한다.

이 이야기는 암행어사 박문수 일화 중에서 실패한 사례로 전해지는 민담이지만 사실은 아니다. 그렇다면 왜 이런 설화가 사람들 입에서 입으로 전해져 온 것일까?

그에 대해 알려면 박문수의 일생을 살펴봐야 한다.

박문수는 소론(少論) 계열이면서도 당론의 폐해를 비판하고 당색을 초월한 인재 등용을 주장한 인물이다. 그는 서른두 살 때인 1723년(경종 3) 비교적 늦은 나이에 문과에 급제하여 사관(史官)이 되었다. 경종이 세상을 떠나고 영조가 즉위한 1724년 노론(老論)이 집권하자 당쟁의 영향으로 사직됐으나 1727년 정미환국(丁未換局: 영조가 탕평책으로 노론 강경파를 파면하고 소론을 정권에 참여시킨 일)으로 소론(少論)이 기용되었다. 박문수는 사서에 등용되어 영남 암행어사로 나가 부정한 관리들을 적발했다. 1730년에는 참찬관에 이어 호서 어사로 나가 굶주린 백성들의 구제에 힘써 큰 신망을 얻었다.

박문수는 특히 군정(軍政)과 세정(稅政)에 밝았고 당시 나라의 개혁 정책에 중요한 역할을 많이 했다. 예컨대 호조판서로 있을 때는 궁궐에서 쓰는 경비에 낭비가 큼을 알고 궁궐 경비 지출의 항목과 한도를 정한 『탁지정례』를 만들어 경비를 함부로 쓰지 못하게 했다. 이로써 원칙 없이 필요할 때마다 즉흥적으로 쓰던 궁중 경비는 일정한 원칙에 따라 지출하게끔 그 제도가 바뀌었다. 이는 오늘날 예산 회계 제도의 효시로 평가받는 훌륭한 공적이다.

그럼에도 불구하고 '박문수' 하면 '암행어사'로 통한 이유는 그의 강직한 성품에 있다. 박문수는 영조 임금 앞에서도 바른말을 잘했으며 암행어사로 활약할 때는 엄정하고 공평한 일처리로 백성들의 한을 풀어 줌으로써 크나큰 존경을 받았다. 탐관오리에 시달리던 백성들이 그의 처사에 감격했음은 물론이다.

"시종을 맡은 역졸이 마패(馬牌)*를 번쩍 들고는 암행어사 출도요! 외치면 탐관오리들이 벌벌 떨었는데."

"박 어사님은 정말 훌륭하신 분이야."

"그럼, 그럼!"

이처럼 어사 박문수에 관한 이야기는 입에서 입으로 전해졌으며 그 과정에서 암행어사들에 관한 설화는 대부분 박문수의 활약상으로 흡수되었다. 아울러 명판결에 관한 이야기도 많이 추가되면서 사실 여부에 관계없이 그대로 전설로 굳어졌다. 앞의 일화는 그런 박문수에게도 실수가 있었음을 슬쩍 일깨워 주면서 오히려 인간적인 면모를 강조하고 있다. 지혜로운 판결이든 실수든 간에 모두 어사 박문수에 대한 사랑과 존경을 바탕으로 하고 있다.

• 암행어사가 이용한 마패의 말은 몇 마리일까

암행어사(暗行御史)는 暗(몰래 암) 行(다닐 행) 御(다스릴 어) 使(시킬 사) 네 글자로 이뤄진 데서 알 수 있듯 국왕의 명을 받아 몰래 지방에 가서 부패한 관리들을 다스린 특명 관리를 가리키는 말이다.

암행어사는 조선 11대 국왕인 중종 때부터 지방에 파견됐는데 왕이 암행어사를 임명할 때는 '봉서(封書)'와 '사목(事目)', '마패(馬牌)' 등을 함께 주었다. 봉서는 일종의 임명장으로 겉에는 어느 지역에서 뜯어보라고 쓰여 있었다. 이는 그 임무가 미리 알려지지 않도록 하기 위함이었다. 사목은 암행어사의 임무를 적은 책이며 마패는 역마(役馬)를 징발하는 증명용 표지였다. 일반적으로 마패는 지름 10센티미터 정도 크기의 철제(혹은 구리) 패로서 한쪽에는 말을 그려 넣고 한쪽에는 자호와 연월일을 새겨 넣었다. 암행어사는 마패를 때때로 인장으로도 사용하여 지방에서 판결을 내린 다음 찍기도 했다.

마패 자체는 고려 시대부터 있었다. 관원이 역참에서 말을 사용할 증표로 마패를 사용했던 것이다. 마패는 조선 초기에는 나무로 만들어졌으나 1434년(세종 16) 그 재료를 철로 바꾸었다. 부서짐을 막으면서 동시에 위조도 방지하기 위함이었다.

마패는 1~5마리 말이 그려진 다섯 종류가 있었으며 암행어사는 두 마리 말이 새겨진 2마패를 많이 사용했다. 그 이상의 말을 여러 사람이 타고 다닐 경우 신분을 들킬 가능성이 높았기 때문이다.

정홍순 집에 사위가 발길을 끊은 사연

정홍순(鄭弘淳, 1720-1784)은 검소하고 준비성 강하며 상대에 대한 배려심이 많은 사람이었다. 예컨대 그는 외출하는 날에 항상 갈모 두 개를 가지고 다녔다. '갈모'는 비올 때 갓 위에 덮어 쓰던 고깔과 비슷하게 생긴 기름종이를 가리키는데, 정홍순은 비를 맞지 않기 위한 대비용과 혹시나 모를 다른 사람을 위한 여벌로 두 개를 가지고 다닌 것이다. 종이가 귀한 시절이지만 정홍순은 그런 수고를 번거롭게 생각하지 않았다.

정홍순이 과거에 급제하기 전의 일이다. 당시 영조가 동구릉에 행차하자 많은 사람들이 동대문 밖에 나가 임금이 탄 수레를 구경하였다. 정홍순 역시 그랬는데 영조 행차가 끝나고 구경꾼들이 제각기 흩어져 갈 길을 가려는 순간 갑자기 비가 쏟아져 내렸다.

"방금 전까지만 해도 하늘이 멀쩡하더니 갑자기 웬 비람? 허참, 이를 어쩌지?"

정홍순은 갈모를 써서 어느 정도 비를 피했으나 곁에 있던 젊은이는 난감한 표정을 지으며 당황해했다. 정홍순은 그 젊은이에게 가는 방향을 물은 다음 여벌로 갖고 있던 갈모를 빌려준 채 같이 걸었다. 정홍순은 회동 골목 어귀 길가에서 젊은이에게 말했다.

"비가 어느 정도 개었으니 이제 갈모를 돌려주시오."

젊은이가 대답했다.

"아직 비가 완전히 개지 않았으니 내일 당신 집으로 꼭 갖다 드리리다."

정홍순은 영 내키지는 않았으나 상대가 그리 말하므로 마지못해 동의했다.

"그럼 그리 하시오. 내 집이 어디에 있는가 하면……."

정홍순은 자기 집 위치를 상세히 가르쳐 준 뒤 혹시라도 젊은이가 돌려주지 않을까 싶어 상대 집 위치를 물었다.

"남대문(南大門) 근처에 있소이다. 내가 틀림없이 갖다 줄 터이니 염려 마시오."

"알았소. 당신을 믿고 내일 기다리리다."

이튿날 젊은이는 날이 저물도록 끝내 갈모를 가지고 오지 않았다.

"어쩐지 태도가 좀 수상쩍더라니……."

정홍순은 꽤씸한 생각이 들어 직접 그 젊은이의 집을 찾아 나섰다. 그러나 젊은이가 알려 준 위치와 그 부근을 샅샅이 뒤졌으나 찾지 못했다.

"그 자가 내게 엉터리 주소를 알려 주었구나. 아주 질이 나쁜 놈일세."

배은망덕한 태도에 속상했지만 정홍순은 별수 없이 갈모 찾기를 단념하고 집으로 돌아왔다. 그 뒤 정홍순은 공부에 몰두하여 1745년(영조 21) 문과에 급제하였고 이조정랑, 이조참판, 평안도관찰사 등을 역임했다. 정홍순은 특히 호조판서, 선혜청(宣惠廳) 당상으로서 10년간 이재(理財: 재산을 관리함)를 주관했는데 엄정하고 바른 일처리로 당대 제일의 재정관으로 일컬어졌다.

"사심 없이 일하는 태도가 정말 배울 게 많아."

"높은 벼슬에 있어도 근검절약하니 참 훌륭한 분이야."

정홍순은 이권(利權)에 개입하지 않고 공무를 수행했기에 일체 잡음이 없었으며 명망은 절로 높아졌다.

그런 정홍순이 호조판서로 있을 때의 일이다. 좌랑(佐郎: 육조의 정육품 벼슬) 한 사람이 새로 임명되어 인사차 찾아왔다. 신임 좌랑은 아주 공손한 태도로 정홍순에게 인사를 올렸다.

"아무개라 하옵니다."

정홍순은 신임 좌랑의 목소리를 듣는 순간 느끼는 바가 있어 그 사람 얼굴을 주의 깊게 살펴본 다음 말했다.

"자네는 20여 년 전에 임금의 동구릉 행차 때 누군가에게 갈모를 빌려 간 일이 있지 않은가?"

좌랑은 곰곰이 생각하더니 놀라워하며 대답했다.

"오래전 일이라 기억이 가물가물하지만 그런 일이 있었습니다."

정홍순은 좌랑의 답변을 듣고 말했다.

"그 갈모를 빌려 준 사람이 나일세. 자네는 선비의 갈모 하나도 약속과 달리 돌려주지 않았으니 신의 없는 사람이 분명하네. 그런 자가 어찌 나라의 관직을 차지할 수 있는가? 곧장 사직서를 올려야 할 일이로다."

다른 사람도 아닌 직속 기관 호조의 으뜸 책임자가 그리 말하자 좌랑은 아연실색했다. 버티고 다녀 봐야 앞길이 꽉 막힌다는 걸 암시하는 말인 까닭이었다. 결국 좌랑은 그 길로 벼슬을 그만두어야 했으니 젊은 날 남에게 도움을 받아 놓고 귀찮다는 이유로 혹은 작은 재물을 탐내어 돌려주지 않았다가 더 큰 것을 잃은 셈이다.

정홍순은 딸을 혼인시킬 때도 독특한 면모를 보여 주었다. 정홍순이 혼수 비용을 걱정하는 아내에게 물었다.

"포백(布帛: 베와 비단)으로 써야 할 돈이 얼마면 되겠소?"

정홍순 아내는 남편의 청렴결백과 검소함을 잘 아는지라 되도록 기대치를 낮춰 대답했다.

"적어도 800냥은 필요합니다."

정홍순이 또 물었다.

"잔치 비용은 얼마나 들겠소?"

"400냥은 있어야 합니다."

아내는 근심스런 표정으로 대답했으나 정홍순은 별일 아니라는 듯 말했다.

"알았소. 내가 며칠 후에 장만하리다. 임자는 아무 걱정하지 말구려."

아내는 남편을 믿고 며칠을 기다렸다. 하지만 혼수를 준비해야 하는 마지막 날까지 포백은 집에 도착하지 않았다. 아내가 애타는 마음으로 어찌된 일이냐 묻자 정홍순이 말했다.

"내가 장사꾼에게 부탁해 놓았는데 일이 틀어진 모양이구려. 그렇다고 내가 정승 지위에 있으면서 이런 일로 어찌 장사꾼을 죄 줄 수 있겠소. 이제 와서 달리 방법이 없으니 전에 입던 옷을 세탁하고 입혀서 시집보냅시다."

아내는 부랴부랴 입던 옷을 빨고 깨끗이 수선해서 혼례 준비를 하였다. 그런데 또 일이 생겼다. 잔칫날을 하루 앞두고 정홍순이 400냥에 문제가 생겼다고 말한 것이다.

"장사꾼에게 내가 돈을 청구했지만 따라 주지 않으니 어쩔 수 없구려. 사정이 이러하니 술과 안주를 조금만 준비하는 게 낫겠소."

아내는 별 수 없이 남편의 말대로 따랐다. 하여 정승 집안의 잔치치고는 아주 소박한 음식이 차려졌으나 그럭저럭 잔치를 마쳤다.

명문 재상 자제인 정홍순의 사위는 내심 장인의 인색함에 서운해했다. 서민과 다를 것 없는 혼례식하며 잔칫상에 은근히 실망한 것이다. 그 사위가 어느 날 아침에 예고 없이 장인을 찾아뵈었다. 마침 밖에는 비가 주룩주룩 내리고 있어서 사위는 내심 괜찮은 주안상을 기대하였다.

그러나 정홍순은 사위에게 삿갓과 나막신을 주면서 다음과 같이 말했다.

"자네는 자네 집에 가서 밥을 먹게. 우리 집에는 자네를 위해 준비한 밥이 없다네. 자네 집에는 이미 지어 놓은 밥이 있을 터이니 지어 놓은 밥을 놔두고 준비되지도 않은 밥을 기다릴 필요는 없네."

"네? ……알겠습니다."

사위는 처가를 나서며 장인의 인색한 고집에 혀를 내둘렀다. 사위는 결심했다.

‘내 다시는 처가에 가지 않으리라!’

그해는 물론 이듬해에도 사위는 정말 처가에 가지 않았다. 명절이고 생신이고 아예 발길을 끊은 것이다. 몇 해가 지난 뒤 정홍순이 사위를 불렀다. 사위는 응하지 않았다. 정홍순은 사돈에게 편지를 보내 사위로 하여금 한번 집에 오게 해 달라고 부탁했다. 사위는 마지못해 처가를 찾아갔다. 정홍순이 사위와 딸에게 말했다.

“내 긴히 할 말이 있어 오라 했네.”

“…….”

정홍순을 원망하기는 딸도 마찬가지여서 냉랭한 분위기가 방 안을 감돌았다. 정홍순은 그런 침묵을 깨고 말했다.

“잠시 나를 따라 오게.”

정홍순은 집 뒤편의 깊숙한 정원으로 사위와 딸을 데리고 갔다. 그곳에는 아담한 집 한 채가 세워져 있었고 가재도구들이 모두 잘 갖춰져 있었다. 방문이며 창문도 말끔한 게 새집이 분명했다. 정홍순이 딸에게 말했다.

“지난날 너를 시집보낼 때 네 어머니에게 물으니 혼례 비용으로 총 1,200냥이 든다고 하더구나. 그 정도 엄청난 비용을 일회성으로 내버리면서까지 남의 이목을 끌 필요가 있는가 하는 생각이 들더구나. 그래서 내가 그 돈으로 해마다 이자를 늘려 이 집을 짓게 하고 또 시골에 논밭을 사 두었느니라. 따라서 해마다 상당한 수확을 할 수 있을 것이니 일생 동안 굶주리는 일은 없을 것이다. 너희는 이곳에서 살도록 하여라.”

딸과 사위는 예상치 못한 말에 감동하여 한동안 멍하니 서있었다. 사위는 뒤늦게 불손함에 대해 용서를 빌었고 정홍순은 너그럽게 받아 주었다고 한다.

• 국보 1호 남대문

조선 시대의 수도인 한양은 성곽으로 궁궐을 둘러싸고 동서남북 사방에 문을 낸 계획 도시였다. 성안으로 들어가려면 크고 작은 여덟 개의 성문을 통해야 하는데, 성벽 밑을 따라 도시 전체를 둘러싸는 넓은 도랑이 성벽 안에 있고 이 위에 돌로 된 다리가 있으며 이 다리를 통해 들어가도록 되어 있다.

이 중 도성(都城)의 정문으로 가장 웅장한 대문이자 주요 출입구였던 문이 바로 국보 제1호인 남대문이었다. 다시 말해 궁궐로 들어가는 데는 보통 남문(남대문)이 사용됐는데 이 남문에는 통로 세 개가 있었다. 가운데 문은 높은 관리들이 지나가는 곳이고 좌우 측 두 문은 하층 관리나 하인이 드나드는 곳이다. 광화문처럼 통로 세 개가 있는 대궐문을 드나들 때도 신분에 따라 출입문이 달랐다. 가운데 문은 왕과 중국 사신의 전용 문이고 관리나 양반은 오른쪽 문, 중인 이하의 상민은 왼쪽 문으로 드나들었다.

한편 남대문에는 숭례문(崇禮門)이란 현판이 붙어 있는데 『지봉유설』에는 양녕대군(세종대왕의 형)이 쓴 것이라고 기록되어 있다. 다른 문의 편액(扁額: 글씨나 그림을 써 걸어 놓은 액자)이 가로로 쓰여 있는 데 비해 숭례문만 세로로 쓰여 있는 이유는 '숭례' 두 글자가 불꽃[炎]을 의미하여 경복궁을 마주보는 관악산과 대립시켜 불[火]을 막으려는 풍수설에 따른 것이라 한다.

남대문은 서울에 남아 있는 목조 건물 중 가장 오래된 역사적 가치를 높이 평가받아 1962년 국보 1호로 지정되었다. 하지만 남대문은 2006년 3월 당시 이명박 서울시장에 의해 100년 만에 개방되었고, 2008년 2월 방화범에 의해 화재로 전소되었다.

사도 세자, 뒤주에 갇혀 죽고
궤로 위로받다

송명흠(宋明欽, 1705-1768)은 어려서부터 글을 읽어 열다섯 살에 학자로서 촉망받았다. 하지만 당쟁에 환멸을 느낀 그는 사화(士禍)*를 피하고자 조정에 나가지 않고 아버지를 따라 옥천, 도곡 등지로 내려가 살았다. 그 후 천거되어 충청도도사, 서연관 등의 벼슬을 하다가 사직하기를 여러 차례 반복하였다.

이런 와중에 송명흠은 영조 아들인 사도세자(思悼世子, 1735-1762)의 스승으로 왕세자 교육을 맡기도 하였다. 그런데 1762년(영조 38)에 세자에게 큰 위기가 닥쳤다. 세자가 노론(老論)의 일당전제에 비판적인 태도를 취하자 위기감을 느낀 노론과 정순왕후 김 씨가 반격해 온 것이다.

세자는 어려서부터 영특하여 글을 일찍 깨우쳤고 1743년(영조 19) 관레 때는 영조로부터 당론 없애는 방법을 질문받자 "여러 당인을 함께 기용하면 된다."라고 대답하여 칭찬받은 바 있었다. 바꿔 말해 세자는 특권 세력의 독주를 좋게 보지 않았다.

"세자가 장차 왕위에 오르면 우리 노론을 몰락시킬 거야."

그러하기에 노론은 세자를 싫어했다. 노론 세력은 교묘하게 세자를 무고했으며 영조는 수시로 세자를 불러 꾸짖었다. 급기야 세자는 심각한 우울증과 심리 불안에 빠져 괴로워하였다. 노론 세력은 그 틈을 놓치지 않고 결정타를 날렸다. 나경언을 사주하여 상소를 올리게 한 것이다.

"세자의 실덕과 비행이 열 가지나 되옵니다. 더구나 반역을 도모하고 있습니다."

영조는 크게 노해 세자를 불러 자결을 명했고 관례에 따라 대신과 문무관 3품 이상 관료들이 모여 형식적인 논의에 들어갔다. 모두 왕의 눈치를 살피기만 할 뿐 아무도 직언하지 못했으나 오직 송명흠이 아뢰었다.

"걸주(은나라 마지막 왕) 같은 포악한 임금도 자식을 죽인 악행이 없었는데 전하께서 어찌 차마 자식을 죽이신단 말입니까?"

영조는 크게 노하여 송명흠을 그 자리에서 내쫓았고 뒤이어 선전관(宣傳官: 군사에 관한 임금 명령을 집행하던 관원)에게 칼을 주며 말했다.

"송명흠을 따라가서 만약 도중에 남의 집에 들어가 숨거든 그 주인까지 한꺼번에 죽여라. 하지만 남의 집에 들어가지 않고 곧바로 자기 집으로 돌아가거든 네가 가서 그의 목을 베어라. 다만 그때 애써 변명하면 즉각 목을 베되 그가 목을 늘이고 죽을 각오를 보이면 살려 주어라."

영조는 송명흠 혼자만의 항명이 아닐 수도 있겠다고 의심하여 위와 같이 명을 내렸다. 다시 말해 영조는 당파 차원에서 왕의 뜻을 어기려 하는 것인지 알려했던 것이다.

송명흠은 그 어느 누구의 집에도 들르지 않고 곧장 자기 집으로 직행하였다. 잠시 후 선전관이 칼을 찬 채 들어서자 송명흠은 의연한 표정으로 말했다.

"임금께서 신하에게 죽음을 내리시는데 어찌 감히 죽지 않겠는가. 내 기꺼이 받아들일지니 우선 가묘(家廟: 조상 위패를 모신 사당)를 참배하고 오겠노라."

그 말을 들은 선전관은 궁궐로 발걸음을 돌렸고 사실대로 보고했다. 그에 개의치 않고 송명흠은 목욕재계한 후 영조에게 상소를 올렸다.

"아버지가 자식을 죽임은 옳지 못하고 임금이 신하에게 농담하는 것은 불가합니다."

송명흠은 세자를 살리려 끝까지 옹호했고 자신은 기꺼이 죽으려 한 것이다. 영조는 그 상소를 받고 송명흠을 '직신(直臣: 직언하는 신하)'으로 여겨 죄를 묻지 않았다.

그러나 영조는 세자를 처형했다. 세자가 자결하지 않자 서인(庶人)으로 폐한 다음 뒤주 속에 가둬 죽을 때까지 내버려 둔 것이다. 세자는 뒤주에 갇혀 여드레 동안 갈증과 배고픔에 시달리다 끝내 그해(1762) 5월 21일 목숨을 잃었으니 이를 '임오옥(壬午獄)'이라 한다.

일이 이렇게 되자 장례가 아주 예민한 상황이 되었다. 이때 호조판서와 예조판서를 겸임하던 정홍순은 결단을 내려 초상 때부터 졸곡(삼우제를 지낸 뒤에 곡을 끝냄) 때까지의 모든 절차를 소홀히 하지 않았다. 정홍순은 이에 그치지 않고 수의(壽衣: 죽은 사람에게 입히는 옷)는 물론 두건이나 신발, 금침 등 자질구레한 물품에 이르기까지 각각 한 조각씩 베어 당시 사용한 장부와 함께 단단한 궤짝에 넣어 보관했다. 예조의 한 관원이 의문스런 표정으로 물었다.

"그런 일은 하지 않아도 될 듯한데 왜 그리하시는 것입니까?"

정홍순은 심각한 표정으로 예언가처럼 말했다.

"이 궤를 눈에 띄지 않게끔 잘 간직해야 하느니라. 그렇지 않으면 후일에 큰 화가 미치게 될 것이다."

하여 그 관원은 궤를 시선이 잘 가지 않는 한쪽에 깊숙이 보관했고, 정홍순은 무슨 생각에서인지 그 열쇠를 항상 가지고 다녔다.

세자가 죽은 후 영조는 뒤늦게 크게 후회했다. 세자의 아들 이산(李祘: 훗날의 정조)을 세손으로 삼고 위호(位號)를 복구하여 사도(思悼)라 시호함은 그 때문이다. 思(생각 사) 悼(슬퍼할 도)라는 문자 그대로 생각하면 슬프기 그지없음을 한탄한 것이다.

영조는 1776년 세상을 떠났고 1777년에 이산이 여러 견제와 어려움을 극복하고 왕위에 올랐다. 정조는 효성이 지극하여 항상 아버지 사도세자의 죽음을 가슴 아프게 생각하였다. 해서 즉위하자마자 莊(엄숙할 장) 獻(바칠 헌)자를 써서 장헌세자(莊獻世子)로 추존하였고 수시로 장헌세자 묘까지 능행(陵幸)하였다.

정조는 즉위 이듬해(1778)에 아버지의 초상과 장례를 어떻게 치렀는지 알고 싶어 했다. 정조가 물었다.

"그 당시 예조판서가 누구였느뇨?"

"정홍순이었습니다."

"정홍순을 지금 즉시 들라 해라."

정조는 장례 절차에 있어서 사소한 일이라도 소홀하였다면 국문(임금의 명령으로 중죄인을 심문하는 일)하여 죽이려 마음먹었다. 정홍순은 정조로부터 부름을 받자마자 그 자리에서 담당 관리에게 이렇게 말했다.

"깊이 숨겨 두었던 그 궤짝을 대궐 뜰로 가져오너라!"

정조는 정홍순을 보자마자 말했다.

"장의(葬儀)를 주관함에 있어 하나 소홀함 없이 예우하였느냐?"

"소신은 궁중 법도에 따라 최선을 다하였사옵니다."

"무엇으로 그걸 증명하겠는가?"

"잠시만 기다려 주옵소서."

정홍순은 진땀을 흘리며 신중히 대답했다. 그리고 그 궤짝이 도착하자 차고 있던 열쇠로 열어 정조에게 보였다. 정조가 낱낱이 점검해 보니 물자와 의식이 흠잡을 데 없이 완벽했다. 이에 정조는 정홍순을 크게 칭찬하고 즉시 우의정으로 임명하였다.

• 사화에 대한 핵심적 고찰 그리고 오해

'사화'는 관리 및 선비들이 정치적 반대파에게 몰려 화(禍)를 입은 사건을 가리키는 말이다. 조선 시대 내내 무오사화, 갑자사화, 기묘사화, 을사사화 같은 대규모 사건에서부터 자잘한 사화가 끊이지 않았다. 왜 그랬을까?

조선 시대에는 임금들이 문학과 유교를 장려했기 때문에 전국에 걸쳐 우수한 학자와 선비가 많아졌다. 그런데 이들 중에는 일찍이 개국공신으로서 관리가 되어 귀족층이 된 사람들이 있는가 하면 지방에서 공부한 뒤 차츰 정계에 진출하여 나라를 개혁하려는 사람들도 있었다. 앞의 사람들을 '훈구파' 뒤의 사람들을 '사림파'라고 한다.

훈구파와 사림파는 번번이 부딪쳤는데, 훈구파는 지금 이대로 적당히 잘 살기를 바란 반면 사림파는 바람직한 세상이 되도록 잘못된 제도를 뜯어고쳐야 한다고 적극 주장했다. 논리적으로는 사림파가 우세했으나 훈구파는 현실적 여건을 들먹이며 그에 맞섰다.

훈구파와 사림파는 연산군 시대에 본격적으로 충돌했다. 1498년 『성종실록』을 편찬할 때의 일이다. 훈구파 이극돈이 사림파 김종직의 조의제문 내용에 문제가 있다며 연산군에게 보고했고, 선비를 싫어하던 연산군은 그 일을 계기로 많은 사림파를 처형하거나 멀리 귀양을 보냈다. 이를 무오년에 일어났다 하여 '무오사화'라고 한다.

사화는 여기서 그치지 않았다. 1504년 연산군은 질투가 심하다는 이유로 성종에게 버림받아 죽은 어머니 윤 씨의 복위를 추진할 때 사림파가 반대하자 또다시 거센 피바람을 일으켰다. 평소 입바른 소리를 잘 하는 선비가 싫었던지 이참에 그들의 기를 완전히 꺾고자 한 것이다. 하여 연산군은 폐비 복위 반대자는 물론 폐비될 때 참여한 사람들까지 무자비하게 죽였다. 병상에 누워 있는 할머니 인수대비도 죽였고 이미 죽은 대학자들도 관에서 꺼내 목을 베게 하였다. 이 사건은 훈구파와 사림파 간의 대립으로 일어난 건 아니지만 선비가 많이 죽음을 당하였다는 의미에서 '갑자사화'라고 한다.

연산군의 광폭한 정치가 계속되자 임금을 바꿔야 한다는 여론이 일었고 1506년 성희안, 박원종 등이 연산군을 폐하고 진성대군을 제11대 왕 중종으로 추대하는 혁명을 일으켰다. 집권 기반이 약한 중종은 자기가 왕위에 오르는 데 큰 역할을 한 사림파를 크게 중용하여 많은 벼슬을 내렸다. 이때 청년 유생 조광조는 중종의 특별한 신임을 받으며 강력하고 구체적인 개혁 정책을 펴나갔다. 그런데 조광조는 정책을 추진하는 과정에서 너무 급하게 서둘렀고 조금이라도 때 묻은 사람일 경우 소인배로 몰아 모욕을 주었다. 심지어 왕에게도 바른 소리를 곧잘 했다. 이로 인해 조광조에게 적이 많이 생겼고 왕도 가끔 불편함을 느꼈다. 결국 1519년 조광조를 비롯한 사림파 수십 명은 훈구파의 모략에 말려 처형되거나 귀양을 가게 되었다. 이를 '기묘사화'라고 한다.

1545년(명종 즉위) 윤원형 일파에 의해 사림이 크게 화를 입은 '을사사화'를 끝으로 사화는 더 일어나지 않았으나 한동안 사림파는 정계에 진출하지 못할 정도로 큰 타격을 받았다. 조선 시대에 벌어진 4대 사화는 욕망을 누르고 바른길을 걷기란 쉽지 않음을 보여 주는 사례인 셈이다.

그렇다면 동인(東人), 서인(西人), 북인(北人), 남인(南人), 노론(老論), 소론(小論) 등의 파벌은 어떻게 형성된 것일까?

사화로 인해 한동안 침묵 속에서 지내던 사림파는 선조 대에 이르러 권력을 장악하는 데 성공했다. 유학이 뿌리를 내려 사회 전반에 걸쳐 큰 영향력을 발휘함에 따라 다시금 힘을 발휘하게 된 것이다.

그런데 김효원과 심의겸 사이에 관리 임명권을 두고 다툼이 벌어지면서 사림파 사이에 붕당(朋黨)이 형성되었다. '붕당'이란 '뜻을 같이 하는 사람들의 결합체'를 의미한다. 다시 말해 의견이 팽팽히 대립하자는 뜻을 같이 하는 사람끼리 뭉치면서 붕당이 생긴 것이다.

김효원의 집이 도성 동쪽에 있었으므로 '동인'이라 불렀고 심의겸 집은 서쪽에 있어 '서인'이라 불렀다. 처음에는 동인이 우세했다. 하지만 서인에 대해 어찌 대응해야 할지 논의하는 과정에서 동인의 의견이 나눠져 강경파는 '북인', 온건파는 '남인'이라 했다.

임진왜란 이후 정권을 잡은 북인은 광해군이 왕위에 오르는 과정에서 의견 충돌이 일어나 '대북(大北)'과 '소북(小北)'으로 갈라졌다. 이산해, 홍여순 등의 노장 세력을 대북이라 했고 남이공, 김신국 등 소장 세력을 소북이라 했다. 대북은 지지하던 광해군이 왕위에 오르면서 권력을 잡았다. 이후 소북파가 탄압받았는가 하면, 인조 대에는 서인이 권력을 잡기도 하고, 숙종 대에는 서인이 '노론'과 '소론'으로 갈리는 등 붕당 간에 끊임없이 세력 다툼이 벌어졌다.

붕당 정치는 영조 대에 이르러 탕평책이 실시되면서 크게 누그러졌지만 이로 인해 신하들의 직언이 줄어드는 부작용이 생겼다. 바꿔 말해 붕당 정치에는 파벌 싸움이라는 나쁜 점도 있었으나 국왕의 독단적 정치를 막는 좋은 기능도 있었다.

어느 나라에고 정치 싸움은 있기 마련이다. 그러나 일제 강점기에 일본 학자들이 조선인의 단결심을 없애고자 당쟁을 유난히 강조하였고 조선인은 단결을 못 한다는 자조적 생각이 더해지면서 붕당 정치를 매우 나쁘게 보는 관념이 형성되었다. 붕당이나 당쟁이 바람직한 건 아니다. 하지만 그런 현상이 우리나라에만 국한된 것처럼 생각하는 것은 편견임을 알아야 한다.

배 위에 올라간 독사를 어찌할까나

김종수(金鍾秀, 1728-1799)는 1768년(영조 44) 과거에 급제하여 세손 시강원의 필선으로 성실히 보좌했다. 이때 왕세손(뒷날의 정조)에게 외척의 정치 참여를 배제해야 한다는 의리론(義理論)을 강조하였다. 여기서의 '의리'는 넓게는 '정치 원칙'을 뜻하고 좁게는 '분배(分配)'를 의미한다. 바꿔 말해 의리론은 한쪽으로 치우치지 않고 고루 인재를 등용해야 한다는 말이며 뒷날 정조는 그 가르침대로 나라를 다스렸다. 정조가 재위 당시 김종수를 지극히 신임했음은 물론이다.

하지만 김종수는 영조가 통치하던 1772년(영조 48)에 시련을 겪었다. 그해 김종수는 청명(淸名: 청렴한 명예)을 존중하고 사림 정치의 이상을 실현하고자 청명당(淸名黨)을 만들었는데 그게 문제가 되었다. 홍봉한(洪

鳳漢) 중심의 척신 정치를 제거하기 위해 정치적 동지들의 모임을 만들었지만 당폐(黨弊: 당파 싸움으로 말미암은 폐단)를 일으켰다는 죄목으로 처벌받은 것이다.

"당파를 탓하면서 무리를 짓다니 말이 되느냐?"

김종수는 남쪽 지방으로 유배되었고 그곳 고을 이방의 집에서 한여름을 나게 됐다. 그때의 일이다. 어느 날 김종수는 책을 읽다가 깊은 낮잠에 빠졌다. 한참을 그렇게 자고 있는데 어디서 독사 한 마리가 난데없이 나타나더니 자고 있는 김종수 배 위에 기어올라 갔다.

"어, 저건 뱀이잖아!"

"머리를 보니 독사야!"

뱀을 발견한 사람들은 크게 놀라는 동시에 어찌할 바를 모르며 당황했다. 급한 마음에 본인을 깨우면 몸을 움직이게 되어 독사에게 물릴 게 뻔했고 그렇다고 달리 독사만 잡을 방법도 없었다. 그저 모두들 어찌할 바를 몰라 쩔쩔매고만 있었다.

그때였다. 이방의 어린 아들이 이 모습을 잠시 지켜보더니 밖으로 뛰어나가 개구리를 한 마리 잡아왔다. 그런 다음 아이는 살금살금 독사 곁으로 다가가 개구리를 독사 앞에 재빨리 던졌다. 순간 개구리는 팔짝 뛰어 달아났고 독사는 개구리를 잡아먹으려고 김종수의 배 위에서 내려왔다. 결국 김종수는 영특한 아이의 지혜 덕분에 위험에서 벗어날 수 있었다. 김종수로서는 귀양보다 더한 위기에서 벗어난 셈이었다.

이듬해 김종수는 유배지에서 풀려났을 때 영특한 그 아이를 후원해주고자 한양으로 데려갔다.

영조가 죽은 뒤 김종수는 승지, 경기도관찰사, 평안도관찰사, 이조판서, 병조판서에 올랐으며 1789년에는 우의정, 1793년에 좌의정을 역임했다.

김종수는 한때 오해를 각오하면서까지 청명당을 만들 만큼 일생을 청렴하게 살았다.

그가 평안감사로 있다가 승진하여 한양으로 돌아갈 때의 일이다. 여러 고을의 수령들이 대동강에서 송별연을 벌이며 김종수의 경사를 축하해 주었다. 기생들은 춤과 노래로 분위기를 돋우었다.

"고맙소이다. 내 '적벽부(赤壁賦)'를 읊어 보리다."

김종수는 기분 좋게 담배*를 피우다가 홍에 겨워 담뱃대로 뱃전을 두드리며 소동파의 적벽부를 외웠다. 적벽부는 중국의 소동파가 유배지인 호북성(湖北省)의 양자강에 배를 띄워 적벽을 바라보며 지은 시로 자연과의 합일을 담고 있다. 김종수는 대동강에서 뱃놀이하면서 그걸 흥내 낸 것인데 그만 잘못하여 담뱃대를 놓쳐 강물에 떨어뜨리고 말았다.

"이런! 허허허!"

김종수는 어색한 분위기를 바꾸고자 웃으면서 말했다.

"내가 평안감사로 있었던 2년 동안 이 담뱃대도 평안 감영의 물건이었소. 그런데 지금 대동강의 신이 내가 갖고 가는 것을 허락하지 않아 강물에 떨어뜨린 것이라오."

이는 김종수가 청렴하게 처신했기에 가능한 농담이었고 그의 풍류 넘치는 말에 사람들이 크게 웃었다.

• 담배의 유래, 그리고 맞담배 금기의 근원

원산지가 아메리카인 담배는 콜럼버스의 탐험 이후 세계 전역으로 퍼졌다. 콜럼버스는 아메리카 원주민이 현재와 같은 방식으로 담배를 피우는 걸 보고 호기심을 느꼈다. 원주민은 담배에 특별한 약효가 있다고 주장했고 콜럼버스는 그 약효에 주목하여 담배를 유럽으로 가져갔다.

담배는 유럽에 전해지자마자 큰 인기를 끌었고 그에 따라 재배 지역도 늘어났다. 신대륙을 왕래하던 포르투갈과 스페인 선원들은 담배를 유럽에서 세계 곳곳으로 퍼뜨렸다. 우리나라에서 담배의 옛 이름이었던 '담바고'는 포르투갈어인 '다바꼬(tabaco)'에서 들어온 말이며 점차 '담바구'라는 말이 '담배'로 변하였다.

이윽고 담배는 세계적으로 유행하였으며 파이프(pipe: 흡연용 담뱃대) 자랑이라는 새로운 유행을 낳았다. 각 나라마다 멋진 담뱃대가 경쟁적으로 등장했고 제각기 독특한 멋을 뽐냈다. 예컨대 영국제는 정통적이며 중후했고 프랑스제는 고전적이면서도 경쾌하고 묘한 맛이 있었으며 덴마크제는 강렬하고 개성적인 모양이 많았다.

담배는 대략 17세기 초 광해군 때에 우리나라에 들어왔다. 철종 때 학자 이규경은 그의 저서 『오주연문』에서 담배가 들어온 때가 광해 10년(1618)이라고 밝히고 있다. 담배의 별명은 다양해서 남초(南草), 남령초(南靈草), 담바고(淡婆古) 등으로 불렸는데 한번 빨아 습성이 되면 잊으려고 해도 잊을 수 없으므로 상사초(相思草)라는 별명까지 생겼다. 다양한 별명에서 짐작할 수 있듯 담배는 급속도로 번져서 아이 어른 할 것 없이 담배를 피우는 것이 유행이었다.

그러다 한 사건을 계기로 담배에도 예법이 생겼다.

광해군 때의 일이다. 어느 날 궁중에 숙직하는 대신들이 서로 모여 흡연하였는데 광해군이 우연히 이들을 발견하고는 "입 냄새가 좋지 않다."라고 한마디 하였다. 이후 비천한 자는 존귀한 사람 앞에서, 젊은이는 어른 앞에서 담배를 피우지 않는 풍습이 생겼다고 한다. 나이가 어린 사람이 어른 앞에서 맞담배 피우는 행위를 버릇없다고 여기는 우리나라만의 독특한 정서는 여기에서 비롯됐다고 한다.

박지원의 기막힌 술 낚시

    1785년(정조 9)경의 일이다. 봄날의 해가 서산에 걸릴 무렵 한양 남산 골에 사는 승지(承旨) 이모(李某)는 당직을 서고자 대궐로 향했다. 그가 가마를 탄 채 진고개(비만 오면 왕래할 수 없을 정도로 진흙탕이었던 곳으로 오 늘날의 충무로 근처)를 지나는데 키 크고 호리호리한 몸집의 한 선비가 가 마 앞을 막고 가볍게 읍을 했다. 읍은 두 손을 맞잡고 위로 들었다가 밑 으로 내리며 하는 인사를 말한다.

    이승지가 보아하니 선비의 옷차림은 초라했고 나이는 중년이었다. 이 승지는 처음 보는 사람이 무엄하게 길을 막기에 불쾌했지만 인사를 받 은지라 가마에서 내려와 답례로 읍을 하였다. 그랬더니 중년 선비가 기 다렸다는 듯이 이승지에게 말했다.

"영감, 누추하지만 잠깐 들러서 가십시오. 집은 바로 여기입니다."

"댁이 뉘신지 모르나 지금 공무로 입직하러 가는 길이니 그럴 틈이 없소이다."

이승지는 이렇게 말하고 돌아서려는데 중년 선비가 눈을 크게 뜬 채 기세당당하게 말했다.

"흥, 임금을 모시는 귀한 몸이라 그런지 참으로 도도하군. 아무리 그래도 그렇지 담배 한 대 피울 여유가 없단 말이오?"

중년 선비가 호령조로 공박하자 이승지는 뭔 일인가 싶기도 하고 선비에 대한 예의도 있고 해서 그 집으로 따라 들어갔다. 집은 조그만 초가였으나 방 안에는 서책이 가득하였다. 선비는 이승지에게 방석을 내주면서 안문(안으로 통하는 문)에 대고 큰소리로 말했다.

"손님이 오셨으니 술상을 내오너라!"

잠시 후 누더기 차림의 여인이 **막걸리*** 한 주전자와 사발 하나 그리고 김치 한 보시기(김치나 깍두기 따위를 담는 반찬 그릇)를 주안상으로 내왔다. 내온 차림도 그렇거니와 상에 여기저기 긁힌 자국이 많아 매우 낡은 게 형편이 그리 여유로워 보이진 않았다. 그러거나 말거나 선비는 주전자를 들어 사발에 막걸리를 가득 부었다. 이승지는 텁텁하고 걸쭉해 보이는 그 막걸리를 보며 속으로 당황했다.

'아니 이런 막걸리를 나보고 먹으란 말인가?'

선비가 말했다.

"좋은 술만 마실 분이 이런 막걸리를 자실 수 있겠소. 내가 마셔야겠지요."

선비는 한 사발을 그대로 쭉 들이켜고는 다시 막걸리를 사발에 따랐다. 딱 두 잔이 나오는 주전자인지 마지막 한 방울까지 기울여 가며 따랐다. 이승지가 속으로 뭐하는 꼬락서니인가 생각하는데 선비가 말했다.

"이번에는 내 차례이니 제가 마시지요."

선비는 이승지에게 술을 권하지도 않고 반응도 보지 않은 채 일방적으로 중얼거리며 연신 술을 마셨다. 그러고는 김칫국을 조금 마신 뒤에 안문을 향해 외쳤다.

"술상을 내가거라!"

여인은 손님을 힐끔 보면서 상을 도로 가져갔다. 선비는 술상이 나가자마자 이승지에게 공손히 읍을 하고 다소 쑥스러운 표정으로 말했다.

"영감, 이상하게 생각할 것 없소이다. 대단히 미안하지만 오늘은 영감이 내 술 낚시에 걸려들었소."

"대체 당신은 누구이며 술 낚시라니 무슨 말씀이오?"

선비는 껄껄 웃으며 말했다.

"술 낚시꾼 성명은 알아 무엇하오. 내가 술을 무척 좋아하나 집이 가난하여 제대로 마실 수 없소이다. 하여 평소에는 금주를 하되 아내로부터 손님이 있으면 막걸리 두 사발을 내준다는 약조를 받았소이다. 오늘 술 생각이 간절하여 혹시 친구가 지나가면 들어오라 할 생각이었지만 아는 사람이 아무도 지나가지 않기에 부득이 술 낚시에 나섰소이다. 때마침 영감이 오기에 체면불구하고 부탁한 것이외다. 자, 바쁘실 텐데 이제 어서 가시지요."

사실이었다. 선비는 살림이 넉넉지 못하므로 술을 마음껏 마실 수 없었다. 그렇지만 그의 아내는 호구(겨우 끼니를 이어 감)조차 어려운 형편임에도 남편을 위해 늘 술을 담가 두었고 집안 형편을 감안하여 하루 두

잔 이상은 내오지 않았다. 아까의 여인은 바로 선비의 아내였다.

선비는 문밖까지 배웅했고, 이승지는 허겁지겁 대궐로 들어가면서 미끼로 이용당했음에 분함을 느꼈다.

그날 밤 정조가 입직한 승지를 불러 한담을 나누자고 했다. 정조가 말했다.

"그래 요즘 세상 풍경은 어떠한고?"

이승지는 그날 초저녁에 겪은 일을 소상히 아뢰었다.

"진고개에서……. 선비가 술을 따라 놓고도 권하지도 않았사옵니다. 좀 실성한 사람처럼 보였습니다."

그러자 정조가 호탕하게 웃으며 말했다.

"하하하! 나는 그가 누구인지 알겠도다. 그가 실례한 것이 아니라 네가 그를 잘 모르기에 벌어진 일이노라. 그 사람은 연암 박지원(朴趾源, 1737-1805)일 것이다. 그가 글재주를 믿고 방약무인하다기에 좀 반성시키려고 벼슬을 안 시켰는데 한 잔 술도 자유롭게 마시지 못함은 미처 몰랐도다."

정조는 즉시 박지원을 선공감감역(繕工監監役)에 임명하였다. '선공감'은 궁궐과 관청의 건축 및 보수 공사를 관장하던 관청을 가리키고 '감역'은 공사를 감독하는 종9품 관직이다. 비록 말단직이기는 하나 박지원으로서는 술 낚시 인연으로 얻은 첫 번째 감투였다.

박지원은 누구인가? 그는 명문가의 후손이지만 청렴했던 조부의 영향으로 어려서부터 가난하게 살았다. 문재를 타고나 열여덟 살 무렵에 『광문자전(廣文者傳)』을 지었으며 경세 실용 학문을 연구했다. 그러나 서른 살 때인 1767년에 아버지의 장지(葬地) 문제로 한 관리가 사직하자

본의 아니게 남의 장래를 막아 버렸음을 자책해 스스로 과거에의 뜻을 끊었다. 이듬해 한양 백탑(白塔: 지금의 파고다 공원) 부근으로 이사하여 이덕무, 유득공, 박제가 등과 교류하면서 이른바 북학파 실학(北學派 實學)을 이끌었다.

박지원은 1780년 5월에 정사 박명원의 자제별관 자격으로 청나라 베이징에 갔다가 그해 10월 한양으로 돌아와서 『열하일기』를 썼다. 그는 이 여행을 계기로 인륜(人倫)에서 이용후생(利用厚生) 위주로 사고를 전환했다. 1786년 처음 벼슬에 오른 뒤 1789년 평시서주부(平市署主簿), 1790년 의금부도사(義禁府都事), 1791년 한성부판관(漢城府判官) 및 안의현감(安義縣監), 1796년 제용감주부(濟用監主簿) 및 의금부도사 및 의릉령(懿陵令), 1797년에는 면천군수(沔川郡守)를 지냈다.

• 막걸리와 동동주 그리고 모주의 어원

막걸리는 빛깔이 뜨물처럼 희고 탁하며 알코올 성분이 적은 술이다. 농주(農酒), 탁주(濁酒), 모주(母酒)라고도 한다. 지금은 각 지방 관인 양조장에서만 생산하지만 예전에는 농가에서 직접 만든 '농주'가 있었다. 찹쌀, 보리, 밀가루 등을 시루에 찐 지에밥을 적당히 말려서 누룩과 물을 섞는다. 일정한 온도에서 발효시킨 다음 청주를 떠내지 않고 그대로 걸러 짜낸다. 막걸리란 이름은 여기에서 유래하였다.

즉 곡주가 익어 청주와 술지게미를 나누기 이전에 막 걸러서 만든 술이라 해서 막걸리라 부르는 것이다. 이때 찹쌀이 원료이면 '찹쌀막걸리', 거르지 않고 그대로 밥풀이 담긴 채 뜬 술은 '동동주'라고 한다. 동동주는 밥알이 동동 뜬다 해서 붙여진 이름이다.

막걸리를 '모주'라고도 하는데, 이는 제주도에 유배당한 인목대비(仁穆大妃)의 어머니 노 씨(盧 氏) 부인이 술지게미를 재탕한 막걸리를 섬사람들에게 나눠 주었던 것이 연유가 되어 왕비 어머니가 만든 술이라 해서 붙여진 이름이라 전해진다.

원래 좋은 막걸리는 달고, 시고, 쓰고, 떫은 네 가지 맛이 잘 어울리고 감칠맛과 청량미가 있어야 한다. 식품 학자들의 연구에 따르면 막걸리는 성인병을 예방하는 건강식품이자 갈증을 해소하는 청량음료로 어느 술보다 장점이 많다. 특히 발효가 이루어지면서 탄산가스를 생성하기 때문에 감칠맛과 청량미가 최고라고 한다. 또한 막걸리는 다른 술보다 알코올 도수가 낮은 데다 각종 영양분이 풍부하게 함유돼 있어 작업 중 새참 등으로도 좋다.

공짜 재산과 아들의 출세를
맞바꾼 정승 부인

정조 때 호조판서 김재찬(金載瓚, 1746-1827)은 어느 날 대궐에 들어
갔다가 수심에 찬 얼굴로 돌아왔다. 김재찬이 밥도 거른 채 연신 한숨
만 쉬기에 어머니 윤 씨가 이유를 물었다.

"이번에 온 청나라 사신이 자기네 황제에게 바치겠다며 백은(白銀) 오
천 냥쯤을 사흘 안에 내놓으라고 요구했습니다. 현재 나라 금고에는 그
절반쯤 밖에 없으며 지방 감영에서 가져오려 해도 사흘 안으로는 시간
상 불가능합니다. 나라 체면도 있는 데다 중대한 외교 문제인데 어찌해
야 할지 모르겠습니다."

걱정스런 표정의 김재찬과 달리 윤 씨는 별일 아니라는 듯한 반응을
보였다.

"호조판서가 그만한 융통성도 없는가? 내가 그보다 많은 은을 대줄 테니 편한 마음으로 밥 먹고 염려 말게."

"어머님이 무슨 수로 그렇게 많은 은을 구하신단 말입니까?"

"글쎄. 나를 믿고 밥이나 들게."

윤 씨는 정경부인(貞敬夫人: 정일품·종일품 문무관의 아내에게 주던 봉작)이라 그런지 시종 당당했다. 윤 씨는 남편 김익(金熤)이 영의정까지 지내는 동안 국가의 일을 곁에서 지켜본 적도 많았다. 그러하기에 아들 김재찬의 근심을 충분히 이해했다.

어머니 윤 씨가 식사를 마친 김재찬에게 말했다.

"몇 년 전에 샀다가 얼마 후 되팔았던 허름한 집을 기억하는가? 그 집을 다시 사게."

"네? 갑자기 그 집을 사라니요?"

"그만한 사정이 있으니 당장 꼭 사야 하네."

김재찬은 이해를 못했지만 어머니의 지시를 따랐다. 그 집주인은 호조판서의 청인 데다 시세의 두 배를 준다는 말에 곧바로 집을 비워 주었다. 윤 씨는 그 집으로 하인들을 데리고 가서 부엌 바닥을 파라고 시켰다. 하인 둘이 번갈아 가며 열심히 땅을 파자 얼마 지나지 않아 삽이 뭔가에 부딪치는 소리가 들렸다.

"아니, 이건?"

부엌 바닥에는 커다란 마제은(馬蹄銀)*이 세 개 묻혀 있었고 마제은에는 명나라 연호가 새겨져 있었다. 윤 씨가 깜짝 놀란 아들 김재찬에게 말했다.

어머니
왜 진작
말씀 안 하셨어여?
~살았다~
그 돈 있었으면
니가 어디 공부해서
벼슬이나 했겠냐?

“우선 이 마제은 가운데 오천 낭쭝을 청나라 사신에게 갖다 주게. 이 것은 본디 명나라 군대가 임진왜란 때 군용품으로 가져온 것이라네. 나는 이 집을 사서 수리하다가 부엌에서 이 마제은을 발견하여 도로 묻고 되팔았던 것이고.”

아들 김재찬이 어리둥절한 표정을 짓자 윤 씨가 이어 말했다.

“그때 우리 형편이 어려웠지만 ‘졸부가 되면 상서롭지 못하다.’는 생각에 그리했다네. 만약 그때 갑작스레 졸부가 되었다면 돈 쓰기에 급급하여 공부를 등한히 할 가능성이 높고 오늘날의 판서 벼슬도 못했을 게 아닌가. 그러나 지금은 청나라 사신에게 보낼 은을 걱정하기에 마침내 공개하고 캐내게 된 것이라네.”

김재찬이 감동한 눈으로 어머니를 바라보자 윤 씨가 또 말했다.

“청나라 사신에게 주고 남는 것은 국고에 헌납하면 될 것이네.”

김재찬은 왕에게 그대로 보고한 다음 마제은을 모두 나라에 바쳤다. 이에 정조는 다음과 같이 치하했다.

“정경부인 윤 씨의 처사는 정승 부인으로서가 아니고 그대로 어진 정승의 처사로다!”

일반적으로 사람들은 공짜를 좋아한다. 하지만 갑작스런 공짜 재물은 행운이 아니라 재앙으로 돌변하는 경우를 역사에서나 주변에서 종종 볼 수 있다. 정경부인 윤 씨는 그 점을 조심하여 공짜 재산을 기꺼이 버렸던바 아들이 자기 힘으로 크게 성공하고 국가에도 도움이 되게끔 한 것이다.

김재찬은 각조 판서를 두루 지낸 다음 우의정, 좌의정, 영의정을 차례로 역임하였다.

• 마제은 혹은 말굽은에 대하여

'마제은'은 馬(말 마), 蹄(굽 제), 銀(화폐 은)이라는 문자 그대로 말굽 모양으로 만든 중국 은괴(銀塊) 화폐를 가리키는 말이다. 은 덩어리의 생김이 말굽을 닮았다 하여 '말굽은'이라고도 부른다.

마제은은 14세기 중엽인 원나라 말부터 명나라 초 사이에 주조(鑄造)되었으며 명나라 때 화폐로 통용되기 시작하여 청나라 때 대량 유통되었다. 마제은은 여러 가지 무게로 다양하게 만들어졌고 관(官)에서 허가한 감정기관(鑑定機關)이 중량과 품질을 철저히 검사한 후 유통시켰다. 마제은은 실질 가치를 지닌 금속 화폐로서 수요가 꾸준히 늘었다.

은괴는 초기엔 편평한 장방형이거나 원형으로 좌우를 도려낸 저울추 모양이었으나 점차 변화하여 말굽 모양이 되었다. 또한 이와 더불어 동전을 기준으로 한 중량 단위였던 양(兩), 분(分) 등이 은의 중량 단위로 사용되었다.

마제은은 중국 상인을 통해 우리나라에 전해졌고 국경 접경지역에서 유통되거나 부자들의 비축 수단으로 전용되었다. 전쟁 중에는 군용 자금으로 일시에 많은 양이 유입됐으며 일부는 우리나라 화폐를 제조하는 데 쓰였다. 이를테면 1882년(고종 19)에 우리나라에서 발행된 최초의 근대 화폐 대동은전(大東銀錢)이 바로 마제은을 원료로 하여 주조된 것이다. 대동은전은 마제은 품귀현상으로 불과 8개월 만에 주조가 중단되었다.

한편 중국에서는 예부터 설날에 마제은 모양의 만두를 해 먹는 풍습이 있는데 그 이유는 마제은이 돈을 상징하므로 새해에 돈이 많이 들어오기를 바라는 데 있다.

홍국영이 내기 바둑에 당한 사연

바둑*을 잘 두었고 이야기를 잘해 한번 시작하면 끝이 없었다. 얼굴이 무척 잘 생겼고 술과 여자를 좋아했다.

조선 영·정조 때의 문신 심낙수는 교리로 있을 때 홍국영(洪國榮, 1748-1781)을 탄핵하다 파직된 일이 있는데 후에 문집 『은파산고』에서 홍국영에 대해 이같이 평가했다.

홍국영은 재주가 많아 잡기에 능했으며 특히 바둑 고수였다. 그는 대국을 즐겼으며 매번 이기기에 스스로 '국수(國手)*'라고 칭하곤 했다. 그런 까닭에 바둑에 관한 일화도 많다.

"세도가 홍국영 대감에게 바둑 적수가 없대."

어느 날 평안도 개천에 사는 최선기(崔善基)라는 사람이 이런 소문을 듣고 홍국영에게 꾀를 부리고자 한양으로 찾아갔다. 최선기는 밭 한 뙈기를 팔아서 내기 바둑 밑천으로 수정 갓끈 하나를 마련했다.

최선기는 근처 여관에서 지내면서 수시로 홍국영 집에 드나들었지만 좀처럼 기회를 잡을 수 없었다. 워낙 많은 사람들이 실세 권력가인 이 조참판 홍국영을 찾았기 때문이다. 꿈꾸는 자에게 기회가 온다던가. 폭우가 쏟아지던 날 최선기는 여느 때처럼 홍국영 집 사랑으로 가서 혼자 바둑판에 돌을 놓으며 시간을 보냈다. 손님이 아무도 없는지라 홍국영의 바둑 궁금증을 돋우기 위한 수작이었다. 아니나 다를까 사랑에 들른 홍국영이 관심을 보였다.

"자네 바둑 둘 줄 아는가?"

"대감님 상대는 못 되지만 조금은 둡니다."

"그럼 잘됐네. 심심하니 한판 두세."

"네. 그럽지요. 그런데 소인은 내기 바둑이 아니면 바둑을 두지 않는 성격이옵니다."

"허, 무슨 내기를 하자는 건가?"

최선기는 소매에서 수정 갓끈을 내놓으며 말했다.

"소인은 이걸 걸겠습니다. 승부는 삼판양승으로 하옵고……."

"알겠네. 그렇다면 나는 무엇을 걸까?"

"대감께서 지실 리 없지만 혹시 그렇게 되면 그때 제가 청하는 대로 주십시오."

"그럼세."

홍국영은 진 적이 없으므로 패배하리라고는 꿈에도 생각지 못하고 간단히 답했다. 그러나 첫째 판에서 최선기가 아슬아슬하게 한 집 차이로 이겼다. 홍국영은 이길 뻔하다가 졌지만 첫 판 패배를 인정했다.

"자네 바둑을 잘 두는구먼."

"뭘요. 대감께서 실수하신 덕에 제가 횡재를 했지요."

다음 판에서는 홍국영이 세 집 차이로 이겼다. 사실은 최선기가 봐준 것이나 그걸 모르는 홍국영은 그 어느 때보다 승리를 기뻐했다. 재미를 붙인 홍국영이 바둑판에 바짝 다가앉으며 말했다.

"삼판양승 보기로 했으니 이번이 결승일세."

세 번째 판에서는 두 집 차이로 최선기가 졌다. 비록 홍국영이 이겼지만 바둑 내용은 백중지세로 우열을 따지기 힘들었다. 최선기가 수정 갓끈을 내놓으며 말했다.

"졌으므로 약속대로 드리겠습니다."

"이건 내게도 있으나 내기였으니 받겠네. 그나저나 지금까지 상대한 사람 중에서 자네가 가장 잘 두는구먼. 호적수를 만나 기쁘이."

"저야말로 영광이옵니다. 시골 놈이 언제 대감 같은 분과 바둑을 둬 보겠습니까?"

그로부터 얼마 후 큰비가 내리는 날 최선기는 다시 홍국영 집을 찾아갔다. 홍국영은 사랑에서 기다렸다는 듯이 최선기를 맞아 주었다.

"어서 오게. 우중에 잘 왔구먼. 우리 바둑이나 또 두세."

"예, 그러하지요. 하오나 내기 바둑이 아니면 안 두겠습니다."

"어허 이 사람 고집하고는. 그래 내가 지면 뭐든 소원을 들어줄 테니 어서 두기나 하세."

"그럼 두겠습니다. 지난번처럼 삼판양승으로 하지요."

둘은 즉시 바둑판에 돌을 놓았고 결과는 지난번과 반대로 최선기가 두 번 이기고 한 번 졌다. 홍국영은 순순히 패배를 인정하며 최선기의 바둑 실력을 칭찬했다.

"자네는 국수 바둑일세."

"천만에요. 오늘은 운이 조금 좋았을 뿐입니다요."

"그래. 자네 청은 무엇인가?"

최선기는 소매 속에서 종이 마흔한 장을 내놓으며 말했다.

"대감께서 평안도 마흔한 개 고을 수령들에게 그냥 이 사람이 믿을 만하다는 소개장만 써 주십시오. 그러면 대감님 덕택에 가난을 면하겠습니다."

최선기는 머리를 조아리며 간청했다. 홍국영은 별 어려운 일이 아니라고 생각하여 신임장 마흔한 장을 써 주었다.

최선기는 그걸 가지고 평안도 고을 수령들을 일일이 찾아다녔다. 그러고는 홍국영이 써 준 소개장을 보여 주고 노잣돈을 조금만 보태 달라고 청했다. 변방 고을 수령들은 권력가의 신임장을 무시할 수 없어서 수백 냥씩 최선기에게 주었다. 그 결과 최선기는 힘들이지 않고 두 달 만에 1만 냥이나 되는 큰 재산을 장만했다고 한다.

이 민담은 홍국영의 권세가 얼마나 대단했는지를 일러 주고 있는데 실제로 홍국영은 정조의 신임을 바탕으로 조선 역사상 최초의 세도 정권(勢道 政權)을 이룬 인물이다. 홍국영은 정조가 세손이던 시절에 극진히 보호하여 두터운 신뢰를 얻었고 정조 즉위 후 숙위대장, 금위대장, 훈련대장 등을 거쳐 군사권을 장악했다.

하지만 홍국영은 지나친 권세로 인해 오히려 실각되고 말았다. 탕평

을 추진하던 정조가 세도 유지에 급급한 홍국영을 개혁의 걸림돌로 판
단하여 은퇴를 권유했기 때문이다. 홍국영은 1780년(정조 4) 왕후 독살
기도에 연루된 죄로 탄핵 받아 가산을 몰수당했고 이듬해 유배지 강릉
에서 서른세 살 젊은 나이로 죽었다.

• 바둑 고수를 '국수'라 부르는 이유

바둑은 가로세로 19개 선이 교차하는 361개점에 서로 한 점씩 번갈아 돌을 두어 집을 마련하는 게임이다. 바둑은 '수담(手談)'이라고도 하는데 없이 열심히 바둑을 두는 것만으로 서로의 마음이 통한다는 의미이다.

바둑은 중국에서 시작됐고 바둑에 대한 첫 기록은 춘추 시대 역사서인 『좌전(左傳)』에 나온다. 춘추 전국 시대부터 폭넓게 퍼져 초한(楚漢) 시대를 거쳐 남북조 시대(265-589)에 크게 융성했으며 한(漢) 고조 유방, 항우를 궤멸시킨 명장 한신, 간웅으로 일컬어지는 조조, 당나라 태종, 명나라 태조 등이 모두 바둑을 즐겼다. 그중에서도 조조는 당대의 명수들과 어깨를 겨룬 고수였으며 9품제(九品制)를 만들어 모든 기사들의 품계를 정했다. 또한 '바둑은 병법에 통하고 석 자의 바둑판은 곧 전투장'이라는 당시 인식에 따라 군왕과 귀족들은 고상한 유희로서 바둑을 두었고 궁궐에서 특히 유행했다.

우리나라에 전래된 것은 삼국 시대로 보고 있으며 주로 왕실에서 두었으리라 여겨진다. 『삼국사기(三國史記)』[1]에 따르면 백제 개로왕(근개루)이 바둑을 몹시 좋아했다고 한다. 이어 고려 때는 여성들도 바둑을 즐겼다. 당시의 문호 이규보가 평양에 적을 둔 기생 진주(眞珠)가 바둑 고수임을 알고 한 판 두기를 바라는 내용의 시를 보냈다는 기록이 남아 있다. 그러나 내용에 있어서 우리나라의 바둑은 중국의 것과 달랐다. 우리의 경우 각 화점(花點)부터 돌을 놓고 아무 곳에나 두는 순장바둑이 주류를 이루었으나 일제 강점기 때 어떤 곳에서부터 시작하든 관계없는 일본식 바둑으로 변모하였다.

한편 '국수'는 바둑을 잘 두는 사람에 대한 호칭이다. 춘추 시대 진나라 명의(名醫) 의화(醫和)가 '나라의 병을 고칠 수 있는 사람이 으뜸가는 의원이요 사람의 병을 고치는 사람이 그 다음가는 의원[上醫醫國 其次疾人]'이라고 말한 데서 비롯된 말이다. 다시 말해 본래는 나라의 어려움을 치료할 수 있는 지도력의 소유자를 가리키는 말이었으며 이에 연유하여 각 분야에서 특출하게 뛰어난 인물을 '국수'라고 호칭하게 되었다. 예컨대 임금

---

[1] 『삼국사기』: 김부식이 고려 인종의 명에 따라 펴낸 신라, 고구려, 백제 세 나라의 역사를 기록한 책이다. 총 50권 10책으로 구성되어 있으며, 현존하는 역사책 중 『삼국유사』와 더불어 우리나라에서 가장 오래된 책이다.

의 병을 고치는 주치의를 의국수(醫國手) 혹은 줄여서 국수라 했다.

우리나라에서도 고려 때 바둑 잘 두는 사람을 나라의 인재라 하여 국수라고 하였다. 조선 중엽의 유성룡과 구한말의 김만수는 생존 당시 대표적 국수로 손꼽혔다.

오늘날에는 바둑 대회 중 하나인 국수전(國手戰) 우승자에게 한국기원에서 수여하는 명예로운 호칭이다. 다른 바둑 기전 우승자는 타이틀을 유지하는 동안 우승자 호칭을 붙여 주는 게 관례이나 국수전 우승자에게는 타이틀을 보유 여부에 관계없이 계속 호칭을 붙여준다.

정약용에게 행운을 안겨 준 이별시

"네 형이 사학(邪學: 천주교)에 가담하여 혹세무민했음을 이실직고하라!"

정조가 죽은 후 정권을 장악한 벽파(僻派)는 남인계의 시파(時派)를 제거하고자 1801년 2월 천주교도들이 역모를 꾀했다는 죄명을 내세워 신유사옥을 일으켰다. 이때 정약용(丁若鏞, 1762-1836)[1]은 천주교 신도가 아니었지만 친형 정약종이 천주학을 했다는 이유로 같이 옥에 갇혔고 문초를 받았다. 이에 정약용은 다음과 같이 말하고는 묵비권을 행사했다.

---

[1] **정약용** : 조선 후기의 학자. 다산이라는 호로 유명하다. 문장과 경학 등에 뛰어났으며 유형원과 이익 등의 실학을 계승하고 집대성하였다. 19년 동안 귀양살이를 하면서 『목민심서』, 『경세유표』 등의 저서를 남겼다.

"나로선 형님이 한 일에 대해 아무 말도 할 수 없소. 나는 신하로서는 임금을 속일 수 없고 아우로서는 형의 벌 받을 일에 증언할 수 없기 때문이오."

국왕을 배반할 수도, 그렇다고 형을 배신할 수도 없다는 솔직한 심경이었다. 결국 형은 사형당하고 정약용은 포항을 거쳐 그해 11월 전라도 강진으로 귀양을 가게 되었다. 정약용은 강진에서 머물 집을 구하지 못해 하루하루 힘들게 보냈다.

"오늘은 또 어디서 머물러야 하나……."

정약용은 강진읍 동문 밖 주막을 비롯해 이곳저곳 옮겨가며 8년을 살았다. 해남 윤씨 일가가 그런 그의 삶을 안타깝게 여겨 산기슭에 있는 작은 집 한 채를 내주었고 정약용은 비로소 둥지를 틀었다. 정약용은 '다산(茶山)'이란 당호를 붙인 초당에서 '이제야 생각할 겨를을 얻었구나.'라며 안도의 한숨을 내쉬었다.

정약용은 다산 초당에서 10여 년을 보내면서 글을 쓰고 제자들을 가르쳤다. 어느덧 그의 유배 생활은 18년이나 흘렀다. 그는 강진에서 학문 체계를 완성했지만 삶은 항상 쓸쓸하기 그지없었다. 조선 시대 인물 중에서 가장 긴 귀양살이이기도 하려니와 뜻을 펼 나이에 변방에서 힘없이 시절을 보낸 까닭이다.

1818년 늦여름의 어느 날이었다. 옛 친구 김이교가 전라도어사가 되어 정약용을 찾아왔다. 두 사람은 어렸을 때부터 잘 아는 사이여서 반갑게 해후했고 주거니 받거니 수작(酬酌)* 하며 하룻밤을 보냈다.

다음 날 정약용은 다음과 같은 내용의 시를 적은 부채를 한양으로 떠나는 친구에게 선물로 주었다.

역 마을에 내리는 가을비가 이별을 더디게 하네 [驛亭秋雨送人遲]

머나먼 외딴 곳에 찾아 줄 이 다시금 뉘 있으랴 [絶域相憐更有誰]

반자가 신선에 오름은 부럽지 않지만 [班子登僊那可羨]

이릉의 귀향은 기약이 없네. [李陵歸漢邃無期]

유사에서 글 짓던 일 잊을 수 없고 [莫忘酉舍揮毫日]

경신년의 임금님 별세 그 슬픔 어찌 참으리. [忍說庚年墜劍悲]

대나무 숲에 어느 날 밤 달빛 비치면 [苦竹數叢他夜月]

고향 향해 고개 돌려 눈물 흘리네. [故園回首淚垂垂]

김이교는 어사 임무를 마치고 한양으로 돌아가자마자 같은 안동 김씨인 김조순에게 인사차 찾아갔다. 김조순은 순조(純祖)의 장인으로 안동 김씨 세도 정치의 기초를 다진 인물이다. 때는 초가을이었지만 김이교는 일부러 부채를 펴서 글씨가 보이게끔 천천히 부채질을 했다. 예상대로 김조순이 반응을 보였다.

"그거 누구 글이오?"

"정 다산이 나와 작별할 때 써 준 글이오."

"음……."

시를 읽어 본 김조순은 정약용의 고통을 느꼈는지 글재주에 감탄했는지 잠깐 생각에 잠겼다. 며칠 후 김조순은 순조 임금을 찾아가 시를 보여 주며 정약용을 해배(解配: 귀양을 풀어줌)시켜 달라고 청했다. 이 인연으로 정약용은 마침내 귀양생활을 끝내게 되었다. 정약용에겐 너무 늦은 일이기는 했으나 분명 이별시가 안겨 준 행운이었다.

• 수작 문화와 '참작'의 어원

'수작'은 원래 '술잔을 서로 주고받음'을 뜻하는 말이다. '酬(갚을 수)'자는 받은 술잔을 되돌려주며 권한다는 뜻을 나타내고 '酌(잔질할 작)'자는 술을 잔에 따르는 일을 나타낸다. 그러므로 수작은 상대에게 잔을 권함, 곧 술 권하는 일을 의미하였다.

그러나 지금은 수작이 '남의 말이나 행동을 업신여겨서 이르는 말'로 쓰이고 있는데 이는 사람들이 흔히 술자리에서 은근한 말을 주고받거나, 또는 술자리에서 한 말이 실속 없기에 그 뜻이 달라진 것이다.

우리나라에서는 전통적으로 술자리에서 주거니 받거니 하는 수작을 즐겼다. 따라 주는 술을 정(情)으로 여겼고 술잔을 돌려 마시며 일심동체의 우정을 다졌다. 다시 말해 같이 술을 마시는 대상은 함께 마음을 나누는 존재로 통했다. 같이 마실 사람이 없으면 국화나 난초를 벗 삼아 술을 마시는 풍류까지 있을 정도였다. '참작(參酌)'은 이러한 수작 문화의 산물이다.

'참작'이라는 말은 본래 술잔의 양(量)을 헤아림을 의미했다. 전통적으로 상대방에게 술을 따를 때는 일정한 양이 있었으니 넘치지도 않고 모자라지도 않게 적당히 따라야 했다. 그러자면 술을 얼마만큼 잔[酌]에 따랐는지 헤아려야[參] 했다.

'참작'이란 여기에서 유래한 말로서 오늘날 '이리저리 비춰 보아서 알맞게 고려함', '참고하여 알맞게 헤아림'을 의미한다.

도둑을 개과천선시킨 홍기섭

홍기섭(洪起燮, 1776-1831)[1]이 1802년(순조 2) 과거에 급제하여 참봉 벼슬을 할 때의 일이다. 어느 날 밤에 그의 집에 도둑이 들었는데 도둑은 집 안을 두루 살펴보더니 쌀도 없이 달랑 밥솥 하나만 있음을 확인하고는 자기 눈을 의심했다.

"아니 벼슬아치 집이 왜 이래. 무척 청렴한 분인 것 같구면."

도둑은 그대로 나가려다가 솥 안에 **엽전(葉錢)*** 닷 냥을 넣어 두고 나왔다. 형편이 너무 딱해 보여 제 나름대로 부조한 것이다.

이튿날 아침에 홍기섭의 아내가 솥뚜껑을 열었다가 뜻하지 않은 돈

---

[1] **홍기섭** : 조선 후기의 문신. 공조판서, 형조판서, 판의금부사 등 여러 관직을 지냈다. 청빈한 생활을 한 것으로 유명하다.

을 발견하고는 무척 좋아했다.

"이는 필시 하늘이 도운 게야. 마침 쌀이 떨어졌는데 잘됐다!"

며칠 끼니를 거른 아내는 들뜬 마음으로 남편 홍기섭에게 그 사실을 전하고 쌀을 사러 가려 했다. 하지만 홍기섭이 말리면서 말했다.

"안 되오. 세상에 공짜는 없는 법이오. 우리에게 돈이 생겼다면 누군가가 잃어버렸을 터이니 우리 마음대로 쓴다면 하늘이 용서하지 않을 것이오. 주인을 찾아 주는 것이 도리라오."

홍기섭은 종이에 다음과 같은 내용의 방을 써서 대문에 내붙였다.

'엽전 닷 냥 잃은 사람은 들어와서 찾아가시오!'

해질 무렵 도둑이 홍기섭 집의 동정을 살피고자 왔다가 그 방을 보고 그간 자신의 행위에 대해 크게 반성했다.

'나는 남의 재물 훔치기를 직업으로 삼고 있는데 이 집 주인은 남몰래 공짜로 생긴 돈도 주인에게 돌려 주려 하는구나. 그에 비하자니 정말 부끄럽구나. 나도 이젠 도둑질을 그만둬야겠다.'

도둑은 집으로 들어가 홍기섭에게 인사한 뒤 말했다.

"소인은 도둑입니다. 어젯밤에 이 집에 들어왔다가 형편을 보고 돈을 넣었습니다. 부디 그 돈을 받아 주십시오."

그 말을 들은 홍기섭은 정중히 사양했으며 받지 않으려는 도둑에게 끝끝내 돈을 돌려주었다. 도둑은 또 한 번 느낀 바 있어 절을 한 뒤 말했다.

"오늘에야 제대로 된 양반 어른을 보았습니다. 지금부터 맹세코 도둑질을 하지 않겠습니다."

이후 도둑은 성실히 살면서 틈틈이 홍기섭의 집을 찾아와 집안일을 조금씩 도와주었다고 한다. 홍기섭의 청빈함이 도둑을 개과천선시킨 셈이다.

• 엽전, 푼돈, 무일푼, 개평의 어원

동전(銅錢)은 불, 수레에 이어 초창기 인류의 위대한 3대 발명품으로 꼽힌다. 인류는 철을 발견한 이후 조개, 돌멩이 따위 대신 동전을 화폐로 사용하기 시작했는데 이로 인해 본격적으로 물건을 사고파는 일이 가능해졌다.

우리나라에서는 고려 때인 996년 '건원중보'[2]라는 동전이 처음 만들어졌으나 고려 시대가 각 지역에서만 생활하는 자급자족 경제 체제였으므로 널리 쓰이지 못했다. 상인을 천시한 조선 시대에도 동전은 제대로 유통되지 못했다.

그런데 옛날 동전을 보면 동그란 모양에 가운데에는 네모지게 파여 있다. 동전 구멍은 왜 네모날까?

고려 숙종 때 동전을 만들어 전국에 유통시키자고 왕에게 건의한 대각국사 의천(義天)[3]은 철전론(鐵錢論)에서 동전의 모양을 이렇게 설명했다.

"밖이 둥근 것은 하늘을 본뜨고 안이 모난 것은 땅을 본떴다. (둥근) 하늘은 만물을 덮고 (네모진) 땅은 밑에서 없어지지 않게 받쳐 준다."

다시 말해 동전의 동그라미는 하늘, 네모는 땅을 상징하며 하늘과 땅의 조화를 추구한 것이다. 그런가 하면 안으로는(자기 자신에게는) 반듯하게 밖으로는(남에게는) 둥글게 처신하라는 뜻을 담고 있다는 풀이도 있다.

1678년(숙종 4) 만들어진 상평통보(常平通寶)는 '하늘은 둥글고 땅은 네모나다'는 세계관을 담고 있으며 200년 동안 쓰였다. 백성들은 상평통보를 '엽전(葉錢)'이라고 불렀는데 동전 만드는 형틀 모양이 흡사 나뭇가지와 잎사귀처럼 보였기에 붙인 말이다. 즉 나무 모양 틀에 쇳물을 부어 굳힌 뒤 각각의 잎사귀를 떼어내면 엽전이 되는 것이다.

당시 화폐의 최소단위는 푼(分)이었는데 엽전 1푼은 주조에 사용된 구리 1푼의 중량을 가리켰다. 이에 비해 1냥은 100푼에 해당하는 큰돈이었다.

---

[2] **건원중보** : 고려 시대에 사용되었던 쇠돈. 둥근 형태이며 가운데에 네모난 구멍이 있다. 우리나라 최초의 쇠돈으로 알려져 있다.

[3] **의천** : 고려 시대의 승려. 시호는 '대각 국사'이다. 고려 문종의 넷째 아들이기도 하다. 중국 송나라에서 유학을 했으며 우리나라에서 천태종을 도입했다.

　18세기 중엽의 화폐 가치를 살펴보면 주막에서의 한 끼 식사는 3푼, 한양에서의 한 달 하숙비는 5냥, 갓은 1냥이었다. 또한 조선 시대에 사용된 화폐는 주로 1푼짜리였으며 여기에서 '푼돈(적은 액수의 돈)'과 '무일푼(돈이 한 푼도 없음)'이라는 말이 나왔다.

　그런가 하면 '개평'이란 말도 푼돈과 관련하여 생겼다. 조선 시대에는 상평통보를 '평'이라고 줄여 말하면서 낱개를 의미하는 '개(個)'자를 붙였다. '개평'은 노름이나 내기에서 남에게 잃은 돈 중 낱돈으로 조금 얻어가지는 돈을 가리킬 때 주로 쓰였다.

방랑 시인 김삿갓은 왜 유명할까

낡은 삿갓(대오리나 갈대로 거칠게 엮어서 만든 갓) 하나로 얼굴을 가린 채 전국을 정처 없이 돌아다니며 자조와 해학의 명시를 남긴 김삿갓. 그의 본명은 김병연(金炳淵, 1807-1863)이며 운명의 장난에 희생된 시인이었다.

1826년(순조 32)의 일이다. 그해 결혼한 김병연은 백일장(白日場)•을 보러 영월 동헌으로 갔다. 동헌 앞뜰에는 시골 선비들이 여기저기 자리를 잡고 저마다 깊은 시상에 잠겨 있었다. 드디어 시제(試題)가 주어졌다.

'정가산의 충성스러운 죽음을 논하고 김익순의 죄를 통탄하라.'

김병연은 시제를 보자마자 단숨에 글을 써내려 갔다. 어려서부터 시재가 뛰어난 데다 평소 역사에 관심이 많아 무엇을 말하는지 바로 알아차렸기 때문이다. 시제에 얽힌 배경은 이러했다.

1811년(순조 11) 서북인에게 벼슬을 주지 않는 편파적 정치에 불만을 품은 홍경래가 반란을 일으켰다. 오랜 세월을 억눌려 살아온 지방민들은 이에 호응하여 물밀듯이 여러 곳으로 진격했고 가산, 곽산, 정주, 선천 등지를 삽시간에 점령했다. 이때 가산의 정군수는 문관의 몸으로 최후까지 싸우다가 전사했다. 그러나 선천 부사이자 방어사를 겸했던 김익순은 맥없이 투항했다. 정부는 반란군을 진압한 후 김익순을 역적으로 낙인찍어 참형에 처했다. 이 두 사람의 충절과 배신을 시로 쓰라는 것이었다.

대대로 신하라고 불린 김익순은 듣거라 [曰爾世臣金益淳]

정공은 한갓 문인의 몸이지 않았느냐 [鄭公不過卿大夫]

너는 적에게 항복한 한나라의 이릉 같고 [將軍桃李陵西落]

정시의 공명은 송나라 악비처럼 드높도다. [烈士功名圖未高]

(중략)

임금을 버린 날은 바로 조상을 버린 날일지니 [忘君是日又忘親]

한 번 죽어서는 너무 가볍고 만 번 죽어 마땅하다 [一死猶輕萬死宜]

춘추의 필법을 너는 알고 있느냐 [春秋筆法爾知否]

너의 치욕은 역사에 길이 남을 것이로다. [此事流傳東國史]

젊은 김병연은 충신에 대한 존경심과 역신에 대한 증오심을 일필휘지로 휘갈긴 다음 가장 먼저 시관(試官) 앞에 나가 과제물을 제출하였다.

결과는 장원(壯元)이었다. 여러 선비뿐 아니라 시관들도 이름 없는 산골 서생이 장원한 것을 보고 놀라워했다. 상을 주는 자리에서 시관들은 김병연에게 가계를 물었다. 그러나 김병연은 자기가 아는 바로는 자랑할 만한 선조도 버슬도 없었다. 김병연은 집으로 돌아와 홀어머니에게 이 기쁜 사실을 알렸다. 한낮이 되기도 전에 온 동네가 떠들썩해졌다. 김병연은 그날의 일을 자랑하느라 바빴다. 어머니 역시 무척이나 기뻐하다가 뒤늦게 물었다.

"참 그런데 시제는 무엇이었느냐?"

"역적 김익순에 대한 것이었습니다."

"뭐라? ⋯⋯."

김병연으로부터 시제 이야기를 들은 어머니는 갑자기 눈물을 뚝뚝 흘렸다. 김병연은 어머니가 너무 기뻐서 그러는 줄 알았다. 하지만 아니었다. 어머니의 설명을 듣고 김병연은 정신이 아득해짐을 느꼈다.

김병연이 준엄하게 꾸짖은 역신 김익순은 그의 할아버지였다. 또한 어머니 말에 따르면 김익순은 자진해서 항복하지 않았다. 연일 계속된 작전 지휘로 인한 피로를 풀려고 잠깐 술을 마시고 잠든 사이 홍경래❶ 군이 기습하여 그를 결박하고 항복을 받아낸 것이었다. 어찌됐든 정부는 다음 해 김익순을 반역죄로 처형했고 그 일가를 멸족(滅族: 한 가족을 없앰)시키려 했다. 이때 김익순의 종복이 병하, 병연 형제를 피신시켰다. 후에 조정에서 멸족은 사면하고 폐족(廢族: 조상의 큰죄로 인해 후손이 버슬을 할 수 없게 됨)에 그치게 하여 다시 형제는 어머니에게로 돌아갔으며 두 아들을 맞은 어머니는 강원도 영월로 이사하여 아들에게 집안 내력을 숨기며 살아왔다.

---

❶ **홍경래** : 조선 순조 때의 혁명가. 1798년 향시에 합격하고 소과(小科)에 응시했으나 지방을 차별하는 폐습 때문에 낙방하였다. 이에 불만을 품고 1811년 평안북도 가산에서 '홍경래의 난'을 일으켰으나 정주에서 패해 죽었다.

"이제 알겠느냐? 너와 내가 조부에게 큰죄를 저질렀구나."

"……."

김병연은 조상을 욕되게 했다는 자책감에 오랜 시간 두문불출했다. 번민의 연속이었다. 죽을 생각도 하고 울기도 많이 울었다. 모두가 소용없었다. 그런데 술에 취하여 자조적 심정을 시로써 읊고 나면 어쩐지 가슴이 후련해지는 것 같았다. 저주스러운 붓이 절망적 인생을 달래 주는 유일한 벗임을 깨달았다. 이젠 진지한 글을 쓰고 싶지 않았다. 김병연은 자조와 비웃음의 글밖에 쓸 수 없었다.

김병연은 문득 새로운 결심을 했다. 그는 사랑하는 어머니와 갓 결혼한 아내 그리고 태어난 지 얼마 안 된 아들을 남겨두고 금강산에 다녀오겠다며 집을 떠났다.

'하늘을 우러러 볼 수 없는 죄인이니 삿갓을 쓰고 이름도 김병연을 지우고 김립(金笠: 삿갓을 뜻하는 한자 립)으로 부르리라.'

방랑의 시작이었다. 김병연은 방랑길에서 만난 사람들이 이름을 물어오면 김립이라고 말했다. 그는 30여 년 동안 전국을 유랑하면서 자조와 해학의 글을 많이 남겼다. 그의 아들이 객지에서 그를 세 번이나 찾아내어 집으로 돌아가기를 간청했지만 김병연은 번뇌를 이기지 못해 번번이 아들을 따돌렸다.

김병연은 쉰여섯 살 때인 1863년(철종 14) 지리산 인근 주막에서 객사했는데 그가 남긴 마지막 말은 "저 등잔불을 꺼 주시오."였다고 한다.

한편 김삿갓은 곳곳을 다니며 풍자와 해학을 담은 한시(漢詩)를 많이 남겼으며 한시 형식에 우리말의 소리와 뜻을 교묘히 구사하였다. 그의 시는 상류 사회를 조롱한 것이 많았기에 사람들 입에서 입으로 구전되었고 그로 인해 김삿갓은 민중 시인으로 불렸다. 그는 개인적인 불행한 운명이 아니라 탁월한 풍자시 덕분에 유명해진 것이다.

김삿갓이 남긴 시 중에 한글로 된 것도 있는데 그 내용은 이러하다.

금강산을 유람할 때의 일이다. 어느 절에서 한 끼니 얻어먹으려하자 중이 박대하면서 김삿갓의 학문을 은근히 떠보았다.

"시 한 수 지어 보시오. 이왕이면 언문으로."

어려운 한문을 알 턱이 없으니 쉬운 언문(諺文) 즉, 한글로 지어 보라고 깔본 것이었다. 김삿갓이 말했다.

"그래 운자는 무엇이오?"

"타!"

김삿갓은 망설임 없이 읊어 내려갔다.

"사면 기둥 벌거타."

"타!"

"석양 나그네 시장타."

"타!"

"이 절 인심 고약타!"

그 무렵 언문시(諺文詩)라는 장르가 없는 데다 운(韻)자도 '타'라는 괴상한 것이었지만 김삿갓은 이렇듯 멋진 풍자로 받아친 것이다.

• 백일장의 유래

　오늘날 야외에서 글재주를 겨루는 '백일장'은 조선 시대에 지방 유생의 학업을 장려하기 위해 시문으로 시험을 보던 데서 유래하였다. '백일장'은 대낮[白日]에 시재를 겨룬다는 뜻이며 달밤에 주로 뜻 맞는 사람끼리 모여 친목을 도모하고 시재를 서로 견주어보는 '망월장(望月場)'에 대비되는 용어로 생겼다.

　과거 형식을 본떠 시험관이 참석한 가운데 시제(詩題)를 내걸고 즉석에서 시문을 짓도록 했고 성적 우수한 자를 장원(壯元)으로 뽑아 표창했다. 1414년 7월 17일 태종이 성균관 명륜당에서 성균관 유생 5백여 명에게 시무책(時務策)을 물어 시험을 본 것이 효시이다.

　백일장은 관리 임용과는 무관한 시험이었고, 다만 학업을 장려하고 유생들이 글재주를 겨루어 명예를 얻을 수 있도록 기회를 마련해 준 것이었다.

　조선후기인 17세기 말엽 한양에서는 여항인(閭巷人)들이 문학과 여행을 즐기는 모임을 가졌는데 이들도 백일장을 즐겼다. '여항인'이란 말단 관리인 경아전(京衙前)과 기술직(技術職) 계층 사람들을 지칭하는 말이다. 신분의 한계를 느낀 이들은 독자적인 계급 의식을 공유하면서 글로써 한(恨)을 풀려 했으니 『구운몽』, 『남정기』, 『숙영낭자전』 같은 양반소설과 『춘향전』, 『심청전』, 『별주부전』, 『흥보전』 등과 같은 서민소설이 이때 나왔다.

　이들은 또한 무리를 지어 시회(詩會)를 열었으며 봄, 가을 중 좋은 날을 택하여 지금의 백일장에 해당하는 백전(白戰)이라는 시 경연 대회를 열었다. 수백 명씩 참가한 백전은 당대 여항 문인들의 큰 잔치였으며 여항 문학의 핵심이 되었다. 하지만 여항 문학은 개화기에 접어들어 사라지고 말았다.

명필로 이름을 떨쳤으나
운명은 기구했던 추사 김정희

1792년 화창한 어느 봄날이었다. 좌의정 채제공이 어느 집 대문을 지나다가 **입춘첩(立春帖)*** 을 보고 문득 걸음을 멈춘 채 물었다.

"저 집이 뉘 댁이냐?"

하인이 부리나케 다녀와서 답했다.

"김 참판 댁이라 하옵니다."

"그래? 내 잠시 들러 가야겠다."

채제공의 뜻밖의 방문에 집주인인 참판 김노경은 깜짝 놀랐다. 대궐에서는 국사를 함께 논할지라도 붕당(朋黨)이 다른 관계로 사적으로는 서로 왕래하지 않는 사이였던 까닭이다.

"어인 일로 소인의 집을 찾아 주셨습니까?

"대문에 붙인 입춘 글씨는 누가 쓴 것이오?"

"어린 제 자식의 글씨올시다."

"금년에 나이가 어떻게 되오?"

"일곱 살이옵니다."

"내 그 글씨에 이끌려 들어왔소이다."

"칭찬이 지나치시옵니다."

"글씨가 비범한 게 장차 명필이 될 바탕이오. 허나 명필이 되면 명도(命途: 운명과 재수)가 궁할 터이니 글씨 공부는 시키지 말고 글을 읽히시오."

"예, 명심하겠습니다."

김노경은 대답은 그렇게 했지만 채제공의 말을 대수롭지 않게 여겼다. 하여 명필의 자질을 지녔다는 아들 김정희(金正喜, 1786-1856)는 결국 글씨로 이름을 떨쳤다.

김노경 가문은 안팎이 종척(宗戚: 왕의 인척)으로 아들 김정희가 1819년(순조 19) 문과에 급제하자 조정에서 축하해 줄 정도로 권세가 있었다. 집안도 부유하여 남부러울 것이 없었다.

김정희는 스무 살 전후에 국내외적으로 글씨로 명성을 얻었고 자부심도 대단했다. 그런데 스물세 살 때인 1809년(순조 9) 동지부사로 청나라에 가는 아버지를 따라 자제군관 자격으로 연경에 가면서 인생관이 달라졌다. 김정희는 그곳에서 옹방강(翁方綱)과 완원(阮元)을 만났는데 그들의 서학(書學) 이론에 큰 감명을 받았다.

"글씨의 예술성을 발견하려면 비문(碑文) 글씨를 연구해야 한다네."

가르침을 청한 김정희로서는 기대 밖의 말이었다. 그때까지 중국에서는 정갈한 왕희지체를 모범으로 삼았고 조선에서는 왕희지체와 왕희지체를 조금 다듬은 동국진체를 익혀 왔기 때문이다. 김정희도 동국진체를 잘 썼다.

"왜 그렇습니까?"

"비석은 변하지 않지만 비석에 있는 내용을 종이에 옮겨 적은 글씨들은 모두 다르기 때문이라오."

다시 말해 비석에 적힌 내용은 같을지라도 누가 베껴 쓰느냐에 따라 글씨체가 달라지는바 원형의 아름다움을 느끼려면 비문을 연구해야 한다는 말이었다. 김정희는 그에 공감하여 이후 비문을 적극 연구했으며 금석학(金石學: 돌이나 단단한 물질에 새겨진 문자를 연구하는 학문)에 관심을 가져 문자학(文字學)과 서도사(書道史) 연구에 큰 발전을 이루었다.

예컨대 김정희는 함흥 황초령(黃草嶺)의 신라 진흥왕 순수비(眞興王 巡狩碑)의 내용을 풀어냈고 1817년 북한산에 올라가 거기 세워져 있는 비석이 조선 승려 무학(無學)의 비가 아니라 진흥왕의 정계비(定界碑)임을 밝혀냈다.

아울러 김정희는 점차 자신만의 글씨체를 만들어 나갔다. 서른 살 때 쓴 『이위정기(以威亭記)』에서 독특한 개성을 드러냈으며 그 명성은 더욱 높아졌다.

그러나 1840년(헌종 6) 윤상도(尹尙度) 옥사에 연루되어 제주도로 유배되는 신세가 되었다. 그는 1848년까지 9년을 제주도에서 보냈는데 이때 유명한 '추사체(秋史體)'를 완성했다. 김정희의 추사체는 보는 사람에 따라서 기괴하다고 하는 경우도 있다. 하지만 이는 하나만 알고 둘은 모르는 관점이다. 김정희의 추사체는 고증학의 기본 정신인 입고출신(入古出新: 옛것을 연구해 새것을 만들어냄)에 따라 그만의 파격과 개성을 드러낸 작품인 것이다.

그가 제주도에서 그림을 그리고 제문을 쓴 〈세한도(歲寒圖)〉는 추사체 최고의 작품으로 평가받고 있다. 거기에는 다음과 같은 사연이 있다.

제주도에서 유배 생활하는 동안 김정희는 무척 힘들어했다. 가옥에 가시 울타리까지 둘린 채 갇혀 지내야 했기 때문이다. 그런 지독한 외로움에 단 하나 빛줄기가 있었으니 바로 제자 이상적이었다. 역관(譯官)인 이상적은 연경에 다녀올 때마다 김정희가 필요로 할 만한 책과 위로 편지를 제주도로 보내곤 하였다.

"세한연후 지송백지후조야(歲寒然後 知松栢之後彫也: 겨울을 지내야만 소나무, 잣나무가 여느 나무와 다르다는 것을 알거니와)……."

김정희는 문득 『논어(論語)』 속의 공자 얘기를 중얼거리다 이상적의 인품에 새삼 감격했다. 즉각 종이를 펼친 김정희는 거기에 늙은 소나무 두 그루와 젊은 잣나무 두 그루 그리고 야트막한 집을 그린 다음 이상적에 대한 고마운 마음을 적었다. 이는 모두가 외면할 때 변함없이 자신을 챙겨 주는 제자에 대한 애틋한 사랑 고백이기도 했다. 김정희는 두루마리로 인편에 이상적에게 〈세한도〉를 보냈고, 이상적은 일 년 뒤 연경에 갔을 때 청나라의 유명한 대가들이 모인 자리에서 그 〈세한도〉를 보여 주고 스승을 위로하는 글을 부탁했다. 하여 무려 16명이 그에 응했다. 〈세한도〉는 오늘날 국보 180호로 지정되어 있다.

한편 김정희는 두 가지 이색적인 기록을 가진 인물이기도 하다.

하나는 우리나라 역사상 가장 많은 예명(藝名)을 지녔다는 것이다. 그의 호는 무려 503여 개나 되는데 그때그때 처한 상황이나 정서, 취향 따위를 은연중에 드러내고 있다. 이를테면 귀양살이의 서러움을 노구(老鷗)라 표현하였고, 공자를 생각하며 동국유생(東國儒生), 중국 학자 완원을 존경하는 뜻에서 완당(阮堂), 불타를 생각하며 불노(佛奴), 국수를 먹다가 문득 최면노인(喫麵老人), 취흥이 도도하면 취옹(醉翁), 과천에 사는 늙은이라 해서 노과(老果)라 했다. 그러나 그 자신은 그 많은 호 중에서 추사(秋史)를 가장 좋아한 것으로 전해진다.

다른 하나는 우리나라 사람으로는 처음 양주(洋酒)를 맛보았다는 것이다. 그는 스물세 살 때인 1809년 연경에서 몇 차례 독한 양주를 마셨고 제주도 유배 중에는 어부들이 난파선 바닥에서 주워 가져다준 양주를 마셨다. 이때 그는 예전에 마셔본 추억이 있어서인지 양주 병마개를 요령 있게 따서 기분 좋게 마셨다고 한다.

• 입춘에 '입춘대길'이라고 쓰는 이유

'입춘'이란 '봄[春: 봄 춘]이 들어섰다[立: 설 립]'는 뜻으로 24절기 중의 첫 번째 절기를 가리키는 말이다. 음력 1월, 양력 2월 4일경이며 봄으로 접어드는 때다. 이날 각 집에서는 대문 기둥이나 대문에 좋은 뜻의 글귀를 써 붙이는데 주로 '입춘대길'을 많이 쓴다. 왜 그럴까?

봄은 생명의 탄생, 아름다움 등을 상징하는 계절이다. 옛날 아들을 낳고자 하는 집에서는 봄이 시작되는 입춘에 받아 둔 물을 아주 소중하게 여겼다. 부부가 함께 이 물을 마시면 아들을 낳는다는 미신 때문이었다.

입춘 때에 내리는 비가 만물을 소생시키듯이 입춘에 받아 둔 물은 생명을 탄생시킬 것으로 생각했던 데서 비롯된 풍속이다.

그만큼 입춘은 새해를 상징하는 절기(계절의 특징이 나타나는 날)로서 중히 여겨졌고 행운을 기대하는 풍속도 생겼다. 그 중 하나가 입춘첩(立春帖)을 써 붙이는 일이다.

입춘첩으로는 개운(開運), 홍희(鴻禧) 따위의 말들이 쓰였는데 모두 '좋은 일이 많이 생기기를 기원한다'는 뜻이다. 특히 입춘대길(立春大吉)은 '봄의 시작에 크게 좋은 일이 생기기를 바란다'는 뜻에서 많이 쓰였다.

'가게 기둥에 입춘'이라는 속담도 있다. 이는 입춘 날 한문으로 된 좋은 글귀를 기둥에 붙여 복을 비는 입춘첩 풍습에서 유래한 말이다. 입춘첩은 잘 지은 집에나 어울리지 허름한 집 기둥에는 격이 맞지 않음을 빗대어 어울리지 않는 일을 나타낸 말이다.

• 입춘에 '입춘대길'이라고 쓰는 이유

조선유사

| 펴낸날 | 초판 1쇄 2010년 3월 30일 |
| | 초판 6쇄 2014년 3월 28일 |

지은이	박영수
펴낸이	심만수
펴낸곳	(주)살림출판사
출판등록	1989년 11월 1일 제9-210호

주소	경기도 파주시 광인사길 30
전화	031-955-1350 팩스 031-624-1356
홈페이지	http://www.sallimbooks.com
이메일	book@sallimbooks.com

ISBN 978-89-522-1371-6   03900
© 박영수, 2010